Guide des arts

Nicoletta Celli

Le Bouddhisme

Traduit de l'italien par Claire Mulkai

HAZAN

Page 2
Bodhisattva (détail),
VIIIe-IXe siècle apr. J.-C.,
Anuradhapura (Sri Lanka),
bronze doré
Colombo, Musée national

I Dizionari dell'Arte
Collection dirigée par Stefano Zuffi

Coordination graphique
Dario Tagliabue

Projet graphique
Anna Piccarreta

Mise en pages
Paola Forini

Coordination éditoriale
Caterina Giavotto

Rédaction
Chiara Guarnieri

Recherche iconographique
Simona Bartolena
avec Irene Giannini

Coordination technique
Andrea Panozzo

Contrôle de qualité
Giancarlo Berti

ISBN : 978-2-7541-0170-7
Dépôt légal : mai 2007

Suivi éditorial
Béatrice Petit et Françoise Avril

Mise en pages
Frédéric Célestin

Couverture
Jean-Marc Barrier

Sommaire

Introduction

Riche, passionnante et multiple, l'histoire du bouddhisme se déploie sur une vaste étendue temporelle et géographique. D'abord limité aux lieux où enseigna son fondateur, c'est-à-dire à la plaine du Gange, le bouddhisme se propagea rapidement au-delà des frontières du subcontinent et, de par son caractère flexible et non dogmatique, l'ouverture universelle de son message et l'élan missionnaire qui l'accompagna, il rallia une bonne partie de l'Asie centrale et orientale. Le bouddhisme n'est pas un phénomène monolithique et unitaire, mais se présente sous différentes formes, issues des trois grandes traditions – Theravada, Mahayana et Vajrayana – diversement réparties en Asie et subdivisées en une grande variété de courants locaux. À côté de ces mouvements, qui constituent la dimension religieuse actuelle, pratiquée par des millions de personnes, il faut tenir compte également des différentes écoles philosophiques, dont un grand nombre a disparu depuis longtemps, mais qui ont eu une importance notable dans l'histoire de ce que nous appelons le « bouddhisme ». Au cours des dernières décennies, les spécialistes ont partiellement reconstitué le cadre de cet ensemble complexe et organisé, c'est-à-dire des courants de pensée et des pratiques, renouvelant en profondeur l'image qui en avait été transmise pendant plus d'un siècle d'études et de recherches. Ainsi, face à la nécessité d'explorer les particularismes, les traditions locales, s'exerce une vigilance toujours plus grande à ne pas tomber dans le piège qui consiste à confondre l'une ou l'autre des branches avec le tronc principal, le représentant le plus authentique, ou la forme de bouddhisme plus « bouddhiste » que les autres, ni, d'autre part, à rechercher, au sein des courants les plus durables, les traces d'un bouddhisme soi-disant originel. À l'inverse, des efforts importants ont été faits pour comprendre les fondements communs (ce que l'on pourrait appeler la « spécificité bouddhiste ») que consentent le plus aisément à suivre les courants philosophiques et religieux du bouddhisme en Inde et ailleurs. C'est surtout aux perspectives ouvertes par les études les plus récentes (en particulier celles, citées dans la bibliographie, de Gethin, Williams et Lopez, auxquelles il est souvent fait référence), que nous nous sommes attachés pour le choix et la rédaction des articles de ce dictionnaire. Nous avons donc cherché à rendre compte de l'histoire du bouddhisme et des différentes formes qu'il a revêtues en Inde et ailleurs en Asie, avec l'intention, dictée par la nature même de l'ouvrage, de peindre le tableau à grands traits, en soulignant les aspects utiles pour s'orienter, de répondre à certaines interrogations et, grâce à la richesse des images, d'introduire aux diverses expressions de l'art bouddhique. Ces dernières constituent en effet un instrument essentiel de la pratique religieuse, comme cela apparaîtra plus clairement à travers les références à la signification, à l'importance des images et au langage qui y préside. La première partie (« Origine et diffusion ») est consacrée à la vie du fondateur, telle qu'elle nous a été transmise par les sources littéraires et artistiques, à la naissance de la communauté bouddhiste et à la propagation du message du Bouddha dans les différents pays. Y figurent aussi les références à la très riche production littéraire, limitée ici aux différents recueils canoniques et à certains textes du Mahayana qui ont eu une grande importance dans les courants doctrinaux en Inde, au Tibet et en Extrême-Orient. Les caractéristiques des trois formes principales du bouddhisme (les « trois véhicules ») et des différentes traditions religieuses et écoles philosophiques sont retracées dans la deuxième partie (« Courants et écoles philosophiques »). La troisième (« Figures et enseignements ») offre, quant à elle, un regard panoramique sur les fondements et les principes communs du bouddhisme, et sur les divers courants auxquels ils ont donné naissance au sein des trois véhicules. Cette partie comprend aussi les principales figures du panthéon bouddhique, subdivisées en plusieurs entrées plus spécifiquement liées aux conceptions philosophiques et aux enseignements doctrinaux (Le Bouddha historique, Les bouddhas du passé, Les *bodhisattva*...), et en plusieurs autres, consacrées à la présentation des caractéristiques iconographiques, de la signification et des fonctions des personnages singuliers. La dernière partie (« Pratiques ») regroupe les entrées qui abordent certains aspects de la vie religieuse : le fondement de la pratique (la méditation) et ses caractéristiques dans les diverses traditions, la vie religieuse des laïques, la vie monastique, les formes de l'art et de l'architecture religieuse, les fêtes et leur signification. Les citations qui figurent en tête de certains articles sont extraites des grands textes de la tradition bouddhiste. Ces ouvrages sont mentionnés à la suite de la bibliographie, sous la rubrique « Liste des abréviations ». Enfin, sont indiqués les principaux termes techniques en sanskrit et en pali et, lorsque c'était nécessaire, dans d'autres langues asiatiques (abrégées comme suit : s. sanskrit, p. pali, ch. chinois, j. japonais, t. tibétain), en tenant compte des termes les plus fréquents que le lecteur peut rencontrer dans d'autres ouvrages sur le sujet. Au-delà des correspondances et empathies personnelles avec le message du Bouddha qui, depuis quelques décennies, suscite un intérêt toujours croissant en Occident, l'histoire du bouddhisme fait partie intégrante de la pensée, de l'art et de la spiritualité de l'Asie : en retracer le parcours est, pour l'auteur, l'un des itinéraires qui offre au regard les panoramas les plus vastes et les plus étendus.

ORIGINE ET DIFFUSION

◄ Temple de la Mahabodhi,
XIVe siècle, Bodh Gaya, Bihar (Inde)

L'importance de l'expérience spirituelle vécue par le Bouddha dépasse de loin l'intérêt pour la vérité historique du personnage.

Siddhartha Gautama Shakyamuni

Nom
En sanskrit il est appelé Siddhartha Gautama, et aussi Shakyamuni (« ascète des Shakya ») tandis qu'en pali son nom est Gotama. L'épithète Bouddha (ou Buddha, « l'Éveillé ») lui fut attribuée par ses disciples après son illumination.

Chronologie
La chronologie du Bouddha Shakyamuni est controversée et la date de son entrée dans le *parinirvana* varie selon les sources. D'après la chronologie cinghalaise, adoptée par le bouddhisme Theravada, sa naissance remonte à 566 et sa mort à 486 av. J.-C. Nombre de spécialistes préfèrent dater son entrée dans le *parinirvana* vers 380 av. J.-C.

Articles en relation
Vie du Bouddha; Biographies du Bouddha; Les *jataka*; Le Bouddha historique; L'image du Bouddha.

Fils de Maya Devi et de Shuddodhana, membre de la caste des *ksatriya* (guerriers) de Kapilavastu, Siddhartha Gautama, de la tribu des Shakya, naquit à Lumbini, au sud de l'actuel Népal, probablement durant la seconde moitié du Ve siècle av. J.-C., dans une Inde traversée par de profonds changements politiques et sociaux et par la crise du brahmanisme. Les nombreux récits traditionnels qui relatent la biographie du Bouddha la présentent comme une histoire exemplaire: la vérité historique se perd dans le récit symbolique, donnant lieu à une hagiographie en accord avec le parcours spirituel et la doctrine enseignée par le Maître. Enracinée dans la tradition ascétique indienne, l'expérience de Siddhartha naît de la recherche d'une voie permettant d'échapper à la prison du cycle des renaissances perpétuelles (*samsara*), déterminées par les lois du *karma*. À l'instar d'autres écoles indiennes, son parcours fait de la connaissance le moyen fondamental d'atteindre la vision libératrice, mais ses méthodes et contenus sont profondément différents. Après son éveil, Siddhartha parcourut pendant plus de quarante ans le bassin moyen du Gange, transmettant ses enseignements à ses nombreux disciples. Il mourut à quatre-vingts ans à Kushinagara, laissant sa doctrine comme unique guide à la toute nouvelle communauté monastique (*sangha*).

*Unique parmi les ascètes de son temps, le Bouddha a concentré son attention sur le problème de la souffrance (*duhkha*) et proposé une thérapie contre la douleur de vivre.*

Vie du Bouddha

Pour l'essentiel, l'histoire du Bouddha est ponctuée d'une série d'événements fondamentaux: sa naissance et sa jeunesse aisée dans la maison paternelle, sa crise spirituelle liée à l'expérience de l'inéluctabilité de la douleur, son renoncement au monde pour entreprendre un chemin de recherche, son éveil, ses années de prédication et sa mort. Racontée dans diverses biographies, célébrée dans des compositions d'une grande valeur poétique, la vie de Shakyamuni fut l'objet d'une production artistique extrêmement riche et variée; née en Inde, elle s'est diffusée dans tous les pays bouddhistes. Au cours des siècles, dans les lieux où elle s'est élaborée, cette biographie en images a pris diverses formes: les récits sont parfois concis, résumés par des épisodes emblématiques, parfois fragmentaires, ou encore dilués dans des événements infimes de l'histoire. Ces narrations sont souvent concentrées sur quelques épisodes, quatre ou huit, constituant une sorte de synopsis figuratif de la vie de l'Éveillé. Sculptée dans la pierre des stupas en Inde, peinte sur les murs des monastères rupestres d'Inde et d'Asie centrale ou accompagnant les textes, cette tradition est parvenue jusqu'à nos jours, comme en témoignent les scènes modernes de la vie du Bouddha peintes sur les murs des monastères de l'Asie du Sud-Est ou sur les bannières tibétaines (*thangka*).

◄ *Tête de Bouddha*,
vers 800 apr. J.-C.,
provenant de Borobudur
(Java), andésite, h. 31,5 cm
Berlin, Museum
für Indische Kunst

► Stèle avec des épisodes
de la vie du Bouddha,
450-475 apr. J.-C., provenant
de Sarnath (Inde), grès, h. 70 cm
Delhi, National Museum,
Central Asian Arts Collection

Ce jataka *est celui qui marque le début du chemin du Bodhisattva, quand le futur Shakyamuni, né lors d'une de ses vies antérieures en la personne du brahmane Megha (ou Sumedha), prononça ses vœux devant le bouddha du passé Dipamkara et reçut de ce dernier la prédiction de son illumination future.*

Très populaire dans le nord-ouest de l'Inde, théâtre, selon la tradition, de nombreux épisodes des vies antérieures de Siddhartha, ce jataka *est rarement représenté en Asie centrale et en Asie du Sud, alors que l'on en trouve en Chine quelques exemples remontant aux* V*e* *et* VI*e* *siècles.*

Megha apparaît plusieurs fois dans la scène, quand il se procure des fleurs auprès d'une femme, quand il les jette en l'air en signe d'hommage au Bouddha et quand il se prosterne aux pieds de l'Éveillé et détache ses cheveux pour lui faire un passage.

Ce relief appartient à l'art du Gandhara, florissant à l'époque des Kusana. Strictement parlant, le Gandhara correspond à la plaine de Peshawar, mais la production artistique désignée sous ce nom s'étend sur un territoire bien plus vaste, qui inclut le nord du Pakistan et le nord-ouest de l'Afghanistan.

▲ *Dipamkarajataka*, IIe-IIIe siècle apr. J.-C., Gandhara, schiste, h. 12,5 cm
Berlin, Museum für Indische Kunst

Très apprécié et souvent représenté, ce jataka *relate la dernière vie terrestre du Bodhisattva avant qu'il ne renaisse en tant que Siddhartha. La vertu célébrée dans ce récit est la perfection du don.*

Le prince Visvantara (ou Vessantara) est le modèle de la générosité pratiquée sous toutes ses formes : depuis le don du symbole de prospérité pour son pays, l'éléphant blanc, à la suite de quoi le prince fut contraint à l'exil, jusqu'au renoncement à ses propres biens matériels (char et chevaux) et affectifs (enfants et femme).

La scène montre Visvantara versant de l'eau sur les mains du futur propriétaire et sur la trompe de l'éléphant. Ce geste représente dans l'art indien la manière conventionnelle de signifier le don : l'eau versée marque de manière irréversible la transmission de propriété.

▲ *Visvantarajataka*, IIIe-IVe siècle apr. J.-C, provenant de Goli (Inde), pierre, h. 30 cm Madras, Government Museum

La conception de Siddhartha a lieu de manière miraculeuse : endormie dans sa chambre, Maya Devi rêve qu'un éléphant blanc à six défenses, symbole de bon augure et d'événements extraordinaires, pénètre dans son flanc droit. Les devins de la cour interprètent ce songe comme le présage de la naissance d'un souverain universel ou d'un bouddha.

Les longs cheveux noués, le large collier qui descend sur les seins, la jupe serrée, attachée à la taille, les bracelets aux mains, les lourds bracelets de chevilles et les ceintures-bijoux qui ornent les flancs généreux célèbrent l'idéal indien de la beauté féminine dans le style de l'art Sunga.

Plusieurs figures féminines veillent sur le sommeil de la reine et la flamme de la lampe indique que la scène se passe la nuit.

▲ *Conception*, 180-80 av. J.-C., provenant de Bharhut (Inde), grès
Calcutta, Indian Museum

Le personnage de Maya Devi, qui serre dans la main droite la branche de l'arbre et plie le corps en une triple courbe (tribhanga)*, s'inspire du type iconographique de la* yakshi. *Dans la tradition prébouddhique indienne, celle-ci symbolise la sève de la plante et la force régénératrice de la nature, et elle est représentée par une figure féminine appuyée au tronc d'un arbre qui fleurit quand elle le touche. Par analogie, Maya Devi exprime le principe de renouveau spirituel évoqué par la naissance de Siddhartha.*

Ce thangka *illustre différents moments liés à la naissance de Shakyamuni depuis sa conception, lorsque l'éléphant blanc descend du Tushita, le ciel des dieux «satisfaits», où les* bodhisattva *demeurent avant leur dernière vie terrestre, celle au cours de laquelle ils atteignent l'éveil.*

Maya Devi donne le jour, sans douleur, à l'enfant dans le parc de Lumbini. Siddhartha naît du flanc droit de sa mère et est accueilli sur un drap doré par les dieux hindous, qui lui sont symboliquement soumis, Brahma (à quatre visages) et Indra (au corps blanc).

À peine né, Siddhartha fait sept pas en direction des quatre points cardinaux et des fleurs de lotus s'épanouissent sous ses pieds. Revenu au centre, il proclame sa suprématie spirituelle sur l'univers entier. Au-dessus de lui, deux nagaraja *(rois-serpents) le consacrent en lui versant de l'eau sur la tête.*

► *Événements de la naissance*, XVIIIe siècle, Tibet, couleur sur toile Paris, musée Guimet

De par la volonté de son père, Siddhartha grandit entre les murs du palais, à l'abri des misères de la vie, pour éviter que le trouble ne le pousse au renoncement et à la quête religieuse et que ne se réalise ainsi la prophétie de l'ascète Asita qui, en interprétant les marques particulières sur le corps de l'enfant, avait prédit qu'il deviendrait un bouddha.

Siddhartha obtient de son père la permission de sortir du palais quatre fois : il rencontre d'abord un vieillard qui marche en s'appuyant sur un bâton, puis un malade torse nu, ensuite il croise un cercueil flanqué de deux personnes en proie au désespoir et au chagrin, et enfin un ascète (figuré ici en moine). Les trois premières rencontres représentent l'expérience de la souffrance et du caractère impermanent de la condition humaine, la quatrième se place sur un plan différent et indique le sens de la recherche (le renoncement) pour échapper à la souffrance.

Ces rencontres sont figurées selon le même modèle, répété quatre fois, Siddhartha étant toujours représenté au moment où il sort à cheval du palais de son père.

◄ *Les Quatre Rencontres*, première moitié du Xe siècle apr. J.-C., provenant de Dunhuang (Chine), peinture sur soie, h. 57 cm Paris, musée Guimet

Au milieu de la nuit, Siddhartha jette un dernier regard à sa femme endormie et à son fils, puis va rejoindre son serviteur Chandaka qui l'attend avec le cheval Kanthaka.

Son départ s'accompagne d'événements prodigieux : les portes de la ville s'ouvrent par magie, la terre tremble, une pluie de fleurs tombe du ciel et des êtres semi-divins soulèvent les sabots du cheval pour que la fuite du prince ne soit pas signalée par leur bruit.

L'expérience transformatrice des quatre rencontres introduit tout d'abord l'inquiétude dans l'âme de Siddhartha et développe en lui une nouvelle perception de sa vie au palais. L'image des jeunes femmes qui égayaient ses journées, plongées dans le sommeil, dans des poses relâchées, lui révèle la nature trompeuse et éphémère des séductions de la vie mondaine, le poussant à abandonner pour toujours la maison paternelle afin de se consacrer à la quête du salut pour lui et pour les hommes.

▲ *Le Grand Départ*, XIXe siècle, Birmanie, feuillet de manuscrit illustré, 48 × 19 cm
Londres, British Library

▲ *La Vie ascétique*, IIe-IIIe siècle apr. J.-C., Gandhara, schiste, h. 30 cm Berlin, Museum für Indische Kunst

L'image de Siddhartha émacié lors de ses années de jeûne est assez fréquente dans l'art du Gandhara. À côté de cette scène, on voit ici les images qui le représentent lorsqu'il lave ses vêtements dans le Nairanjana et quand il mange la nourriture offerte par des femmes, grâce à quoi il reprend des forces.

Devenu un renonçant, Siddhartha entreprend son voyage vers la plaine gangétique, à la recherche d'un maître capable de le guider dans la voie de la libération de la souffrance. Mais, plusieurs fois déçu, il se rend, en compagnie d'un groupe de cinq hommes, aux environs d'Uruvilva et s'installe dans un bois près du fleuve Nairanjana pour se consacrer à la pratique ascétique.

Au bout de six ans, Siddhartha se rend compte que les mortifications du corps et l'exercice de la volonté poussé à l'extrême, inspirés par la tradition des renonçants indiens de son temps, ne lui ont apporté aucun progrès spirituel et il décide donc de rompre le jeûne, suscitant la désapprobation et la déception de ses compagnons d'ascèse.

Cet épisode constitue l'apogée des événements qui préludent à l'éveil.

L'affrontement entre Mara et Siddhartha se traduit, sur le plan formel, par le dynamisme des figures démoniaques face à l'immobilité du Bodhisattva, dont la fonction axiale est soulignée par l'image de l'arbre de la bodhi *derrière lui.*

Siddhartha, pressentant que la transformation de soi passe par l'esprit et non par la mortification du corps, s'assied au pied d'un figuier pippal (banian, ou ficus religiosa*), résolu à méditer jusqu'à atteindre l'éveil (*bodhi*).*

Demeuré dans un état de calme inébranlable, le Bodhisattva repousse toute tentative d'attaque et prend à témoin la déesse de la Terre, qui émerge du sol et reconnaît sa « victoire sur Mara » (Maravijaya).

Plongé dans un état de concentration imperturbable, le Bodhisattva subit l'attaque de Kama-Mara, le dieu de l'amour et de la mort, seigneur du monde du désir, qui craint de perdre sa souveraineté sur les créatures si la voie de la libération venait à être connue et à leur être révélée. Désormais proche de l'illumination, Siddhartha est tout d'abord tenté par la séduction du pouvoir et du désir, puis assailli par les hordes de démons avec, à leur tête, Mara armé d'une épée.

▲ *La Victoire sur Mara*,
IIIe siècle apr. J.-C.,
Gandhara, schiste, h. 52,6 cm
Berlin, Museum
für Indische Kunst

La confrontation entre Kama-Mara – expression des obstacles psychiques qui obscurcissent l'esprit et barrent la route au pratiquant – et le Bodhisattva est l'événement qui révèle la force intérieure de Siddhartha et donne lieu à une intensité dramatique sans égale. Extrêmement populaires dans toute l'Asie, les représentations de cet épisode sont très nombreuses et présentent un schéma de composition presque identique, même si les détails sont déclinés sur des modes différents selon les diverses traditions artistiques.

*Siddhartha domine le centre de la composition, assis au pied de l'arbre de l'éveil, tandis qu'il effleure le sol dans le geste de prendre la Terre à témoin (*bhumisparsamudra*).*

Mara, représenté deux fois au côté de Siddhartha, apparaît en habits royaux et avec les vêtements d'un soldat chinois, tandis que les figures féminines auprès de lui évoquent probablement la vaine tentative de séduction menée par ses filles.

L'attaque est conduite par une bande de personnages démoniaques, aux visages déformés et menaçants, occupés à lancer toutes sortes d'objets ou à frapper de leurs armes le Bodhisattva en méditation; mais chaque objet lancé se transforme par magie en une fleur qui reste suspendue en l'air.

▲ *La Victoire sur Mara*, IXe-Xe siècle apr. J.-C., provenant de Dunhuang (Chine), peinture sur soie, h. 144,4 cm Paris, musée Guimet

L'expérience de l'illumination, dans la nuit qui suit la victoire sur Mara, est amplement décrite dans les textes qui évoquent les trois veilles nocturnes au cours desquelles Siddhartha atteint à la triple connaissance de ses vies antérieures, des effets du karma *et du principe de l'existence conditionnée, l'éveil ayant lieu à l'aube du nouveau jour. La représentation de l'illumination est en général implicite dans l'épisode de la victoire sur Mara où elle est peut-être évoquée par la figure du Bouddha en méditation.*

Après l'éveil, le Bouddha reste plongé dans la contemplation de la vérité qu'il a perçue par intuition; il se demande ensuite si le dharma *peut être compris par les hommes. Poussé à la compassion pour tous les êtres vivants par la prière du dieu Brahma, il décide de dispenser son enseignement, en commençant par ses cinq compagnons d'ascèse qui se trouvent à Bénarès.*

Ce haut-relief représente le Bouddha alors qu'il expose les quatre nobles vérités, comme l'indique la position de ses mains, qui font le geste du dharmachakramudra *(« mise en mouvement de la roue de la Loi »).*

La présence, à la base de la sculpture, de plusieurs moines en prière et d'un couple de gazelles des deux côtés de la roue, évoque clairement l'épisode du premier sermon du Bouddha dans le parc des Gazelles à Sarnath près de Bénarès. Nous avons ici l'un des chefs-d'œuvre de l'art Gupta.

◄ *Le Premier Sermon*, vers 475 apr. J.-C., provenant de Sarnath (Inde), grès, h. 160 cm
Sarnath, Musée archéologique

Du premier sermon jusqu'à sa mort, le Bouddha passe plus de quarante ans à parcourir la plaine du Gange, dispensant son enseignement dans les villes et les villages et ne s'arrêtant que pendant la saison des pluies. Les conversions consécutives à ses prédications sont nombreuses et concernent non seulement des individus, mais des communautés entières.

Dans les environs d'Uruvilva, le Bouddha rencontre les trois frères Kashyapa qui étaient à la tête d'une communauté de mille ascètes. Bien que peu enclin à exhiber les pouvoirs miraculeux qu'il avait reçus au cours de l'éveil et dissuadant les moines de le faire, le Bouddha y avait recours en certaines occasions pour mettre fin aux polémiques et obtenir l'attention de l'assemblée. Ici, le Bouddha est en lévitation au-dessus des eaux du fleuve en crue et il se dirige vers la barque des Kashyapa.

La présence du Bouddha est évoquée par une bande de terre qui indique le chemin parcouru par l'Éveillé. Les trois Kashyapa, représentants du brahmanisme fondé sur le rite sacrificiel, sont figurés soit sur une barque au milieu du fleuve, soit sur la rive, rendant hommage au Bouddha évoqué par deux autres symboles : l'arbre foisonnant et le trône vide au-dessous.

▲ *La Conversion des Kashyapa*, vers 20 apr. J.-C., stupa 1, grès, Sanci (Inde)

L'un des éléments distinctifs de cet épisode, la triple échelle, est connu depuis les plus anciennes représentations indiennes de Bharhut, de Sanci et du Gandhara. Selon la légende, Shakyamuni revient sur terre en descendant par l'échelle du milieu, faite de pierres précieuses, tandis qu'Indra et Brahma descendent de chaque côté, par des échelles respectivement en or et en argent.

Outre les miracles accomplis sur terre, la tradition évoque aussi la visite du Bouddha au Trayastrimsa, le ciel des trente-trois dieux, la deuxième dimension céleste du kamadhatu sur lequel règne Indra, le roi des dieux. Là, l'Éveillé expose le dharma *aux êtres divins et à sa mère, morte sept jours après sa naissance. Après avoir passé quelque temps dans le ciel des 33, il redescend sur terre, dans la ville de Samkasya, devenue après sa mort un but de pèlerinage et le théâtre de miracles célèbres.*

▲ *La Descente du Trayastrimsa*, fin du XVIIIe siècle, peinture murale de la chapelle Buddhaisawan, Bangkok

Convaincu par le Bouddha d'abandonner sa maison et sa femme pour pratiquer la Loi, Nanda devient moine à contrecœur et ne cesse de penser à sa bien-aimée. Le Bouddha, recourant à ses pouvoirs magiques, lui montre la beauté supérieure des apsara *célestes, provoquant le désir chez Nanda, dans le but thérapeutique de l'éradiquer de son esprit. Finalement, ayant pris conscience de la vanité de ses passions, Nanda décide de s'engager dans la pratique.*

L'épisode de la conversion du demi-frère du Bouddha, « le Beau » Nanda, fils de Suddodhana et de la sœur cadette de Maya Devi, Mahaprajapati, survient à l'époque de la première visite du Bouddha dans sa ville natale, Kapilavastu.

Ce bas-relief représente, de droite à gauche : Sundari, la femme de Nanda, assise à sa toilette, entourée de figures féminines ; son mari qui s'éloigne avec un bol pour mendier et se retourne vers elle ; et Nanda, à genoux, qui rend hommage au Bouddha. L'atmosphère reflète celle des vers du Saundarananda *(« le Beau Nanda »), œuvre du poète indien Asvaghosa.*

▲ *La Conversion de Nanda,* IIe-IIIe siècle apr. J.-C., Gandhara, schiste, h. 29,9 cm Londres, British Museum

Le Bouddha, conscient d'avoir mené à terme sa mission, renonce aux processus vitaux et s'apprête à entrer dans le nirvana définitif. Les circonstances de sa mort sont figurées par un repas de nourriture avariée offert par un forgeron. À leur arrivée à Kushinagara, Ananda installe un lit entre deux arbres shala *et le Bouddha se couche sur le côté droit, la tête tournée vers le nord.*

Au moment de la mort du Bouddha, le monde est secoué par un tremblement de terre et les Malla, des nobles de la région, lèvent les bras en digne de désespoir. La nature elle-même, sous la forme de l'esprit de l'arbre en larmes, semble participer au désarroi universel.

L'ascète Subhadra, le dernier converti, reste immobile, plongé en méditation, tandis que près de lui Vajrapani, assis par terre, se désespère.

Au terme de sa vie, au cours de laquelle il avait voyagé et enseigné le dharma, *le Bouddha se met en route pour Vaisali avec son disciple Ananda. Arrivé dans la ville, il révèle par trois fois à son disciple que, en vertu des pouvoirs acquis, il pourrait prolonger son existence de cent ans si cela lui était demandé pour le bien des êtres humains. Mais Ananda ne saisit pas l'allusion et se tait, ne se rendant compte que plus tard de son erreur.*

*Le brahmane Drona ordonne que les reliques (*sarira*) soient divisées en huit parties entre les adversaires et déposées à l'intérieur d'autant de stupas, selon les indications de l'Éveillé.*

Drona est représenté derrière la table sur laquelle sont disposés les huit reliquaires contenant les cendres du Bouddha. Conservées à l'intérieur des stupas, ces reliques devinrent des objets de culte, vénérées par les religieux et les laïques, qui exprimaient leur dévotion en déambulant autour du monument et en faisant des offrandes de fleurs, de lampes et d'encens.

À la mort du Bouddha, son corps est préparé en vue de la crémation, selon les indications données à Ananda par l'Éveillé lui-même, mais le bûcher ne prend pas feu. C'est seulement à l'arrivée de son plus ancien disciple, Mahakashyapa, et après que celui-ci a salué les pieds de son Maître, que le bûcher commence à brûler et que la cérémonie a lieu. Entre-temps une dispute s'élève entre les souverains de l'époque pour la possession des cendres du Bouddha.

◄ *Le Parinirvana,*
IIe-IIIe siècles apr. J.-C.,
Gandhara, schiste, h. 53,5 cm
Londres, Victoria and Albert Museum

▲ *La Distribution des reliques,*
Ier-IIe siècle apr. J.-C.,
Gandhara, schiste, h. 22,5 cm
Londres, British Museum

À l'origine, ce terme désigne l'état de celui qui a atteint au moins le premier niveau du salut et est « entré dans le courant ».

Le sangha

Pour aller plus loin
Par convention, le *sangha* définit l'ensemble de ceux qui se sont engagés dans la vie monastique. Par extension, il désigne tous les adeptes, moines ou laïques, du Bouddha. Il existe trois principales traditions disciplinaires: le Theravada, répandu au Sri Lanka et dans le Sud-Est asiatique; le Mulasarvastivada, répandu parmi les ordres tibétains; le Dharmaguptaka, qui est à l'origine de la règle des écoles chinoises et japonaises.

Articles en relation
Bouddhisme en Inde; Ashoka, Hinayana.

Le noyau originel de la communauté bouddhiste se constitua à partir de la « mise en mouvement de la roue du *dharma* », c'est-à-dire de l'énoncé des quatre nobles vérités dans le parc des Gazelles à Sarnath, quand le Bouddha exposa sa doctrine à ceux qui avaient été ses cinq compagnons d'ascèse. L'un de ceux-ci, Kaundinya (ou Kondanna), atteignit immédiatement l'éveil et fut le premier moine, suivi par ses quatre compagnons. Peu après, d'autres disciples, issus de toutes les castes de la société indienne, se rassemblèrent autour de l'Éveillé. D'abord itinérante, la communauté guidée par le Bouddha prit bientôt l'habitude de s'arrêter, durant les trois mois de la saison des pluies, dans des lieux mis à sa disposition par de riches protecteurs. Là furent érigés, plus tard, les premiers monastères où s'établit la communauté devenue sédentaire. Les règles monastiques (*vinaya*) furent fixées lors du premier concile tenu après la mort du Bouddha, d'après les enseignements du Maître: c'est la récitation du moine Upali qui donna lieu à la « Corbeille de la doctrine monastique », ou *Vinayapitaka*, d'où dérivent les *vinaya* des diverses écoles, traduites dans plusieurs langues.

Bien qu'il existe des différences, le noyau le plus ancien, commun à toutes les écoles, est constitué par le *pratimoksa*, c'est-à-dire le code comprenant les vœux qui peuvent être pris temporairement par les laïques et ceux pris par les moines depuis le noviciat jusqu'à l'ordination.

◄ *Le Bouddha et six disciples,*
IIIe-IVe siècle apr. J.-C., provenant de Miran (Chine), peinture murale, h. 57,2 cm
Delhi, National Museum,
Central Asian Arts Collection

La scène illustrée sur ce relief évoque le don d'un jardin fait à la communauté du Bouddha par le banquier Anathapindada. Plusieurs moments de l'histoire sont relatés sans que soit indiqué leur lien causal ou temporel. Les cabanes surmontées d'une arche représentent les simples constructions des premiers monastères édifiés à l'intérieur de parcs.

Anathapindada acquit le jardin auprès du prince Jeta, fils du roi Prasenajit, pour une somme équivalente aux morceaux d'or utilisés pour recouvrir la surface du parc. Cet achat est illustré par deux personnages occupés à disposer les fragments d'or pris sur un char.

▲ *Le Don d'Anathapindada*, 100-80 av. J.-C., provenant de Bharhut (Inde), grès Calcutta, Indian Museum

Le riche donateur laïque est figuré au centre, alors qu'il verse de l'eau sur le sol pour ratifier le don, geste que l'on retrouve dans la représentation indienne du Visvantarajataka.
Le don de sommes d'argent ou l'offre de main-d'œuvre pour la construction d'un monastère étaient (et sont encore) des pratiques considérées comme un moyen d'acquérir des mérites. Les dons constituèrent la base véritable de la vie monastique, sans laquelle la communauté n'aurait pas pu exister. De nombreux récits célèbrent les actes de générosité vis-à-vis de la communauté du Bouddha.

« Pour celui qui a accompli le voyage et est exempt de douleur, libéré de toute chose et qui a abandonné tous les liens, la fièvre de l'attachement n'existe plus. » (Dp)

Les dix grands disciples du Bouddha

Pour aller plus loin
Les disciples du Bouddha sont cités plusieurs fois dans les sources littéraires qui rapportent les noms de certains moines célèbres pour leurs qualités morales et les aspects de leur caractère. Le culte rendu à ces dix disciples en particulier semble remonter à un *sutra* qui, traduit en chinois au IVe siècle (*Guandingjing*), contribua à la renommée de ces disciples de l'Éveillé en Extrême-Orient.

Articles en relation
Le *sangha*; Les conciles; Bouddhisme en Inde.

Parmi les nombreux disciples du Bouddha historique, dix sont particulièrement chers à la tradition extrême-orientale qui en a transmis les caractéristiques biographiques. Même si les traditions locales ne leur attribuent pas la même importance, Maugdalyayana, Shariputra, Ananda et Mahakashyapa jouissent en général de la même considération. De Maugdalyayana et Shariputra, amis inséparables entrés ensemble dans la communauté, on retient respectivement les dons surnaturels et la grande sagesse. Ils sont souvent figurés à côté du Bouddha, alternativement avec Ananda, le disciple le plus jeune, et Mahakashyapa, le plus ancien. Rahula, le fils du Bouddha, admis enfant dans la communauté, est vénéré en tant que patron des novices et l'un des seize *arhat*. On attribue au moine Upali la récitation, lors du premier concile, des règles qui constituèrent le *vinaya*. Aniruddha, cousin du Bouddha, après avoir révélé à la communauté réunie pour le premier concile qu'Ananda n'avait pas encore atteint l'état d'*arhat*, l'aida dans la pratique. Subhuti atteignit l'état d'*arhat* au terme d'une longue méditation sur la bonté. Purna, le marchand converti par un sermon du Bouddha, prêcha dans le Deccan et est considéré comme le protecteur des marins. Enfin, le brahmane Katyayana se convertit lui aussi et devint un prédicateur et un exégète de talent.

► *Mahakashyapa*, Ve-VIe siècle apr. J.-C. (?), provenant de la grotte 60, Kizil (Chine), peinture murale, h. 46,5 cm Berlin, Museum für Indische Kunst

Les figures d'Ananda et de Mahakashyapa sont les plus représentées du groupe des disciples de Shakyamuni et apparaissent à côté de ce dernier, avec lequel elles forment une triade. Ces deux personnages sont complémentaires et illustrent les aspects psychologiques et symboliques de la vie monastique: Ananda, le jeune cousin du Bouddha, est bon, zélé et doué d'une mémoire extraordinaire; plus âgé, rigoureux et austère, Mahakashyapa dirigea la communauté juste après la mort du Bouddha.

*Par convention, Ananda et Mahakashyapa ont respectivement les caractéristiques d'un jeune moine et d'un moine âgé. Tous deux portent un vêtement monastique (*kasaya*), orné de panneaux peints qui reproduisent les morceaux de tissu qui composaient le vêtement, selon les prescriptions de la règle monastique. Ananda tient un vase (*kamandalu*) dans la main gauche, tandis que Mahakashyapa joint les mains en signe de vénération.*

► Statues d'Ananda et de Mahakashyapa, seconde moitié du VIe siècle apr. J.-C., province du Hebei (Chine du Nord), marbre avec traces de couleur, h. 109 et 110 cm
Paris, musée Guimet

Le Bouddha ne laissa aucun écrit et rien de ce qu'il avait enseigné ne fut consigné de son vivant. Il a légué comme testament spirituel le dharma *et le* vinaya.

Canon bouddhique

Terminologie
On emploie le nom *Tripitaka* (s.) pour parler des recueils canoniques en sanskrit des écoles bouddhiques anciennes, et *Tipitaka* (p.) pour le Canon pali.

Origines
L'élaboration et la diffusion des textes écrits furent étroitement liées à l'affirmation du courant Mahayana et à l'importance donnée par cette école au culte des *sutra*. Un autre facteur important fut la demande de textes de la part des pays conquis au bouddhisme, l'Asie centrale et la Chine d'abord, puis le Tibet et le Sud-Est asiatique.

Articles en relation
Canon pali; Canon chinois; Canon tibétain; Theravada.

Cette expression désigne, par commodité, l'ensemble des écritures que les bouddhistes considèrent, en règle générale, comme la parole du Bouddha. En réalité, ce recueil de textes fut constitué bien longtemps après sa mort, au terme d'une gestation complexe dont certaines étapes restent ignorées. La tradition fait remonter la formation du Canon à l'époque du premier concile, à partir duquel les enseignements attribués au Bouddha furent transmis oralement dans différents dialectes par diverses écoles, durant cinq siècles, avant d'être fixés par écrit. Du Sri Lanka nous est parvenu le Canon pali de l'école du Theravada, rédigé au Ier siècle apr. J.-C. Divisé en trois parties, il comprend les textes de la discipline monastique, les sermons, et les enseignements sur des thèmes spécifiques de la doctrine. Il subsiste des fragments d'autres canons des écoles anciennes, différentes du Theravada, dans des langues indiennes (gandhari et sanskrit), ou dans des traductions en chinois et en tibétain. Les différences entre les diverses rédactions du Canon varient selon les parties: guère sensibles pour la règle monastique, elles sont nettement plus marquées quand il s'agit du contenu des sermons et, surtout, des commentaires sur les enseignements. Ces derniers, qui constituent la troisième section du Canon, furent compilés par chaque école en fonction de ses positions philosophiques.

► Manuscrit du *Brahamajalasutta*, XIXe siècle, Sri Lanka, feuillets en bronze et couverture en bois avec décorations en argent, 6 × 39 cm
Londres, British Library

Les deux planchettes formant la couverture sont illustrées de scènes de la vie de Shakyamuni. Celle du haut montre, de gauche à droite, le don du bol de miel au Bouddha, la prise à témoin de la Terre, la naissance et Shakyamuni prêchant. La planchette du dessous représente le Bouddha soumettant l'éléphant Nalagiri, le Bouddha prêchant, la descente du Trayastrimsa et le parinirvana. *Le modèle de manuscrit indien sur feuilles de palmier se répandit au Népal et au Tibet, où il donna naissance à une riche tradition locale de manuscrits illustrés et de décoration des couvertures en bois.*

*Le matériau le plus utilisé en Inde avant l'introduction du papier était (avec l'écorce de bouleau dans le nord-ouest du subcontinent) la feuille de palmier talipot (*corypha umbraculifera*), originaire des régions tropicales. On faisait bouillir dans l'eau les jeunes feuilles, on les laissait sécher à l'ombre et on les polissait. Puis on les coupait de manière à obtenir des bandes d'égale longueur, larges de 8 cm environ, assemblées au moyen d'une ficelle qui passait par deux trous au milieu. Deux planchettes de bois formaient la couverture et maintenaient les feuillets. Plus rarement, les feuillets étaient constitués de fines lamelles de bronze ou de cuivre.*

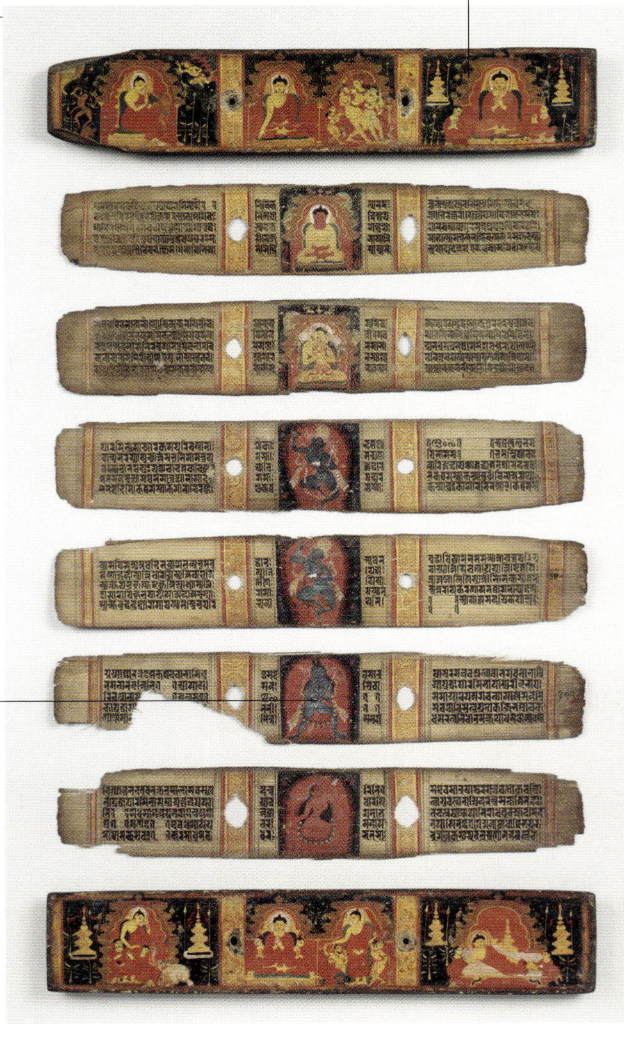

Les figures représentées au centre des feuillets sont celles du bouddha Amitabha et de plusieurs divinités de la Prajnaparamitra *et du* Vajrayana.

► Manuscrit illustré des *Prajnaparamitasutra*, vers 1115, Inde, feuilles de palmier et couverture en bois, 6 × 31,5 cm Paris, musée Guimet

C'est le seul canon complet d'une école bouddhique ancienne, le Theravada, qui ait été conservé.

Canon pali

Lieux
Pitakat Taik
Cet édifice fut construit à Pagan par le roi Anawrahta dans la seconde moitié du XIe siècle pour y conserver les textes du Canon bouddhique. Ce lieu à l'abri de la lumière, entièrement en brique pour éviter les incendies, doté d'une chambre intérieure qui protège les textes contre les insectes, est couvert d'une toiture qui résiste aux pluies de mousson. Un tel soin donne la mesure du caractère précieux des textes conservés dans la bibliothèque, non seulement du point de vue religieux mais aussi économique, car la copie des manuscrits atteignait des coûts extrêmement élevés.

Articles en relation
Canon bouddhique; Birmanie, Thaïlande.

Écrit en pali, langue littéraire formée de divers dialectes, il doit l'autre nom sous lequel il est connu, le *Tipitaka* (« Trois corbeilles ») à sa composition en trois parties. Les « trois corbeilles », qui se réfèrent aux paniers recelant les manuscrits sur feuilles de palmier, sont: le *Vinayapitaka*, qui contient les textes sur la règle monastique; le *Suttapitaka*, qui comprend les sermons attribués au Bouddha et les fragments les plus anciens du Canon; l'*Abhidhammapitaka*, articulé en sept recueils, qui réunit les œuvres énonçant la doctrine de l'école. Une polémique, qui entraîna des dissensions sur l'île de Sri Lanka, suscita la rédaction du Canon pali: les Theravadin voulaient préserver l'enseignement du Bouddha. Avec le soutien du souverain local, les moines du Mahavihara mirent par écrit le Canon, accumulant les commentaires jusqu'au IIe siècle apr. J.-C. Le Canon circula dans les pays de tendance Theravada, qui sauvegardèrent la tradition au cours des diverses périodes de crise politique. En témoignent les échanges entre le Sri Lanka et la Birmanie dans la seconde moitié du XIe siècle. Diffusé également dans les pays du Sud-Est asiatique, le Canon s'est transmis en pali et n'a jamais été traduit dans les langues régionales.

► Pitakat Taik, seconde moitié du XIe siècle, Pagan (Birmanie)

Son organisation diffère de celle du Canon pali. Il comporte un répertoire de textes plus vaste et d'une autre provenance du point de vue doctrinal.

Canon chinois

La compilation du Canon chinois s'est déroulée sur plusieurs phases au cours desquelles furent établis différents systèmes d'organisation et de classification des écritures traduites en chinois depuis le début de l'ère chrétienne. Durant plusieurs siècles, et parallèlement à la traduction, de nombreux textes furent éliminés car jugés apocryphes. En 971, de par la volonté de l'empereur Taizu des Song du Nord, débutèrent les travaux de la première édition imprimée du Canon chinois. L'ouvrage, achevé en 983, comprenait 1 076 textes imprimés au moyen de 130 000 matrices de bois, et des copies en furent distribuées aux principaux temples. Une copie, envoyée en 990 au souverain de Corée, servit de base pour une édition coréenne du Canon chinois, dont les matrices en bois sont conservées aujourd'hui dans le temple de Haein. De nombreuses autres éditions succédèrent à celle des Song, jusqu'aux éditions modernes publiées au Japon dans la première moitié du XXe siècle. Immense recueil constitué d'ajouts successifs lors des différents remaniements, le Canon chinois réunit des textes de diverses écoles bouddhiques anciennes, du Mahayana, plusieurs *tantra*, des commentaires et d'autres œuvres rédigées en chinois.

Pour aller plus loin
La traduction des textes indiens, surtout dans sa phase initiale, fut longue et complexe. Les textes étaient lus (ou récités) par des moines étrangers, pendant que des groupes de traducteurs, versés dans les deux langues, s'attelaient à la tâche difficile consistant à rendre compte en chinois des concepts bouddhiques. Après une première étape, au cours de laquelle on se servit même de la terminologie taoïste pour traduire les idées du bouddhisme, une nouvelle ère commença avec la méthode exégétique rigoureuse de Kumarajiva (v. 350-413), traducteur originaire d'Asie centrale, qui fut un modèle pour plusieurs générations de traducteurs chinois.

Articles en relation
Canon bouddhique; Chine.

◄ Moine montrant une matrice en bois des textes du Canon chinois, monastère de Haein (Corée du Sud)

Langue parlée sous diverses formes dialectales par de nombreuses populations himalayennes, le tibétain fut doté au VIIe siècle d'une écriture alphabétique sur le modèle de la graphie indienne.

Canon tibétain

Pour aller plus loin
Le Canon tibétain a été traduit en langue mongole à partir de la première moitié du XVIIe siècle. En 1629 était achevée la traduction du *Kanjur*, suivie de celle du *Tanjur* en 1749. La première version imprimée sur matrice en bois remonte de cette époque.

Articles en relation
Canon bouddhique; Tibet.

Le Canon tibétain se compose de deux grands recueils: le *Kanjur* comprend les enseignements bouddhiques traduits en tibétain, et le *Tanjur* réunit les commentaires des maîtres indiens et les traités (logique, médecine, astrologie, grammaire). La genèse de ces deux vastes ouvrages se fit sur plusieurs siècles à partir de la première époque de propagation du bouddhisme, lorsque débuta au Tibet la traduction des textes. Mais c'est seulement au XIIIe siècle, après la deuxième vague de propagation, que les érudits tibétains commencèrent à étudier, classifier et collationner la grande masse de textes dont ils disposaient. Ce travail impressionnant, auquel contribua notamment Bu-ston (1290-1364), abbé du monastère de Shalu et auteur d'une histoire du bouddhisme au Tibet, donna naissance au XIVe siècle aux deux recueils, modifiés ensuite par l'ajout d'autres œuvres. Dans le premier recueil furent insérées les traductions des textes d'origine indienne certaine, tandis qu'en étaient exclus plusieurs ouvrages tantriques dont les traductions remontaient à l'époque ancienne et dont, par conséquent, on ne pouvait retrouver les originaux indiens. Les Tibétains empruntèrent à la Chine la technique de fabrication du papier et l'impression avec matrice en bois, si bien que des copies furent produites dans plusieurs monastères. La première édition xylographique du *Kanjur* fut imprimée à Pékin en 1411.

► Jeunes moines s'adonnant à la lecture de textes, monastère du Sikkim (Inde)

Généralement les écritures, sous la forme de feuilles manuscrites ou imprimées, maintenues par deux lourdes planchettes de bois et enveloppées dans des morceaux de tissu, sont disposées dans les casiers ouverts de bibliothèques murales, installées dans les différentes salles des monastères tibétains. Les morceaux de tissu coloré qui pendent comportent le titre du livre.

La bibliothèque peut aussi contenir une niche à l'intérieur de laquelle est placée la statue d'une divinité recouverte de khata, *écharpes de cérémonie blanches offertes en signe de dévotion aux images sacrées ou encore aux maîtres. Les textes eux-mêmes, tout comme l'image disposée parmi eux, sont des objets de dévotion, puisqu'ils « sont » la parole du Bouddha. C'est pourquoi l'on peut trouver, devant les bibliothèques, un autel avec d'autres images sacrées, des photographies de moines éminents et des offrandes symboliques.*

▲ Bibliothèque tibétaine, XVe siècle, monastère de Tikse, Ladakh (Inde)

« Lorsque naquit le maître de la Délivrance des êtres vivants, le monde devint pacifique comme si, se trouvant dans un état de désordre, il avait trouvé un souverain. » (Bc)

Biographies du Bouddha

Articles en relation
Siddhartha Gautama Shakyamuni;
Vie du Bouddha;
Les *jataka*;
Le Bouddha historique;
L'image du Bouddha;
Stupa.

On trouve des références à la vie du Bouddha dans le Canon pali, sous forme de citations fragmentaires insérées dans les textes doctrinaux. Les premières biographies, même incomplètes et de nature composite, furent élaborées dans les premiers siècles de notre ère. Deux nous sont parvenues en original sanskrit et d'autres dans des traductions chinoises. En sanskrit, le *Mahavastu* raconte les événements jusqu'aux premières conversions, et le *Lalitavistara* couvre la période jusqu'au premier sermon. Le *Buddhacarita* d'Asvaghosa est quant à lui une biographie digne de ce nom, qui retrace toute l'histoire de Siddhartha, de la naissance au *parinirvana*. Dans le domaine des arts, à partir du IIe siècle av. J.-C., une tradition narrative inspirée de la vie du Bouddha vit le jour en Inde, sur des reliefs voués à l'architecture religieuse. Ces « biographies de pierre », créées dans plusieurs centres (Bharhut, Sanci, Amaravati, Gandhara), ont des caractéristiques variées, depuis les représentations de l'Éveillé, figuré par des symboles à l'époque la plus reculée ou sous forme humaine à partir du Ier siècle apr. J.-C., jusqu'aux différents modes narratifs (épisodes isolés, scènes multiples condensées à l'intérieur d'une seule corniche, narration continue de plusieurs événements, etc.). L'art du Gandhara a produit une création unique et originale : le récit se développe en scènes disposées horizontalement, de manière séquentielle, autour du corps du stupa. Pour la première fois, une narration cohérente, basée sur une succession ordonnée des événements, était accessible au dévot qui se livrait à la circumambulation rituelle (*pradaksina*).

▼ Couverture de manuscrit, fin du XIIe siècle, Inde orientale, bois peint, 5,5 × 56 cm
Londres, British Library

Dans les différents centres religieux du Gandhara, autour du stupa principal sont souvent érigés d'autres stupas plus petits, objets des donations des laïques, qui étaient responsables aussi de la décoration du monument. Le stupa conservé à l'Indian Museum de Calcutta est un exemple rare, intact, de ces monuments en réduction et donne une idée de ce à quoi devaient ressembler les stupas principaux qui se dressaient dans les cours des vihara *(monastères).*

*Les cycles narratifs qui font la renommée du Gandhara se situaient en général autour du tambour du stupa, où une succession d'épisodes, séparés par des éléments architecturaux, déroulait de façon linéaire des moments de l'histoire de Siddhartha, essentiellement dans l'ordre chronologique. Les reliefs narratifs pouvaient aussi occuper d'autres parties du stupa, par exemple la base carrée, comme ici, ou les fausses niches, sur lesquelles deux ou trois épisodes étaient disposés verticalement; dans certains cas, ils pouvaient figurer sur les côtés de l'*harmika *(petit pavillon quadrangulaire).*

▲ Stupa votif en réduction, IIe-IIIe siècle apr. J.-C., Gandhara, schiste, h. 140 cm Calcutta, Indian Museum

Il s'agit de récits des vies du Bouddha antérieures à sa dernière existence terrestre.

Les jataka

La dernière vie terrestre de Siddhartha, au cours de laquelle le Bodhisattva atteint l'éveil, est l'aboutissement d'une longue voie commencée et achevée à travers de nombreuses renaissances. Cette conception repose sur le *karma* et le *samsara* : les « actes » (*karman*) accomplis ont des conséquences qui affectent l'existence en cours ou une autre, contraignant l'individu à un cycle de « naissance-mort-renaissance » (*samsara*). Les *jataka*, ou histoires des « nativités », racontent précisément comment, grâce aux actions accomplies, le Bodhisattva forgea les conditions favorables à son ultime vie terrestre, au cours de laquelle il fut libéré du cycle des renaissances. Dans ces récits, le futur Bouddha apparaît sous les formes animale, humaine et divine ; certains illustrent des exemples de comportement moralement correct, d'autres insistent sur l'exercice des vertus que le Bodhisattva porta à la perfection au cours de sa longue série d'existences. Les *jataka* constituent un genre littéraire qui connut un immense succès et fut l'un des sujets de prédilection des représentations artistiques. Le Canon pali comporte un recueil de 547 *jataka*, dont 34 ont été remaniés en sanskrit et composent la *Jatakamala* (« Guirlande des naissances »), attribuée à Arya Sura, qui remonte au IVe siècle apr. J.-C.

Pour aller plus loin
Parmi les monuments anciens les mieux conservés, comportant des représentations d'épisodes de la vie de l'Éveillé, citons les *torana* (portiques) et les *vedika* (balustrades) en pierre qui entouraient les stupas de Sanci et de Bharhut, outre les nombreux fragments architecturaux provenant d'autres sites indiens célèbres. Sur les reliefs de ces deux sites, le Bouddha n'est jamais représenté par une image : sa présence est évoquée par des symboles, tels un trône vide, des empreintes de pieds, un parasol, un arbre ou un stupa.

Articles en relation
Siddhartha Gautama Shakyamuni ; Vie du Bouddha ; Biographies du Bouddha ; Le Bouddha historique.

► *Torana* ouest, vers 20 apr. J.-C., grès, stupa 1, Sanci (Inde)

Le Bodhisattva facilite le passage en étendant son corps, tel un pont, entre les deux arbres et en mettant à l'abri tous les singes.

La vedika *de Bahrhut, décorée de toute part, comportait des médaillons circulaires et semi-circulaires sur les piliers et les traverses, une frise continue sur la cimaise et des figures de* dvarapala, *de* nagaraja, *de souverains et d'autres personnages sur les piliers des différentes sections.*

Les singes cherchent refuge au-delà du fleuve, passant d'un arbre à un autre situé sur la rive opposée.

Frappé par l'esprit de sacrifice du singe, le roi fait étendre un drap, de manière à le secourir.

Une fois à terre, le singe instruit le souverain sur le comportement qu'un roi doit avoir envers son peuple.

Les nombreuses scènes de jataka *sont représentées à l'intérieur des médaillons, dans des panneaux rectangulaires et entre les volutes de la* kalpalata *(le cycle des désirs) qui se déroule le long de la cimaise. Le* Mahakapijataka *raconte l'époque où le Bouddha naquit en tant que roi des singes, n'hésitant pas à se sacrifier pour sauver son peuple, menacé par les archers conduits par un souverain lors d'une partie de chasse.*

▲ Relief narratif du *Mahakapijataka*, 100-80 av. J.-C., provenant de Bharhut (Inde), grès Calcutta, Indian Museum

« Voilà ce que j'entendis. À une époque le Bienheureux demeurait à Rajagriha, sur la montagne nommée le pic des Vautours, avec la grande communauté monastique et quatre-vingts millions de bodhisattva » (Srs).

Les sutra du Mahayana

Nom
s. *sutra* (p. *sutta*, ch. *jing*, j. *kyo*). Signifie littéralement « fil » ; c'est le terme utilisé pour désigner les sermons du Bouddha.

Pour aller plus loin
Traduits dès les premiers siècles de l'ère chrétienne, certains *sutra* exercèrent une immense influence sur le développement du bouddhisme extrême-oriental, et leurs contenus, décrits dans un langage novateur et riche en hyperboles, furent à l'origine d'une extraordinaire production artistique dans toute l'Asie.

Articles en relation
Canon pali ; La Perfection de la Sagesse ; *Le Sutra du Lotus de la Bonne Loi* ; *Le Sutra de la Guirlande de fleurs* ; Mahayana.

► *Moines transcrivant des textes*, VIIIe-IXe siècle apr. J.-C., provenant de Ming-oi (Chine), peinture murale, h. 70 cm Londres, British Museum

La littérature du Mahayana comprend un nombre très important de *sutra* (textes) en sanskrit, qui ne constituent pas un « canon » mais représentent les pratiques et les enseignements très divers, d'un vaste mouvement qui n'a rien d'unitaire. Le développement du Mahayana et la production de ces *sutra* indépendants ont été mis en relation : ces derniers, qui s'affirmaient comme l'expression authentique de la parole du Bouddha, renouvelèrent son enseignement en élargissant les concepts et les thèmes anciens, voire en en introduisant de nouveaux. De nombreux textes présentent le Bouddha historique ou d'autres bouddhas comme apportant une nouvelle révélation. Cette situation, à l'encontre de l'idée selon laquelle seul le *Tipitaka* comporterait la parole authentique du Bouddha, est expliquée au sein des textes eux-mêmes, dans une sorte d'autolégitimation. On apprend ainsi que l'exposé de son enseignement par Shakyamuni ne se serait pas achevé avec la « première mise en mouvement de la roue de la Loi », mais en d'autres occasions, au cours desquelles il aurait présenté une doctrine plus perfectionnée que la première. De même, d'innombrables bouddhas, dans le temps et dans l'espace, ont renouvelé l'exposé du *dharma* au bénéfice de tous les êtres : la parole du Bouddha était donc sujette à une révélation continue.

Le Bouddha est représenté au centre du tableau, assis sur un lotus en fleur, avec un geste des mains qui est une variante du dharmachakra-mudra. *Autour de lui se tiennent quatre* bodhisattva *et six moines. Cette image évoque la scène décrite dans de nombreux* sutra, *où le Bouddha s'apprête à exposer son enseignement à une assemblée composée non seulement des moines, mais aussi de figures divines et semi-divines.*

La donatrice est agenouillée avec dévotion vers le grand cartouche vide en forme de stèle, destiné à recevoir la dédicace. Une figure masculine était représentée du côté opposé, aujourd'hui complètement abîmé.

Le deuxième exposé de la Loi se situe généralement sur le pic des Vautours (Grdhrakuta), près de Rajagriha ; c'est à cette occasion que Shakyamuni présenta une doctrine complète et définitive, permettant d'atteindre l'éveil parfait. D'autres textes aussi étaient considérés comme le résultat de révélations mystiques par le Bouddha, pouvant être obtenues par la méditation.

▲ *Le Bouddha prêchant*, début du VIIIe siècle apr. J.-C., provenant de Dunhuang (Chine), peinture sur soie, h. 139 cm
Londres, British Museum

« Louange à Toi, ô immense, parfaite Sagesse, au-delà de toute représentation mentale ! Tous tes membres sont au-delà de tout blâme, Toi que contemple celui qui est au-delà de tout blâme ! » (Asp.)

La Perfection de la Sagesse

Nom
s. *Prajnaparamita*

Pour aller plus loin
L'acquisition de la *prajna* éclaire la pratique de toutes les autres vertus auxquelles doit s'exercer le *bodhisattva*, modèle du pratiquant Mahayana. L'ensemble des textes de la *Prajnaparamita* comprend de nombreux *sutra*, parmi lesquels l'*Astasahasrika Prajnaparamita* est le plus ancien (Ier siècle av. J.-C.). Il existe en outre de nombreuses traductions de ces textes en chinois et en tibétain.

Articles en relation
Les *sutra* du Mahayana ; Mahayana ; Madhyamaka ; Avalokiteshvara ; *Tara* ; Vacuité universelle ; Le chemin du *bodhisattva* ; Les *paramita*.

La littérature de la *Prajnaparamita* est constituée de plusieurs *sutra* de diverses longueurs ; ce sont les plus anciens textes du Mahayana. Leur rédaction, étalée sur plusieurs siècles (du Ier siècle av. J.-C. au XIIIe apr. J.-C.), connut des phases successives au cours desquelles les idées contenues dans un texte de base furent d'abord développées dans de nouveaux textes, puis résumées dans d'autres et, enfin, augmentées de nouveaux concepts qui ont pris forme dans les textes de la dernière période. Le thème central, parmi les nombreux sujets qui y sont développés, est, comme l'indique le titre qui revient dans beaucoup de *sutra*, celui de la « perfection » (*paramita*) de la « sagesse » (*prajna*), où *prajna* indique la conquête la plus élevée, la vertu la plus parfaite qui puisse (et doive) être réalisée. Cette sagesse est la compréhension du véritable mode d'être de la réalité. Non pas la compréhension momentanée, qui naît du raisonnement et révèle la fausseté d'une croyance tout en restant attachée aux constructions de l'esprit, mais un état mental permanent et libre de tout attachement, résultat de la vision de la vacuité universelle. Seule la réalisation de cette perfection permet d'éliminer l'ignorance et l'attachement, et d'atteindre la délivrance. Seul l'acte de générosité accompli avec la conscience de la vacuité de tous les phénomènes, et donc des constructions mentales qui distinguent « donateur », « don » et « destinataire du don », correspond à la perfection du don.

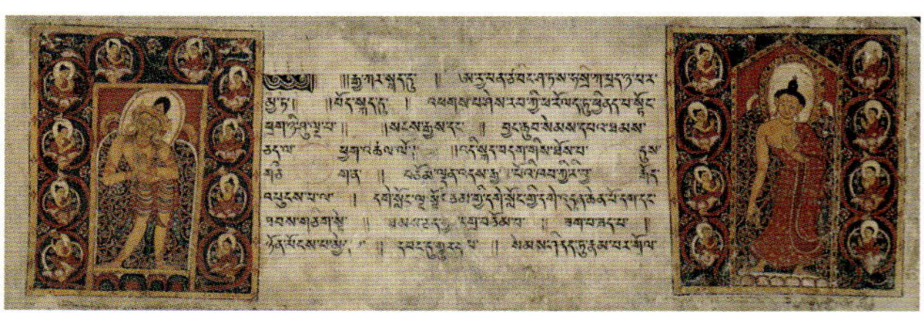

► Feuillet illustré d'un manuscrit de la *Prajnaparamita*, XIIe-XIIIe siècle, Tibet, encre et *tempera* sur papier, h. 21,5 × 62 cm Paris, musée Guimet

Cette image, qui représente la personnification de la Prajnaparamita, *est l'une des plus belles sculptures de l'art bouddhique javanais.*

La déesse, assise dans la posture dite padmasana, *sur un socle en forme de fleur de lotus, fait avec les mains le geste du* dharmachakramudra. *Une longue tige de lotus s'enroule autour de son bras gauche ; sa fleur épanouie supporte le livre de la* Prajnaparamita. *La posture de la déesse en pleine méditation traduit un sentiment de souveraineté intérieure qui réunit toutes les perfections terrestres, pour les mettre au service de la vision de la perfection transcendante.*

Les détails du vêtement, qui va de la taille aux chevilles, et des nombreux bijoux – colliers, bracelets, boucles d'oreilles, bagues –, minutieusement dessinés, ne diminuent en rien le sentiment d'unité de l'œuvre, mais augmentent plutôt la perfection de la figure humaine et accompagnent sa transfiguration sur un plan supérieur, en vertu d'un principe esthétique bien connu de l'art indien.

▲ *Prajnaparamita*, vers 1300, provenant du Candi Singhasari (Java orientale), andésite, h. 126 cm Jakarta, Musée national

Ce feuillet d'un manuscrit illustré est l'un des exemplaires tibétains les plus anciens qui aient été préservés. Les douze feuillets restants comportent des figures en miniature qui, de manière inhabituelle, personnifient des concepts philosophiques en lien avec le texte.

Cette figure de la Prajnaparamita *est l'une des plus élaborées; elle est représentée sous l'apparence d'une déesse assise, habillée d'un corsage serré et d'une jupe, portant un diadème, des boucles d'oreilles, des colliers et des bracelets. Elle a six bras, placés à différents endroits, avec lesquels elle tient divers attributs – une manière, inspirée de l'art indien, de faire allusion, au moyen de symboles, à la puissance supérieure des êtres divins.*

Un moine et trois laïques forment la scène de dévotion, en bas: au centre figure un plat avec diverses offrandes, vu de dessus, tandis que d'autres dons sont présentés à la déesse sur six tripodes.

▲ Feuillet illustré d'un manuscrit de la *Prajnaparamita*, XIe siècle, Tibet occidental ou Ladakh (Inde), encre et *tempera* sur papier, 19 × 66 cm
Los Angeles, County Museum of Art

► *Shakyamuni sur le Grdhrakuta*, VIIIe siècle apr. J.-C., provenant de Dunhuang (Chine), soie brodée, h. 241 cm
Londres, British Museum

« Pour cette raison, Shariputra, il faut comprendre comment le Tathagata enseigne cet unique, grand véhicule à travers les réalisations de la connaissance des moyens habiles » (Sps).

Le Sutra du Lotus de la Bonne Loi

Le *Saddharmapundarikasutra*, l'un des grands textes Mahayana, est sûrement le plus répandu en Extrême-Orient où il est la référence de nombreuses écoles. Composé entre le Ier siècle av. J.-C. et le IIe siècle apr. J.-C., il fut traduit plusieurs fois en chinois entre le IIIe siècle et le VIIe siècle. Sa version la plus célèbre fut celle de Kumarajiva en 406. La scène du début du *sutra* est commune aux autres textes Mahayana : le Bouddha apparaît dans la ville de Rajagriha, sur le pic des Vautours (Grdhrakuta), et met en mouvement pour la deuxième fois la roue de la Loi, c'est-à-dire qu'il expose le *dharma*. L'assemblée n'est plus formée par les moines comme dans les textes du Canon pali, mais par des myriades de *bodhisattva*, d'êtres divins, d'êtres humains et non humains, auxquels s'ajoute la vision, produite par les facultés surnaturelles du Bouddha, de mondes parallèles avec leurs bouddhas et leurs habitants. Même s'il n'a pas de caractère doctrinal, le *sutra* comporte nombre d'idées importantes sur la conception du bouddha, des *bodhisattva*, sur les moyens de salut auxquels ces derniers ont recours, et utilise des paraboles efficaces pour affirmer sa supériorité en tant que véhicule unique (*ekayana*) permettant de parvenir au salut. Les enseignements exposés auparavant par le Bouddha, c'est-à-dire ceux du Hinayana, ne seraient pas autre chose que l'expression de l'« habileté des moyens » (*upayakausalya*) mise en œuvre pour adapter la doctrine aux auditeurs. Leur progression les engagera dans la « voie du *bodhisattva* » enseignée dans le *sutra* – la seule vraiment efficace.

Nom
s. *Saddharmapundarikasutra* (« Le Sutra du Lotus de la Bonne Loi »), ch. *Miaofalianhuajing*, j. *Myohorengekyo* (« Le Sutra du Lotus de la Loi merveilleuse »).

Iconographie
La représentation de l'exposé du *Sutra du Lotus* sur le pic des Vautours est un thème récurrent dans l'art chinois, avec des interprétations diverses. Parfois la montagne a l'aspect d'un oiseau ou, telle cette soie brodée de Dunhuang, celui d'un profil rocheux qui enveloppe comme une mandorle la figure du Bouddha. Ce dernier est traditionnellement représenté debout, flanqué de deux *bodhisattva* et de deux moines, ici presque effacés.

Articles en relation
Les *sutra* du Mahayana ; Mahayana ; Tiantai ; Tendai ; Les bouddhas du passé ; Avalokiteshvara.

Le thème illustré par cette sculpture est inspiré du XI*e chapitre du Sutra du Lotus, qui rapporte le vœu exprimé par Prabhutaratna, bouddha du passé, d'être présent chaque fois que le* Sutra du Lotus *sera exposé par un Éveillé.*

Comme l'avait annoncé Prabhutaratna, au moment où Shakyamuni expose le sutra, *un stupa apparaît dans le ciel au-dessus de l'assemblée et le Bouddha Gautama s'élève dans les airs jusqu'à atteindre le monument. En lévitation, le Bouddha effleure le stupa qui s'ouvre et révèle par magie la présence de Prabhutaratna, auprès de qui Shakyamuni prend place, marquant le début d'une sorte de conversation sacrée.*

Ce thème iconographique se distingue par l'identité des deux bouddhas, reflet de l'identité mystique de tous les Éveillés. Élaboré en Chine à l'époque médiévale, ce sujet a été longtemps représenté et s'est également répandu dans le reste de l'Extrême-Orient.

*Par rapport à la dimension historique du Bouddha, c'est-à-dire à son corps physique (*nirmanakaya*), c'est l'importance de sa dimension absolue (*dharmakaya*) qui est affirmée. De plus, à travers la figure de Prabhutaratna – bouddha du passé réapparu par magie de son stupa – le* sutra *enseigne que la disparition d'un bouddha après le* parinirvana *fait partie des « moyens habiles » utilisés par les Éveillés pour leur mission, et que le corps dharmique des bouddhas se situe au-delà du temps et de l'espace.*

▲ *Shakyamuni et Prabhutaratna*, 518 apr. J.-C., province du Hebei (Chine du Nord), bronze doré, h. 26 cm
Paris, musée Guimet

*Le Bouddha de l'*Avatamsakasutra *est Variocana, ou Mahavairocana, le bouddha cosmique qui contient tous les aspects de l'univers et est présent dans toutes choses.*

Le Sutra de la Guirlande de fleurs

L'*Avatamsakasutra* est un autre texte important du Mahayana, constitué de plusieurs *sutra* indépendants dont les plus significatifs, et les seuls à être conservés en sanskrit, sont le *Dasabhumikasutra* et le *Gandavyuhasutra*. Les enseignements contenus dans cette imposante compilation furent connus en Chine par différentes traductions, à partir du IIIe siècle apr. J.-C. et eurent d'une manière générale une profonde influence sur le bouddhisme extrême-oriental. Le *Gandavyuhasutra* présente une description du monde telle qu'elle apparaît dans la vision pénétrante d'un bouddha ou d'un *bodhisattva*. Selon cette perspective visionnaire, tous les aspects de la réalité qui, dans l'esprit limité et obscurci des hommes, apparaissent comme des phénomènes singuliers, différents et indépendants, sont en vérité vides de nature propre et résultent de l'expansion de l'esprit du Bouddha, c'est-à-dire qu'ils sont générés par sa méditation, au bénéfice des êtres humains. L'univers ainsi conçu n'est autre que le *dharmadhatu* (le « règne du *dharma* ») et il s'identifie au Bouddha lui-même. Dans l'*Avatamsakasutra* est en outre affirmée l'idée de l'interpénétration universelle : tous les phénomènes non seulement font partie d'un tout, mais ils s'incluent mutuellement, s'interpénètrent, de telle façon que dans chacun d'eux il est possible de voir la réalité du *dharmadhatu*.

Nom
s. *Avatamsakasutra*,
ch. *Huayanjing*,
j. *Kegonkyo*

Pour aller plus loin
La vision de l'univers comme dimension d'unité et d'harmonie parfaites, propre au *Sutra de la Guirlande de fleurs* (dit aussi *de l'Ornementation fleurie du Bouddha*), connut d'importants développements politiques, philosophiques et artistiques dans la Chine de la période Tang et dans le Japon de la période Nara.

Articles en relation
Les *sutra* du Mahayana; Indonésie; Mahayana; Huayan; Kegon; Les bouddhas cosmiques.

◄ *Bouddha cosmique (Vairocana)*, VIIIe siècle apr. J.-C., provenant de Balawaste, Khotan (Chine), peinture murale, h. 76 cm
Delhi, National Museum, Central Asian Arts Collection

▲ Sudhana reçoit l'initiation,
vers 800 apr. J.-C.,
relief sur pierre, quatrième galerie,
côté est, Borobudur (Java)

Une partie des bas-reliefs est consacrée au voyage initiatique de Sudhana, jeune pèlerin, aspirant bodhisattva, *qui connut l'expérience visionnaire du monde tel qu'il est réellement et tel qu'il apparaît aux bouddhas. Ses maîtres, au cours de son itinéraire, sont les* bodhisattva *Manjusri, Maitreya et, surtout, Samantabhadra.*

Sur les terrasses de l'ensemble du Borobudur, à côté des stupas et du mandala architectural, se déploient de nombreux bas-reliefs qui illustrent, étage après étage, l'avancée de l'adepte à travers tous les plans du cosmos – du Kamadhatu au Rupadhatu et à l'Arupadhatu – symboliquement liés à différents états de conscience et d'existence (en tant qu'être humain, bodhisattva *et bouddha).*

Ce bas-relief représente le bodhisattva *Samantabhadra dans sa demeure céleste, quand il confère l'initiation à Sudhana agenouillé devant lui. Arrivé à la fin de son long chemin de recherche spirituelle, Sudhana est initié à l'ultime enseignement qui l'ouvre à l'expérience de l'éveil.*

Les thèmes développés dans l'Avatamsakasutra ont inspiré un grand nombre de représentations artistiques, traitant de sujets iconographiques variés (le bouddha cosmique, le pèlerinage de Sudhana, le bodhisattva *Samantabhadra), qui vont des peintures de Centre-Asie aux reliefs de Borobudur, et des miniatures des manuscrits népalais aux statues monumentales de Vairocana de la Chine et du Japon.*

« Ô moines, vivez dans la perfection des vertus, vivez dans la perfection du Patimokkha et dans les restrictions qu'il prescrit… et exercez-vous au respect des préceptes que vous avez acceptés. » (Iv.)

Les conciles

Pour aller plus loin
D'après les spécialistes, des questions de discipline, et non des divergences doctrinales, furent à l'origine des divisions. Dans le bouddhisme l'appartenance à la communauté monastique est dictée par l'adhésion à un code de conduite plutôt que par une profession de foi, et un schisme (*sanghabheda*) ne dépend pas de la différence des positions doctrinales. Cependant, l'histoire des divisions du *sangha* et de l'origine des écoles est une question ouverte et controversée. Il semble que le premier schisme (première moitié du IIIe siècle apr. J.-C.) ait donné naissance aux courants des Sthaviravadin et des Mahasanghika, qui ont engendré à leur tour d'autres écoles, selon un processus que nous ne connaissons pas avec précision.

Articles en relation
Ashoka ;
Theravada ;
Mahasangha.

Après la mort du Bouddha, la communauté monastique reconnut la nécessité de codifier et de transmettre l'héritage spirituel laissé par le Maître, en se réunissant en un premier concile (*sangiti*, « récitation »), qui fut suivi d'autres, dont l'histoire a été rapportée par les différentes traditions bouddhistes. Alors que le récit de ces événements pose un grand nombre de questions aux spécialistes, toutes les traditions sont unanimes à reconnaître la tenue des deux premiers conciles, même si elles les situent à des époques sensiblement différentes. Selon cette opinion commune, le premier concile eut lieu à Rajagriha, dans le Magadha, un an après le *parinirvana* du Bouddha. Réunie pendant la saison des pluies, sous la conduite du moine Mahakashyapa, une assemblée de 500 moines reconnut comme authentiques les récitations du moine Upali sur la discipline monastique et celles d'Ananda sur les sermons du Bouddha. Le deuxième concile se tint à Vaisali, un siècle après la mort du Bouddha, pour résoudre la controverse portant sur les comportements, jugés irréguliers, de certains moines. La date, le lieu et les circonstances du troisième concile varient d'une tradition à l'autre : selon la tradition Theravada, il eut lieu à Pataliputra, à l'époque d'Ashoka, tandis que les écoles du Mahayana le situent au Cachemire, à l'époque du roi Kanishka.

► Colonne d'Ashoka et restes d'un stupa, Vaisali (Inde)

« Allez, ô moines, pour le bien et la prospérité des hommes, allez, par compassion envers le monde, pour le bien, la prospérité et la félicité des dieux et des hommes. » (Mv)

Bouddhisme en Inde

Dès les premiers siècles après la mort du Bouddha, son enseignement se répandit rapidement dans l'ensemble du monde indien. La première grande vague de propagation du *dharma* eut lieu à l'époque d'Ashoka, mais se poursuivit après la fin de l'empire Maurya, grâce à une conjonction de facteurs politiques, économiques et sociaux qui favorisèrent l'implantation de communautés bouddhistes le long des routes commerciales du pays. Bien loin d'être un mouvement rigide et unitaire, le bouddhisme se caractérisa dès le début par la diversité des orientations de pensée, qui reflétaient l'éloignement géographique et la séparation linguistique des différentes communautés réparties sur le territoire. Ainsi se constituèrent les premières écoles, traditionnellement au nombre de dix-huit, dont seul survit aujourd'hui le Theravada. Sous le règne de Kushana, la doctrine connut un grand essor dans le nord-ouest de l'Inde, d'où elle se propagea en Asie centrale et, de là, vers l'Extrême-Orient. Parallèlement à son expansion géographique, au début du premier millénaire le nouveau mouvement du Mahayana élargissait l'horizon de la pensée bouddhiste, en se situant d'abord à côté des courants anciens, puis en affirmant sa supériorité sur eux.

Chronologie
Période Maurya (325-185 av. J.-C.); période Sunga (185-78 av. J.-C.); période Kushana (Ier siècle av. J.-C. – IIIe siècle apr. J.-C.).

Pour aller plus loin
Dans les grandes universités de Nalanda, Odantapuri et Vikramasila s'affirmèrent les conceptions du Vajrayana, dernière émanation du bouddhisme indien avant la disparition de la doctrine face aux invasions islamiques et à la diffusion des courants de l'hindouisme dévotionnel au XIIIe siècle.

Articles en relation
Les conciles; Ashoka; Bouddhisme en Asie.

◄ Stupa 2, vers 100 av. J.-C., Sanci (Inde)

Ashoka incarne l'idéal du chakravartin, le « souverain universel » qui fait tourner la roue du dharma, *garantissant l'harmonie et le bien-être de l'univers entier.*

Ashoka

Chronologie
268-237 av. J.-C.

Pour aller plus loin
Ashoka est connu également pour les nombreux édits qu'il fit graver sur des rochers ou sur des fûts de colonnes, répartis dans toutes les régions de l'empire. Rédigés en langue prakrite, ils célébraient notamment le *dharma*, dans son acception la plus large, commune aux différentes traditions religieuses indiennes, d'« ordre moral et social » qu'Ashoka avait à cœur de promouvoir. Conçues comme des monuments à part entière, les colonnes de grès poli étaient couronnées de chapiteaux sculptés.

Articles en relation
Bouddhisme en Inde; Bouddhisme en Asie.

La figure de ce grand empereur indien, petit-fils du célèbre Candragupta, le fondateur de l'empire Maurya au IVe siècle av. J.-C., occupe une place centrale dans la promotion et la diffusion du bouddhisme en Inde et ailleurs. Monté sur le trône vers le milieu du IIIe siècle av. J.-C., Ashoka (ou Açoka) conquit, au terme d'une série de campagnes militaires, un territoire couvrant la quasi-totalité du sous-continent et du Pakistan actuel. Remarquable interprète des changements sociaux et politiques qui traversaient alors le monde indien, il reçut les instances de la classe émergente des marchands, expression d'une réalité nouvelle et plus complexe, qui s'accommodait mal de la rigidité du modèle brahmanique d'une société organisée en quatre castes (*brahmana, ksatriya, vaisya* et *sudra*). À l'organisation hiérarchique et immuable des rapports humains établie par l'ancienne vision, le bouddhisme oppose une interprétation strictement égalitaire, fondée sur la condition commune à tous les êtres humains: la souffrance. Sur ces prémisses, le message du Bouddha représenta en Inde, comme dans tous les pays où il se propagea, un formidable instrument de cohésion sociale et politique. Même si elle fut amplifiée par la légende, l'activité de propagande menée par Ashoka est à l'origine de la fortune du bouddhisme en Inde et dans les pays limitrophes. On lui attribue la tenue du troisième concile à Pataliputra, le partage des reliques du Bouddha entre 84 000 (nombre symbolique) stupas, et l'encouragement de missions bouddhiques dans son empire et au-delà des frontières, vers les pays himalayens, la Birmanie et Sri Lanka.

► Chapiteau orné de lions, provenant de Sarnath (Inde), grès poli, h. 213 cm Sarnath, Musée archéologique

Un escalier mène à une cour où se trouvent plusieurs chapelles de vastes dimensions, destinées à contenir de grandes sculptures, probablement en stuc ou en argile. Par un autre escalier, on accède au vihara *proprement dit, c'est-à-dire à la cour avec les cellules des moines disposées le long de trois côtés du périmètre.*

Le bouddhisme se répand dans le nord-ouest de l'Inde dès l'époque d'Ashoka, mais les signes de son développement, en particulier dans la vaste région qui correspond à l'actuel Pakistan du Nord et à l'Afghanistan de l'Ouest, datent du Ier *siècle av. J.-C., quand ce territoire fut intégré dans l'empire des Kushana et se trouva au centre des voies commerciales qui reliaient l'Inde à l'Asie centrale et à la Chine.*

Les ruines du monastère de Takht-i-Bahi, au cœur du Gandhara, constituent l'un des rares exemples restants des nombreux centres monastiques qui constellaient autrefois la région. Construit au sommet d'une colline qui domine une vaste vallée, le monastère comprend plusieurs cours rectangulaires articulées sur plusieurs niveaux et alignées sur le même axe.

Le cœur de l'ensemble est constitué par une cour rectangulaire au centre de laquelle s'élevait le stupa dont il ne reste aujourd'hui que la plate-forme, et qui est entourée de niches qui abritaient autrefois des sculptures.

▲ Restes du monastère de Takht-i-Bahi (Pakistan), période Kushana

« … Je ne m'éteindrai pas tant que la vie religieuse (enseignée par moi) n'aura pas obtenu le succès, ne sera pas connue partout et dûment proclamée auprès des deva *et des hommes. » (U)*

Bouddhisme en Asie

Pour aller plus loin
Nos connaissances sur la propagation du bouddhisme en Asie centrale et le développement artistique qui l'a accompagné découlent en grande partie des campagnes archéologiques de la fin du XIXe au début du XXe siècle. Elles ont mis au jour les restes des anciennes villes de l'itinéraire des caravanes et les trésors artistiques des centres monastiques de la Sérinde, région correspondant à l'Asie centre-orientale (aujourd'hui en territoire chinois), par laquelle passaient les deux branches principales de la Route de la soie.

Articles en relation
Les conciles;
Bouddhisme en Inde;
Ashoka;
Chine;
Birmanie.

Selon la tradition transmise par les sources littéraires, l'activité missionnaire encouragée par Ashoka partit de Pataliputra, la capitale de l'empire Maurya, pour irradier dans toutes les directions du subcontinent. À partir de cette époque, le message du Bouddha atteignit le nord-ouest de l'Inde, où il rencontra des conditions particulièrement favorables à son implantation et à son développement, et d'où il rayonnerait, au début du premier millénaire, vers l'Asie centrale et, de là, l'Extrême-Orient. De nombreux témoignages archéologiques subsistent de cette expansion : les stupas de l'époque d'Ashoka (de la vallée du Gange à celles de l'Indus et du Swat), ainsi que les centres monastiques construits dans les premiers siècles de l'ère chrétienne le long des voies de passage des caravanes de la fameuse Route de la soie. La tradition relate aussi la mission du moine Mahinda, qui se rendit à Ceylan au IIIe siècle av. J.-C. et y fonda une communauté destinée à devenir la base principale du bouddhisme Theravada. Il est possible que les missions d'Ashoka aient atteint également les côtes méridionales de la Birmanie, mais la pénétration du bouddhisme dans ce pays, comme dans le reste du Sud-Est asiatique, eut lieu surtout dans les premiers siècles de l'ère chrétienne, sous l'impulsion, comme dans le nord-ouest de l'Inde, des marchands qui, depuis les côtes indiennes, faisaient route vers l'Asie du Sud-Est.

► Ruines de l'ancienne ville caravanière de Jiaohe (Yarkhoto), Turfan (Chine)

D'après les chroniques cinghalaises, la propagation du bouddhisme à Sri Lanka fut la conséquence du zèle missionnaire d'Ashoka, qui envoya sur l'île son fils, le moine Mahinda. Sa sœur, qui était nonne, l'accompagna et apporta une bouture de l'arbre de la bodhi, *qui grandit et devint une plante encore vénérée aujourd'hui sur la colline de Mihintale, aux environs d'Anuradhapura.*

La communauté bouddhique établie dans la seconde moitié du VIIIe *siècle av. J.-C. se développa grâce au soutien du roi Devanampiya Tissa, qui finança la construction du Mahavihara, le « grand monastère » d'Anuradhapura, et du Thuparama* dagoba *(ou* dagaba, *forme cinghalaise du* dhatugarbha, *« réceptacle des reliques », c'est-à-dire stupa). Le Ruvanvelisaya* dagoba *fut, lui, fondé au* IIe *siècle av. J.-C. par le roi Dutthagamani (161-137 av. J.-C.) et plusieurs fois reconstruit au cours des siècles.*

Le Ruvanvelisaya dagoba *est connu aussi sous le nom de Mahathupa, « grand stupa » : sa taille (presque 100 mètres de diamètre) en fit autrefois le plus grand monument du monde bouddhiste. Célébré dans les chroniques locales car il renfermait les reliques du Bouddha, il est toujours l'objet d'une grande vénération. La forme de bouddhisme établie dès l'origine à Sri Lanka était représentée par le Vibhajyavada, l'une des sous-écoles des Sthaviravadin qui, au moins à partir du* IIIe *siècle apr. J.-C., est attestée dans les inscriptions sous le nom, dans la tradition cinghalaise, de Theravada.*

▲ Ruvanvelisaya *dagoba*, restauré au XIXe siècle, Anuradhapura (Sri Lanka)

Les témoignages artistiques les plus significatifs du bouddhisme thaïlandais remontent à l'époque de l'épanouissement de la civilisation de Dvaravati (VIe-XIe siècle). Ce sont des inscriptions en langue pali, d'innombrables images du Bouddha en pierre et en bronze, des « roues de la Loi » et des vestiges de monuments bouddhiques édifiés par les élites locales qui défendaient la doctrine étrangère. L'héritage culturel du « royaume » de Dvaravati fut très importante dans l'histoire ultérieure de la région.

Les dharmachakra, *« roues de la Loi », sont de grandes roues en pierre, sculptées sur leurs deux faces et fixées sur un socle taillé dans le même bloc de pierre, qui permettait de les poser au sommet de hauts piliers. Alors que l'iconographie des reliefs ne s'inspire pas uniquement de thèmes bouddhistes, les inscriptions retrouvées sur les piliers font, en revanche, explicitement référence à la doctrine du Bouddha. Selon une hypothèse récente, ces monuments composites seraient une interprétation locale de la célèbre colonne aux lions de Sarnath, enrichis de motifs iconographiques d'inspiration différente.*

▲ *Dharmachakra*, VIIe-VIIIe siècle, art de Dvaravati (Thaïlande), grès, diam. 95 cm
Bangkok, Musée national

À quelques dizaines de kilomètres de l'oasis de Dunhuang, point de convergence oriental des pistes qui longeaient les confins nord et sud du désert du Taklamakan, surgirent les centres monastiques de Qianfodong, Yulin et Mogao. Ces grands sanctuaires rupestres s'étendaient le long de la falaise rocheuse dans laquelle furent creusées d'innombrables grottes artificielles. Certaines étaient de simples habitations pour la communauté monastique, mais la plupart consistaient en splendides chapelles peintes et décorées de sculptures qui représentent, du IVe *au* XVe *siècle, plus de mille ans d'une activité religieuse et artistique ininterrompue, encouragée par un riche mécénat laïque lié au commerce.*

Parmi les autres centres religieux importants qui fleurirent le long de la branche nord de la Route de la soie, et qui ont conservé des témoignages artistiques significatifs, citons l'oasis de Turfan, avec les grottes de Bezeklik, et celle, plus à l'ouest, de Kuqa, entourée par les ensembles rupestres de Kizil, Kumtura et Duldur-Aqur.

▲ Grottes de Mogao, Dunhuang (Chine), photo d'A. Stein de 1907 Londres, British Library

Les journaux de voyage des pèlerins-traducteurs chinois, riches en descriptions, légendes et remarques sur la vie des monastères, sont une source précieuse pour l'histoire du bouddhisme en Asie.

Traducteurs

Lieux
Dayanta
Cette pagode fut construite en 652 à Chang'an, capitale de l'empire Tang, de par la volonté de l'empereur Taizong. À l'intérieur furent placés les 657 textes, les reliques et les images sacrées rapportées de son long périple par le moine Xuanzang. C'est là que ce grand voyageur passa les dix-neuf dernières années de sa vie, se consacrant à la traduction des textes avec ses collaborateurs, ainsi qu'à l'enseignement. La relation de son voyage figure dans le *Xiyuji* (*Mémoire sur les contrées occidentales*).

Articles en relation
Bouddhisme en Asie; Chine; Ladakh; Sikkim; Bhoutan.

► La Grande Pagode de l'oie sauvage (Dayanta), 652 apr. J.-C., h. 64 m, Xi'an (Chine)

La propagation et le succès du bouddhisme résultèrent notamment d'un extraordinaire travail de traduction qui, au cours des siècles et dans différents pays d'Asie, occupa nombre d'érudits. L'importance des traducteurs apparaît évidente au vu des témoignages contenus dans les sources littéraires, certains d'entre eux abondant en notices biographiques, mais aussi au vu des témoignages artistiques qui nous ont parfois transmis les portraits, même idéalisés, de ces maîtres de la pensée et de la parole. Certains furent les protagonistes d'entreprises mémorables, accomplissant des voyages pour aller chercher des textes originaux qu'ils traduisaient à leur retour. C'est ce que fit, par exemple, Faxian qui, dans la seconde moitié du IVe siècle, alors qu'il n'était déjà plus tout jeune, partit de Chine à destination de l'Inde. Son compatriote Yijing (635-708) atteignit le même but en voyageant par mer. Rinchen Zangpo (958-1055) partit du Tibet occidental pour l'Inde et contribua à la deuxième vague de propagation du bouddhisme dans sa patrie. Mais le traducteur et pèlerin le plus intrépide fut probablement Xuanzang (600 ou 602-664) qui quitta en secret la Chine, faute d'autorisation impériale, et traversa l'Asie centrale jusqu'en Inde, où il étudia durant de nombreuses années, visitant les lieux sacrés du bouddhisme et recueillant textes et images. Il adressa une demande de pardon à l'empereur avant son retour, et fut accueilli avec tous les honneurs, seize ans après être parti.

Les attributs caractéristiques sont l'image du tigre, à côté du moine, qui représente le compagnon de voyage magique qui protège le pèlerin, et celle du « bouddha de transformation » (ch. huafo*), assis en méditation sur un nuage en suspens au-dessus du voyageur.*

Cette image est l'emblème de la propagation de la pensée bouddhique par le biais des textes rapportés par les moines pèlerins qui entreprirent des voyages de plusieurs années pour atteindre le sol sacré de l'Inde et avoir accès aux textes originaux de la doctrine.

Autres attributs typiques : le bâton de moine, le chasse-mouches fait d'une queue de yak, l'habit et le chapeau à larges bords pour se protéger du soleil.

Ce genre iconographique a connu un immense succès en Extrême-Orient et au Tibet, où il fut utilisé pour représenter soit Xuanzang, soit un arhat *célèbre en lien avec le pèlerin chinois.*

Une formule précise caractérise les différentes figures du moine pèlerin, qui présente des traits physiques marqués (nez busqué, grands yeux), généralement attribués par la tradition chinoise aux habitants d'Asie centrale, et qui avance courbé sous le poids des textes sacrés, reconnaissables aux rouleaux qui émergent de sa sacoche rudimentaire.

▲ *Moine pèlerin*, Xe siècle apr. J.-C., provenant de Dunhuang (Chine), xylographie polychrome
Paris, Bibliothèque nationale de France

Textes, doctrines, enseignements de diverses écoles parvinrent en Chine au fil des siècles, formant l'immense réservoir d'où surgirent les formes d'expression du bouddhisme chinois.

Chine

Chronologie
Han orientaux (25-220), période médiévale (220-581), Tang (618-906), Liao (907-1125), Song (907-1279), Jin du Nord (1115-1234), Xi Xia (1032-1227), Yuan (1279-1368), Ming (1368-1644), Qing (1644-1911).

Origines
Selon la légende, au Ier siècle apr. J.-C., l'empereur Mingdi envoya des émissaires dans les pays occidentaux pour s'enquérir de l'« homme d'or » qui lui était apparu en rêve. Les envoyés revinrent, avec une statue du Bouddha, un *sutra* et deux moines indiens, aux environs de Luoyang, où fut érigé le Baimasi, le « monastère du Cheval blanc ».

Articles en relation
Traducteurs; Tibet; Mongolie; Chan; Écoles de la Terre pure.

La présence du bouddhisme en Chine est attestée sous la dynastie des Han orientaux. L'empereur avait alors étendu son pouvoir sur l'Asie centrale, où le bouddhisme était déjà présent et d'où vinrent des siècles durant les missionnaires qui introduisirent les textes et les images de la nouvelle doctrine. Au Moyen Âge, la dynastie non chinoise des Wei du Nord contribua fortement à son implantation, le promouvant religion d'État et insufflant une formidable activité artistique dans le nord de la Chine. Au cours de cette phase d'introduction débuta la confrontation avec les deux doctrines fondamentales de la civilisation chinoise millénaire, le confucianisme et le taoïsme, qui accompagna, avec des hauts et des bas, toute l'histoire du bouddhisme en Chine. Le règne de la dynastie des Tang coïncida avec le plein épanouissement et l'organisation de la pensée bouddhique qui, assimilée depuis longtemps de manière hétérogène, s'apprêtait à acquérir un caractère subtilement chinois, dans la mise en place d'un système hiérarchique des enseignements comme dans le développement de nouvelles doctrines d'une grande originalité (Chan et Terre pure). Après 845, année de violentes persécutions contre le bouddhisme, la vie religieuse connut un regain sous la dynastie étrangère des Liao, souverains de la Chine du Nord, et de leurs contemporains les Song du Nord. Enfin, sous la dynastie des Yuan, puis des Ming et des Qing, l'intrication de la politique chinoise avec les politiques mongole et tibétaine favorisa la propagation du bouddhisme tibétain dans le pays.

► *Bouddha assis*, 338 apr. J.-C., Chine du Nord, bronze doré, h. 39 cm San Francisco, Asian Art Museum

Durant les siècles de la division entre nord et sud (période médiévale), le bouddhisme prospéra en Chine du Nord grâce au soutien des dynasties étrangères et au contact direct avec l'Asie centrale d'où continuèrent à arriver missionnaires et traducteurs (tels Kumarajiva et Dharmaksema au début du Ve siècle).

L'époque des Wei du Nord coïncida avec la consolidation du bouddhisme en Chine et le développement de ses caractères spécifiques sur le plan philosophique, doctrinal et organisationnel. Cette dynastie étrangère favorisa aussi la construction de grands centres rupestres, qui étendit la tradition des grottes-temples de l'Asie centrale jusqu'au cœur de la Chine. Parmi les plus célèbres figurent celles de Yungang et de Longmen, près des deux capitales Datong et Luoyang, qui s'enrichirent d'innombrables chapelles magnifiquement décorées, grâce aux dons des laïques.

▲ Intérieur de la grotte 6 du complexe rupestre de Yungang, 483-494 apr. J.-C., Chine du Nord

Sous le signe d'une unité politique retrouvée, l'époque Tang est marquée par le plein épanouissement du bouddhisme chinois, une grande prospérité économique des monastères, exemptés de taxes et de corvées, et des contacts féconds entre la Chine et l'Inde grâce aux voyages des moines Xuanzang (600 ou 602-664) et Yijing (635-708), et au travail intensif de traduction et de systématisation de la doctrine qu'ils avaient entrepris, ainsi que d'autres maîtres chinois.

L'un des aspects les plus importants de cette période fut la formation de courants doctrinaux (ch. zong*), souvent qualifiés d'« écoles », dont les enseignements étaient fondés sur des* sutra *spécifiques et leurs commentaires. Chacune de ces écoles se distinguait par sa propre organisation hiérarchique des enseignements (ch.* panjiao*), au sommet de laquelle le texte faisait autorité.*

▲ *Les Temples du Wutaishan*, détail de la peinture murale de la grotte 61 de Mogao, milieu du xe siècle apr. J.-C., Dunhuang (Chine)

La popularité du Wutaishan (mont Wutai, « mont des Cinq-Terrasses »), dans la province du Shanxi, en tant que lieu de résidence du bodhisattva *Manjusri et but privilégié de pèlerinage, connut son apogée sous les Tang. Aux monastères fondés depuis le* IVe *siècle s'en ajoutèrent d'autres au fil du temps. La renommée de ce lieu dépassa les frontières de la Chine, se répandant parmi les bouddhistes d'autres pays. La peinture de cette grotte montre les temples érigés sur les cinq pics (*wutai*) de la montagne sacrée et la marche des pèlerins sur les sentiers.*

Après la période Tang, le bouddhisme connut une profonde transformation qui reflétait les changements politiques et sociaux, ainsi que la réaffirmation du confucianisme parmi les tendances philosophiques du XIe-XIIe siècle.

Cependant, ces changements ne signifièrent pas l'extinction de l'énergie créatrice du bouddhisme chinois, qui continua à porter ses fruits tant dans le domaine littéraire qu'artistique. Par rapport à la diversité des écoles de l'époque Tang, les pratiques doctrinales et liturgiques se développèrent principalement au sein de la tradition Chan et du courant dévotionnel de la Terre pure, auxquels devait s'ajouter par la suite la tradition tibétaine qui se répandit à partir du XIIIe siècle.

Pour compléter le tableau, il faut ajouter les formes du bouddhisme qui se développèrent sous les dynasties étrangères des Liao, des Jin et des Xi Xia. Lors d'une courte mais intense période d'épanouissement, chacune donna naissance à des monuments et des œuvres d'art d'une beauté inégalée, inspirés d'orientations doctrinales diverses, interprétés avec une même vigueur et une même originalité. Les sculptures du Huayan Si en sont un exemple et constituent un sommet de l'art Liao.

▲ Groupe sculpté du Huayan Si du bas, 1038 (Liao), argile laquée et peinte, Datong (Chine du Nord)

Le prince Shotoku (574-622), fut responsable de la diffusion du bouddhisme au Japon, par la construction de temples et la promotion de la doctrine étrangère auprès de la cour impériale.

Corée et Japon

Chronologie
Corée: Trois Royaumes (57 av. J.-C.-668 apr. J.-C.), Silla unifié ou Grand Silla (668-935), Koryo (935-1392).
Japon: Asuka (552-645), Hakuho (645-710), Nara (710-794), Heian (794-1185).

Pour aller plus loin
Les liens entre bouddhisme coréen et chinois se reflètent dans les arts. Exemple frappant, le temple de Sokkuram (ou Syokkulam) est construit avec de gros blocs de granit imitant une grotte. Il comprend une antichambre, un vestibule et une salle circulaire au centre de laquelle la statue du Bouddha fait le geste du *bhumisparsamudr*, entourée de statues de *bodhisattva*, divinités gardiennes, êtres semi-divins et disciples du Bouddha, qui semblent reproduire l'une des assemblées évoquées dans les *sutra* du Mahayana.

Articles en relation
Chine; Tendai; Kegon; Shingon; Zen; Écoles de la Terre pure.

Trois ambassades venues de Chine se rendirent dans les cours des trois royaumes coréens de Koguryo, Paekche et Silla, en 392, 384 et 528. S'il est probable que les contacts avec la doctrine étrangère étaient établis avant les missions officielles, les dates restent significatives sur le plan symbolique quant à l'ouverture des Trois Royaumes au bouddhisme, accueilli sous les formes et dans la langue avec lesquelles il s'était répandu en Chine. Comme au Japon, où le bouddhisme arriva officiellement en 552 par le biais d'une mission en provenance du royaume de Paekche, l'introduction de cette doctrine signifiait aussi l'acceptation de la culture chinoise, à commencer par l'adoption de l'écriture, avec des conséquences importantes pour les cultures de ces pays. En Corée, après l'unification du pays et la naissance du Silla unifié, le bouddhisme fut soutenu par les souverains. Il resta florissant jusqu'au XIVe siècle, suivant un développement philosophique souvent parallèle à celui de la Chine. Les tendances du bouddhisme chinois se reflétèrent dans la prédilection pour le Son (Chan, Zen) durant l'époque de Koryo, comme dans l'affirmation du néoconfucianisme, au préjudice de la doctrine bouddhique, à partir du XIVe siècle. Après une longue période de déclin, préalable à la disparition définitive de la doctrine, au XXe siècle l'occupation japonaise entraîna une renaissance, en partie forcée, de l'intérêt pour le bouddhisme, et la formation de courants nouveaux, telle l'école Won, de tendance syncrétiste et universaliste, ou encore le retour à des écoles traditionnelles, comme l'école Son.

Dans sa phase initiale, le bouddhisme japonais fut un phénomène essentiellement aristocratique, lié à la cour qui promut, non sans opposition, l'introduction de cette religion étrangère, considérée comme un puissant instrument de protection pour le pays.

Durant cette période d'introduction, la diffusion de la nouvelle doctrine se concrétisa par la construction de temples – le Shitennoji en 587, l'Asukadera en 588 et le Horyuji en 607 – qui abritèrent les premières œuvres sculptées. Les modèles architecturaux et artistiques, ainsi que la main-d'œuvre essentielle à leur réalisation, venaient de Corée et, par cet intermédiaire, de Chine même.

Le Horyuji conserve les édifices en bois les plus anciens au monde et constitue le symbole le plus élégant de la première période du bouddhisme au Japon. L'ensemble, qui a connu plusieurs phases de construction, comporte des pavillons caractéristiques des monastères chinois, mais disposés selon un schéma que l'on ne retrouve ni en Chine ni en Corée. Il s'agit du kondo *(« salle d'or »), la principale salle de culte, où se trouvait l'autel avec les statues de dévotion, et de la pagode, qui a la même fonction de reliquaire que le stupa indien, mais est de conception différente.*

◄ Statue du Bouddha, milieu du VIIIe siècle apr. J.-C., granit, h. 3,26 m, grotte de Sokkuram (Corée du Sud)

▲ *Kondo* et pagode du Horyuji, fin du VIIe siècle apr. J.-C., Nara (Japon)

La doctrine de l'Avatamsakasutra, transposée sur le plan politique, trouve son application à Chang'an au VIIe siècle et à Nara au VIIIe. Au Japon, comme dans un jeu de miroirs, la structure centralisée de l'empire se reflète dans l'organisation de l'église bouddhique, subordonnée au contrôle impérial et dépendante du seul monastère de Todaiji. C'est ici que fut instituée l'« estrade d'ordination » (kaidan) *qui conférait au Todaiji, et à lui seul, le pouvoir d'ordonner les moines, privilège qui subsista jusqu'en 822.*

L'ambitieux projet politico-religieux de l'empereur Shomu (724-749) trouva sa représentation symbolique dans l'édification du Todaiji et de l'immense statue de bronze du bouddha Vairocana, placée à l'intérieur du kondo.

► *Kondo* du Todaiji,
milieu du VIIIe siècle apr. J.-C.
(avec reconstructions ultérieures),
Nara (Japon)

Vers la fin du VIIe siècle, les contacts avec la Chine se firent directement, sans l'intermédiaire de la Corée, et s'intensifièrent. Dès cette époque, le Japon puisa dans la tradition chinoise de la glorieuse période Tang les modèles culturels, doctrinaux et artistiques qui servirent de références durant toute la période de Nara. Nara est le nom actuel de Heijo, l'ancienne capitale impériale construite sur le modèle de Chang'an, en Chine, dans le but d'en faire, comme cette dernière, le cœur d'un empire centralisé, gouverné par l'empereur, reflet terrestre du principe essentiel représenté par le bouddha cosmique Vairocana (j. Birushana).

La période de Nara s'acheva par l'imbrication de la religion et de la politique, entraînant le déplacement de la capitale à Heian (l'actuelle Kyoto). Pour mieux marquer la distance entre le clergé et la cour, les monastères furent établis en dehors des murs de la ville et c'est uniquement au Toji et au Saiji que revint le devoir de protéger et de garantir la prospérité de la capitale et de la nation.

Pendant la période de Heian, le bouddhisme commença à prendre un caractère typiquement japonais. L'architecture religieuse changea nettement d'aspect, s'éloignant du modèle de temple dérivé de la tradition chinoise, de plain-pied, avec les édifices disposés sur l'axe principal. La nouvelle tendance est représentée par les temples de montagne, où la symétrie qui dictait la disposition des bâtiments à l'intérieur du garan *(l'espace sacré délimité par l'enceinte du monastère) est bouleversée par la nécessité de s'adapter aux inégalités du terrain montagneux.*

Les bâtiments du Muroji, temple érigé sur les pentes du mont Muro, illustrent la préférence donnée aux matériaux traditionnels – bois, paille et écorce – et à la recherche d'une intégration dans le paysage naturel comme unique critère pour la disposition des pavillons au sein de l'ensemble. Les dimensions des édifices sont réduites et le plan des salles, très larges mais peu profondes, est adapté aux nouvelles exigences liturgiques.

▲ *Mirokudo* (pavillon de Maitreya) du Muroji, fin du VIIIe – début du IXe siècle apr. J.-C., préfecture de Nara (Japon)

► Feuille d'or avec inscription en pali, Ve siècle apr. J.-C., provenant de Hmawza, district de Prome (Birmanie), 3 × 25 cm
Londres, British Library

Profondément enraciné dans la société et dans la culture autochtones, le bouddhisme birman constitue l'une des expressions les plus vivaces du Theravada.

Birmanie

La Birmanie fut d'abord exposée à diverses formes du bouddhisme : Theravada, Sarvastivada, Mahayana, Tantrayana. Sous le règne d'Anawrahta, le bouddhisme Theravada fut officiellement reconnu et répandu dans la région unifiée par ce souverain. Grâce à la conquête du royaume des Mon de Thatön, où le bouddhisme s'était propagé dès les premiers siècles de l'ère chrétienne, et au transfert d'une copie du Canon pali à Pagan, Pagan devint une authentique capitale du *dharma*, célébré par des temples et des stupas construits par Anawrahta et ses successeurs. Ce fait est attesté par les reliques envoyées par les bouddhistes de Sri Lanka, avec qui les Birmans nouèrent des rapports qui devinrent encore plus étroits au cours des siècles suivants. L'invasion mongole mit fin en 1287 à la gloire de Pagan, mais le système de la monarchie bouddhiste se transmit aux nombreux royaumes ultérieurs. Les différents souverains soutinrent le Theravada, qui devint un moyen d'acquérir des mérites personnels, mais aussi de maintenir la stabilité sociale, sur la base de l'idée – fondée sur la figure de l'empereur Ashoka – que le devoir d'un « souverain universel » (*chakravartin*) était de promouvoir le *dharma*. Le roi Dhammaceti entreprit l'importante réforme de l'ordre monastique, en introduisant, dès la fin du XVe siècle, la tradition des ordinations du Mahavihara de Sri Lanka, reconnue comme la seule tradition orthodoxe au sein des diverses formes de monachisme bouddhique alors répandues en Birmanie.

Chronologie
Royaume Pyu (Ve-IXe siècle), Anawrahta (1044-1077), période de Pagan (1057-1287).

Textes
Les feuilles d'or de Maungun, retrouvées en 1896 à Hmawza, sont les plus vieux textes découverts en Birmanie et le témoignage le plus ancien de la diffusion du bouddhisme dans ce pays. Le site où elles ont été retrouvées correspond à l'ancienne Sri Ksetra, l'une des capitales du royaume Pyu, où l'on a découvert des vestiges de monastères et de stupas en brique, ainsi que des fragments d'inscriptions en pali et en sanskrit.

Articles en relation
Thaïlande ; Hinayana ; Theravada ; L'image du Bouddha ; Stupa.

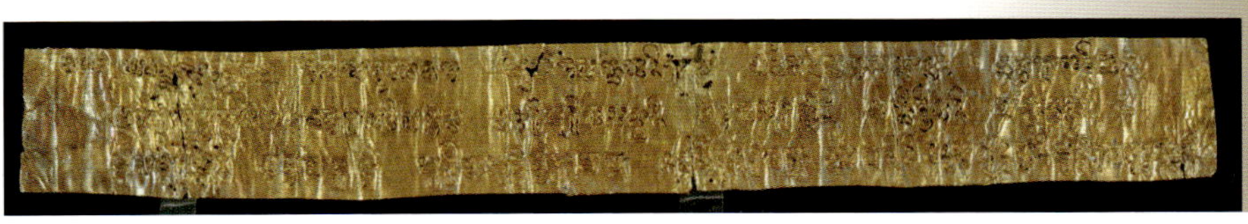

À Pagan il ne reste pas trace des anciens complexes monastiques ni de l'architecture séculière qui, par tradition, était construite en bois. Subsistent en revanche des stupas, érigés sur des socles élevés formés de terrasses superposées, souvent décorés de plaques en terre cuite qui illustrent les jataka. *Le corps du stupa repose sur une base octogonale qui assure le passage du plan carré du socle à celui, circulaire, du reliquaire, et se termine par une sorte de cloche au profil concave ou convexe.*

Si l'on se fonde sur les vestiges archéologiques et les données épigraphiques, il semble que le bouddhisme se soit propagé sous diverses formes dès le V*e siècle dans le royaume des Pyu, les anciens habitants du pays, d'origine tibéto-birmane. Nous avons moins de preuves, en revanche, concernant le sud, en particulier la région de Thatön, habitée par les Mon, dont la culture présentait des ressemblances avec celle des Mon de Dvaravati (Thaïlande).*

▲ Vue des temples et des stupas de Pagan (Birmanie), XIe-XIIIe siècle

À l'époque de sa splendeur, Pagan était couverte de milliers d'édifices religieux, construits par les souverains bouddhistes pour acquérir des mérites, conformément à l'usage. Les principaux types de monuments sont le temple (en birman gu, *« grotte ») et le stupa, tous deux en brique cuite. Le premier se caractérise par une structure massive, qui évoque une grotte artificielle, et une toiture en gradins terminée par une flèche, parfois en forme de stupa, légère et élancée. Lieu principal de dévotion, il est richement décoré de peintures murales, de sculptures et de reliefs qui se déroulent le long des galeries intérieures, labyrinthiques, illustrant au moyen d'une iconographie foisonnante les fondements de la doctrine bouddhique. La chute de Pagan n'eut pas plus d'influence sur la continuité de la pratique religieuse que sur le développement artistique. Les deux furent encouragés par les différents souverains qui se considéraient comme héritiers de la tradition birmane de Pagan et par ceux qui tentèrent de restaurer la culture des Mon du sud.*

La pagode Shwedagon, dans l'actuelle capitale Rangoon (Yangon en birman, anciennement Dagon), est l'un des monuments les plus sacrés du pays et reste un but de pèlerinage pour les Theravadin. Selon la légende, deux marchands, Tapussa et Bhallika, seraient partis de Dagon pour se rendre en Inde, où ils auraient rencontré le Bouddha et lui auraient offert de la nourriture, recevant en échange une mèche de ses cheveux. À leur retour, le roi de la région aurait fait construire ce stupa pour y conserver les précieuses reliques.

Quelle que soit l'origine de ce stupa, l'importance de la ville est liée à sa renommée, qui s'accrut au fil des siècles. L'édifice, dont la forme actuelle remonte au XVe siècle, fut restauré, redoré et agrandi par plusieurs rois. Le stupa, érigé sur une base carrée et dentelée, présente l'aspect campaniforme typique de nombreux stupas birmans d'époque tardive. La vaste terrasse qui l'entoure est couverte de chapelles, d'autels et de petits temples où les esprits de la religion autochtone, parfaitement intégrés au sein de l'univers bouddhique, partagent l'espace sacré avec les images du Bouddha.

▲ La pagode Shwedagon, XIVe-XVe siècle, Rangoon (Birmanie).

En Thaïlande, le bouddhisme se caractérise par une concession particulière accordée à la sphère de l'invisible, manifestation de la survivance d'un substrat religieux autochtone.

Thaïlande

Chronologie
Dvaravati (Ve-XIe siècle), période khmère (XIe-XIIIe siècle), Sukkhotai (1238-1438), Ayuthya (1350-1767).

Iconographie
L'image la plus représentative de la sculpture Dvaravati est celle du Bouddha debout. Les statues obéissent à un principe de symétrie qui gouverne, d'une part, les gestes – presque toujours le *vitarkamudra* (geste de l'argumentation) fait avec les deux mains –, d'autre part, la disposition du vêtement monastique qui couvre les épaules, retombant avec le même nombre de plis de chaque côté. Le visage rond, le nez fort, la triple courbe des sourcils qui se rejoignent et les lèvres charnues sont les caractéristiques principales du type Dvaravati.

Articles en relation
Les *jataka*; Hinayana; Theravada; L'image du Bouddha; Stupa.

C'est peut-être de Birmanie, premier pays du Sud-Est asiatique qui accueillit le bouddhisme, qu'arrivèrent en Thaïlande les premiers missionnaires qui introduisirent la nouvelle doctrine parmi les Mon de Dvaravati. Parallèlement au Theravada, d'autres écoles bouddhiques se propagèrent dans le pays. Ainsi, le Mahayana fut favorisé à certains moments, pendant la période d'occupation khmère (Xe-XIIIe siècle). Le ralliement de l'ensemble du pays au Theravada est plus net à partir de la fin du XIIIe siècle, quand la doctrine bouddhique fut adoptée officiellement par le roi Rama Kamheng. Il s'employa avec zèle à diffuser cette religion, et l'un de ses descendants, le roi Lu Thaï, invita des moines érudits cinghalais à établir les règles de l'ordination monastique et à organiser l'église bouddhique selon la tradition du Mahavihara de Sri Lanka. On attribue aussi à Rama Kamheng la rédaction du *Traiphum* («Les Trois Mondes»), somme des conceptions cosmologiques bouddhiques, enrichie de récits empruntés à la tradition indienne et locale. La consolidation du bouddhisme se poursuivit pendant la période d'Ayuthya, au cours de laquelle les rois s'appliquèrent à préserver l'orthodoxie, au point que, sous le règne du pieux Dharmaraja II (première moitié du XVIIIe siècle), le *sangha* thaïlandais représenta un modèle de référence pour la communauté cinghalaise. Enfin, d'autres réformes dans le domaine religieux eurent lieu pendant le règne de Mongkut (1851-1868), qui fut moine durant près de trente ans avant d'accéder au trône. Il entreprit de réformer la vie monastique sur la base d'une discipline sévère.

Le noyau originel de ce centre monastique est le chedi *(s.* caitya, *« sanctuaire ») « en bouton de lotus », un type de tour-reliquaire élaboré à Sukkhotai au début du* XIVe *siècle, qui s'élève sur la plate-forme au centre de l'enceinte carrée. Le terme* chedi *désigne un monument à fonction de reliquaire, comme le stupa, dont il se distingue toutefois par sa forme.*

Le roi Rama Kamheng (vers 1279-1298) adopta le Theravada comme religion d'État et fit construire au centre de la capitale, Sukkhotai, le Wat Mahathat (« monastère de la Grande Relique ») pour y conserver une précieuse relique de l'Éveillé. Ces fondations royales n'étaient pas des monastères à proprement parler, mais des lieux destinés à la diffusion de la doctrine et à l'acquisition de mérites, non seulement pour le souverain, mais aussi pour les dévots qui s'y rendaient afin de vénérer les reliques.

À l'intérieur de l'enceinte se trouvent aussi d'autres édifices contenant des statues monumentales du Bouddha et différentes sortes de reliquaires.

L'ensemble comprend en outre les vestiges d'édifices typiques des monastères thaïlandais, par exemple un wihan *(s.* vihara*), salle rectangulaire à colonnes, à l'origine couverte d'un toit en bois, orientée à l'est, face au* chedi.

Similaire par sa structure, le bot *(abréviation de* ubosot, *p.* uposathagara*), était une salle destinée aux ordinations monastiques, délimitée à l'extérieur par huit bornes de pierre qui indiquent l'espace sacré.*

◀ Bouddha debout,
les deux mains en *vitarkamudra*,
IXe siècle apr. J.-C.,
art de Dvaravati, bronze, h. 68 cm
New York, Metropolitan Museum of Art

▲ Vue aérienne
du Wat Mahathat,
fin du XIIIe – première moitié
du XIVe siècle,
Sukkhotai (Thaïlande)

Parmi les thèmes favoris de l'art bouddhique du Sud-Est asiatique figurent les illustrations des jataka, *dont subsistent de nombreux témoignages dans différents pays. Le plus spectaculaire, par le nombre d'images, est le temple d'Ananda (début du* XIIe *siècle) à Pagan en Birmanie, constitué de 912 plaques en terre cuite émaillée, dont 375 sont consacrées aux dix derniers* jataka *sur les 547 de la tradition pali. Outre l'histoire de la dernière vie terrestre de Shakyamuni, la tradition thaïlandaise donne, elle aussi, une place spécifique à ce groupe de dix* jataka, *désignés sous le nom de Tosachat (les « dix naissances »), dont les représentations picturales datent de la période d'Ayuthya. Elles constituent aujourd'hui encore l'un des thèmes iconographiques les plus fréquents à l'intérieur des monastères.*

▲ Détail du *Vessantarajataka*, Thaïlande, manuscrit illustré Paris, musée Guimet

Le Vessantarajataka *(s.* Visvantarajataka*) fait l'objet d'une dévotion particulière : en Thaïlande, au Laos et au Cambodge, il est récité en public à l'occasion de certaines fêtes. Chacun des dix récits célèbre l'une des vertus (*paramita*) parmi lesquelles la générosité, illustrée par la conduite exemplaire du prince Vessantara (Visvantara), est la principale.*

Jayavarman VII fit surgir au centre d'Angkor Thom la plus visionnaire et la plus mystérieuse de ses réalisations, le Bayon, hymne architectural aux divinités du Mahayana et talisman de l'empire.

Cambodge

Si le territoire cambodgien fut, au cours du premier millénaire, en contact avec l'hindouisme et le bouddhisme Mahayana, ce sont les conceptions hindouistes qui formèrent la structure idéologique et religieuse de l'empire khmer du IXe au XIIIe siècle. De temps à autre, durant la longue période de la domination angkorienne, une forme de bouddhisme Mahayana mêlé d'éléments tantriques fut promue par certains souverains, toujours au sein d'une organisation politico-religieuse originale, inspirée de l'hindouisme. Le culte du *devaraja* (« dieu-roi »), qui célébrait l'identification du roi à la divinité principale de l'hindouisme (reconnue généralement pour être Shiva), changea pendant une courte période sous le règne de Jayavarman VI (à la fin du XIe siècle) et une seconde fois avec Jayavarman VII (entre la fin du XIIe siècle et le début du XIIIe) : les divinités du Mahayana remplacèrent celles de l'hindouisme, sans toutefois modifier l'idée de la nature divine de la royauté, ni la conception symbolique de l'architecture religieuse. À partir du XIIIe ou du XIVe siècle, pour des raisons et selon des modalités non élucidées, le bouddhisme Theravada se répandit, devenant la religion officielle du Cambodge, alignée sur la tendance religieuse des pays limitrophes. L'époque de la construction des temples d'Angkor révolue, certains d'entre eux furent transformés en monastères bouddhiques (*vat*), tandis que de nouvelles fondations monastiques surgissaient partout dans le pays.

◄ Bouddha assis, protégé par le *naga*, XIIe siècle, provenant du Wat Na Phra Men, Ayuthya (Thaïlande), pierre, h. 185 cm Bangkok, Musée national

Iconographie
Le Bouddha assis, protégé par le *naga*, est l'une des images les plus récurrentes dans l'art thaïlandais. Ce thème fait référence à l'épisode au cours duquel le roi des serpents (*nagaraja*), Mucilinda, protégea de la pluie Shakyamuni le lendemain de son Éveil. Cette image, réinterprétée par l'art khmer et diffusée dans les provinces thaïlandaises, représente le Bouddha en tant que souverain universel paré d'attributs royaux (couronne et boucles d'oreilles).

Articles en relation
Thaïlande ; Hinayana ; Mahayana ; Theravada.

Ultime création audacieuse de l'architecture khmère, le Bayon se dresse au milieu de l'enceinte d'Angkor Thom. La dernière capitale, voulue par le roi Jayavarman VII, fut conçue à l'exemple d'un mythe cosmogonique, de sorte que la reconstitution matérielle de la cité corresponde à une authentique renaissance de l'empire après l'occupation Cham. Selon le réaménagement idéologique opéré par le souverain, les divinités du Mahayana prirent la place de celles de l'hindouisme et le Bayon devint le siège des nouvelles puissances invoquées pour la protection du royaume.

► Vue aérienne du Bayon,
fin du XIIe – début du XIIIe siècle
Angkor (Cambodge)

Le temple apparaît comme un mandala architectural, avec ses grandes tours de pierre sur lesquelles sont sculptés les visages du bodhisattva *Lokesvara (autre nom d'Avalokiteshvara), qui sont la marque de l'architecture de l'époque de Jayavarman VII. Le sanctuaire central abritait la statue du Bouddha protégé par le* naga, *tandis que les chapelles tout autour étaient dédiées aux divinités des provinces. Entouré d'un labyrinthe d'enceintes-galeries disposées sur plusieurs niveaux et surmontées de tours correspondant aux quatre points cardinaux et aux points intermédiaires, le sanctuaire du temple-montagne s'élève sur une haute plate-forme de plan octogonal.*

Alors que le Laos adoptait le bouddhisme Theravada, au Vietnam c'est le bouddhisme Mahayana qui s'imposait.

Laos et Vietnam

Selon les sources, le prince Fa Ngum, qui unifia le Laos au milieu du XIVe siècle, introduisit officiellement le bouddhisme Theravada, mais les traces de la présence bouddhiste dans le pays remontent au XIe siècle. Marié à une princesse cambodgienne, Fa Ngum reçut en 1358 une mission de moines du Cambodge, qui apportèrent au Laos une copie du Canon pali et une statue du Bouddha, le Pra Bang, devenu palladium de la nation et qui reste aujourd'hui l'une des images les plus sacrées du pays. L'histoire du bouddhisme au Vietnam est beaucoup plus complexe en raison des bouleversements historiques qu'a connus le pays, réunifié depuis peu, et, d'autre part, de la rareté informations sur les périodes les plus anciennes. D'une manière générale, au début du premier millénaire, la propagation du bouddhisme eut une double provenance : la Chine et l'Inde. Il ne semble pas que cette première vague ait entraîné un enracinement profond, et il faut attendre l'an 580 pour que soit fondée la première école de *dhyana* (appelée ici *thien*) par le maître indien Vinitaruci. Du Xe siècle au XIVe siècle, le bouddhisme fut soutenu par la cour, malgré sa tendance confucéenne, et prospéra durant la dynastie des Ly. L'influence culturelle chinoise marqua le développement des courants bouddhiques, avec la suprématie des écoles Chan (Thien) et de la Terre pure sur le Theravada. Après le XVe siècle, l'inversion du rapport entre bouddhisme et confucianisme auprès de la cour entraîna la restriction de la vie monastique et la limitation du bouddhisme au seul aspect rituel.

Pour aller plus loin
Le bouddhisme a assimilé une multitude de puissances surnaturelles et de divinités autochtones. Il s'agit en Thaïlande et au Laos des *phi*, génies du sol qui peuplent chaque parcelle du pays, dotés d'une nature ambiguë, bienveillante ou malveillante selon les circonstances et les hommages qui leur sont rendus. Leur pouvoir s'exerçant principalement sur le territoire, le surnaturel est constamment présent dans la vie quotidienne. Pour obtenir la faveur d'un *phi*, il faut lui offrir un « domicile » : un autel aménagé à l'intérieur d'une maison, ou d'un temple, voué à protéger les habitants du lieu et reconnaître la souveraineté du génie local sur cet espace.

Articles en relation
Thaïlande; Theravada.

► Autel domestique des *phi*, Luang Prabang (Laos)

À Luang Prabang, l'ancienne capitale, subsistent certains des monuments bouddhiques les plus anciens du Laos, notamment de splendides monastères construits en bois, au XVIIe *siècle.*

Au Laos, les édifices à fonction de reliquaires sont désignés sous le nom de that *(s. et p.* dhatu, *« reliques ») et peuvent présenter une grande diversité de formes. Le That Luang de Vientiane, construit en 1566 à la demande du roi Setthathirat, est unique en son genre. Le stupa se dresse au milieu d'un cloître, au-dessus d'une plate-forme carrée délimitée par une balustrade et une série de 30 petits* that. *Le corps du reliquaire est surmonté d'une flèche fuselée.*

*Outre le That Luang, le roi fit également construire d'autres édifices importants dans la nouvelle capitale, Vientiane, après le transfert de la cour depuis Luang Prabang en 1563. Le palladium de la nation, une statue du Bouddha debout faisant des deux mains l'*abhayamudra, *fut placé dans le Vat Phra Keo avec une autre précieuse statue du Bouddha Phra Keo (d'où le nom du monastère édifié pour l'abriter) prise aux Siamois. Alors que la première se trouve aujourd'hui au musée du Palais royal de Luang Prabang, la seconde, palladium de la Thaïlande, se trouve au Wat Phra Keo de Bangkok.*

▲ That Luang, 1566, Vientiane (Laos)

L'histoire du bouddhisme à Java semble échapper à tout schéma établi, mais les vestiges, splendides quoique fragmentaires, témoignent d'une architecture visionnaire et d'une statuaire sublime.

Indonésie

Iconographie
La période d'épanouissement artistique et de développement de la tradition Mahayana et Vajrayana commença au VIIIe et se poursuivit au moins jusqu'au XIe siècle. La construction de monuments imposants, au symbolisme architectural et sculptural sophistiqué, fut promue par la dynastie des Saïlendra de Java, bâtisseurs des monuments bouddhiques de la plaine de Kedu entre la fin du VIIIe et le IXe siècle.

Articles en relation
Le Sutra de la Guirlande de fleurs;
Mahayana;
Vajrayana.

L'Indonésie, en particulier Java et Sumatra, tout comme la Malaisie, resta à l'écart du réseau Theravada créé à partir du XIe siècle entre Ceylan et certains pays du Sud-Est asiatique. Si depuis le IIIe siècle les écoles du bouddhisme ancien avaient été introduites sur les îles principales, quelques siècles plus tard s'y imposèrent surtout le Mahayana et le Vajrayana, qui s'étaient également répandus depuis l'Inde vers l'Asie du Sud-Est. La cohésion entre les différents pays Theravada et leur modèle politique et religieux commun permirent sans doute au Theravada de demeurer une tradition vivace dans le Sud-Est asiatique à une époque où le bouddhisme disparaissait d'Inde, et de constituer un ciment culturel qui fit barrage face à l'expansion islamique. L'isolement de Java, de Sumatra et de la Malaisie, leur orientation religieuse différente – un syncrétisme bouddhique, mêlé de Mahayana, de Vajrayana et d'éléments hindouistes – constituèrent toutefois une faiblesse pour la longévité du bouddhisme (Robinson-Johnson). L'implantation d'un Mahayana mêlé d'éléments tantriques remonte à la fin du VIIIe siècle, avec la construction de monuments bouddhiques; elle culmine avec l'extraordinaire temple de Borobudur, vaste mandala architectural, sorte de résumé sur pierre de la complexe philosophie bouddhique, à l'époque de la dynastie des Saïlendra.

► Statue du Bouddha faisant le geste du *dharmachakramudra*, vers 800 apr. J.-C., Borobudur (Java)

L'aspect du Borobudur, une pyramide tronquée constituée de terrasses et couronnée par un stupa qui repose sur un triple soubassement circulaire, a suscité d'innombrables interprétations depuis l'époque de sa découverte au XIXe siècle. En ce qui concerne sa structure et sa décoration, il s'agit d'un mandala, représentation tridimensionnelle du cosmos bouddhique, les différents niveaux du monument correspondant aux différents mondes-états de conscience de l'itinéraire spirituel. Sinon, il se présente comme un stupa particulièrement complexe, dont le sommet est l'aboutissement du chemin initiatique et l'expression de la vacuité de la réalité phénoménale, symboliquement illustrée dans les reliefs du soubassement.

Guides indispensables du chemin initiatique, les reliefs représentent les contenus essentiels de l'enseignement religieux et accompagnent le fidèle pendant la première partie du parcours, pour laisser ensuite la place aux statues des bouddhas cosmiques et se terminer par le symbole du stupa. De hautes balustrades délimitent chaque étage, empêchant ainsi le pratiquant de voir le paysage environnant et le sommet du monument, et l'obligeant, en revanche, à se concentrer profondément sur les images pendant la circumambulation et la montée aux étages supérieurs.

▲ Temple-stupa de Borobudur, vers 800 apr. J.-C., Java

Pont culturel entre l'Inde et le Tibet, du Xe au XIIe siècle, le Népal recueillit l'héritage artistique de la tradition indienne Pala, ainsi que de la philosophie des grandes universités du nord-est de l'Inde.

Népal

Lieux
Lumbini
Situé dans la plaine du Teraï, Lumbini, lieu de naissance du Bouddha, est l'un des huit sites sacrés associés au Bouddha et buts de pèlerinage. L'empereur Ashoka s'y rendit et fit ériger, à l'endroit où Maya Devi donna le jour à Siddhartha, une colonne sur laquelle il fit graver une inscription commémorant son pèlerinage et la naissance de l'Éveillé. Cette colonne, toujours présente sur le site, est l'une des mieux conservées parmi celles liées au nom d'Ashoka.

Articles en relation
Mahayana ;
Vajrayana.

Depuis son introduction, sans doute à l'époque d'Ashoka, le bouddhisme s'est développé à côté de l'hindouisme dans la vallée de Katmandou, épicentre de l'histoire et de la culture du Népal. Les phases plus anciennes de l'histoire du bouddhisme népalais sont inconnues, mais il résulte des divers témoignages restants, et notamment des manuscrits, que le Mahayana et le Vajrayana étaient répandus entre le XIIe et le VIIIe siècle parmi les Newar de la vallée de Katmandou. À cette époque, la foi hindouiste des dynasties au pouvoir ne fit pas obstacle au développement du bouddhisme, puisque les souverains encouragèrent les deux religions. Au XIIe-XIIIe siècle, face à l'avancée de l'islam, le Népal représenta un refuge et un lieu où le savoir bouddhique était recueilli et préservé, tout en restant isolé, au sein d'un pays à prédominance hindouiste. Ce n'est qu'au XVIIIe siècle, avec l'arrivée au pouvoir des Gurkha, venus d'Inde plusieurs siècles plus tôt et strictement hindouistes, que la religion brahmanique s'imposa au détriment du bouddhisme. À partir de cette situation, et selon un lent processus, s'est constitué le bouddhisme népalais, caractérisé par une forme essentiellement rituelle où sont présents des aspects du tantrisme shivaïte, et par l'absence du monachisme, remplacé par une caste d'officiants « professionnels », les *vajracarya*, non astreints au célibat et destinés par naissance à l'exercice des rites.

► Relief avec la naissance du Bouddha, fin Xe siècle apr. J.-C., provenant de Deopatan (Népal), calcaire, h. 83 cm
Katmandou, Musée national

Le stupa, érigé au sommet d'une colline, est constitué d'un corps hémisphérique de 20 m de diamètre surmonté d'une harmika *(masse cubique) sur les faces de laquelle sont figurés des yeux mi-clos qui font la célébrité de ce monument.*

Ajoutés sans doute au XVe siècle, ils soulignent, selon l'une des interprétations possibles, l'équivalence entre la structure macrocosmique de l'univers et celle, microcosmique, de l'homme supérieur, c'est-à-dire le Bouddha, en position assise. La symbolique cosmique du monument se précise dans les chapelles entourant la base et dédiées aux cinq Jina (bouddhas cosmiques).

Swayambhunath signifie « né de lui-même » et c'est aussi le nom du stupa le plus célèbre du Népal. L'origine de ce monument est liée au mythe selon lequel le Bouddha primordial se manifesta sous la forme d'une lumière bleue, au-dessus d'une fleur de lotus, sur les eaux du lac Nagavasa dans la vallée de Katmandou. Le bodhisattva Mansjuri assécha le lac pour que les hommes puissent atteindre et vénérer la colline de Svayambhu sur laquelle fut ensuite érigé un stupa. Indépendamment de la légende, le noyau originel du monument date sans doute du IVe siècle, mais fut intégré dans les structures ultérieures.

▲ Stupa Swayambhunath, IVe siècle apr. J.-C. (date de fondation), Katmandou (Népal)

Le bouddhisme connut un épanouissement remarquable au Tibet et dans les autres régions himalayennes, sous la forme du Vajrayana, troisième et dernière voie de la doctrine indienne.

Tibet

Lieux
Jokhang
Le temple bouddhique le plus vénéré du pays fut construit en 639 au cœur de Lhassa. Son nom signifie la « demeure » (*khang*) de Jowo (« seigneur »), c'est-à-dire le temple édifié pour abriter la statue de Shakyamuni qui, selon la tradition, fut apportée au Tibet par l'une des épouses du premier roi.
Potala
C'est le palais des dalaï-lamas, construit en 1645 sur une colline dominant Lhassa, sur les vestiges de la résidence des anciens rois tibétains. Son nom est celui de la demeure du *bodhisattva* Avalokiteshvara, dont le Dalaï-Lama est considéré comme l'incarnation.

Articles en relation
Mahayana; Vajrayana; Bouddhisme tibétain; Nyingmapa; Kadampa; Kagyupa; Sakyapa; Gelugpa.

► Le Potala, milieu du XVIIe siècle, Lhassa (Tibet)

La conversion du roi Songtsen Gampo et le soutien qu'il aurait apporté au bouddhisme appartiennent probablement à l'historiographie religieuse postérieure, et ce n'est qu'avec le roi Trisong Detsen que le bouddhisme devint religion d'État. Le monastère de Samye fut alors construit; selon la tradition tibétaine, l'érudit indien Santaraksita et le maître tantrique Padmasambhava auraient participé à sa réalisation. Ce qu'on appelle la « première propagation du bouddhisme » s'acheva avec l'assassinat du roi Relpachen. Son frère Langdarma, hostile au bouddhisme, lui succéda. Après sa mort en 842, le Tibet entra dans le chaos et la religion du Bouddha se retrouva privée du soutien de la cour. La « deuxième propagation » commença au XIe siècle à travers une série d'événements qui, d'une manière différente de la première phase, eurent une profonde influence sur la vie religieuse de la population : la reprise de la vie monastique dans l'est du pays, l'arrivée au Tibet occidental du maître indien Atisha en 1042, et les voyages entrepris par des Tibétains au Népal et en Inde à la recherche de textes et d'initiations. La formation de plusieurs écoles remonte à cette époque : Kadampa, Sakyapa, Kagyupa, Nyingmapa (et, quelques siècles plus tard, Gelugpa). Entre le XIe et le XIe siècle, le Tibet hérita d'un patrimoine très important de textes et d'enseignements rapportés d'Inde peu avant que le bouddhisme n'y disparaisse : c'est de l'organisation de ce savoir qu'est née la culture religieuse qui s'est perpétuée jusqu'à nos jours.

Samye, non loin de la vallée du Yarlung, fut le siège de la première communauté bouddhique tibétaine. Financé par les épouses du roi Trisong Detsen, le monastère fut consacré en 779. Le plan d'ensemble reproduit celui du cosmos bouddhique et s'inspire des monastères indiens d'Odantapuri et de Vikramasila. Comme pour le Jokhang de Lhassa, auquel travaillèrent des artisans Newar, des artistes de diverses provenances participèrent à la réalisation de Samye, introduisant des modèles et des styles chinois et indiens dans l'art bouddhique tibétain en gestation.

Selon la tradition, entre 792 et 794 eut lieu à Samye un important débat pour établir quel courants doctrinaux – l'indien (gradualiste) ou le chinois (subitiste) – le bouddhisme tibétain naissant devait suivre. D'après la version officielle, le courant indien triompha.

Une enceinte circulaire délimite le complexe, au centre duquel se dresse le temple principal à trois étages, réplique architecturale du mont Meru, la montagne cosmique. À l'intérieur se trouvent, disposés de façon axiale, quatre temples qui représentent les quatre points cardinaux, tandis que quatre stupas occupent les points intermédiaires. La structure actuelle ne conserve que partiellement le schéma originel de mandala.

▲ Le monastère de Samye, 779 apr. J.-C., vallée du Yarlung (Tibet)

Le temple principal et le stupa de Palkor Chode furent construits dans la première moitié du XVe siècle, époque d'autonomie et de prospérité de la principauté de Gyantse, dont la noblesse était liée aux Sakyapa, l'ordre religieux qui dirigea le Tibet durant le XIIIe siècle mais qui, après la chute de l'empire Yuan, vit son pouvoir contesté par d'autres ordres religieux. La fondation de l'ensemble de Gyantse, financée par les princes locaux, représente l'un des sommets de la tradition bouddhiste tibétaine et de son art, parvenue à la maturité et à la synthèse des différents éléments qui l'avaient inspirée.

▲ Le complexe monastique de Palkor Chode, XVe siècle, Gyantse (Tibet)

Le stupa de Gyantse est un monument à la structure complexe et au symbolisme architectural sophistiqué. Appelé aussi Kumbum, « 100 000 images », en raison du répertoire iconographique d'une extrême richesse présent dans les chapelles des différents étages, il constitue une synthèse des enseignements tantriques et se présente comme un parcours doctrinal qui procède graduellement, de la base au sommet.

Il s'agit du principal monastère Gelugpa, fondé en 1409 (consacré en 1417) par Tsongkhapa, avec l'appui des seigneurs de Lhassa et de Tsetang. Son nom est la traduction en tibétain de Tushita, le ciel où réside Maitreya. Tsongkhapa vécut ici jusqu'à sa mort et ses restes furent conservés dans un reliquaire placé dans l'un des édifices du monastère. Ganden fut complètement rasé lors de la révolution culturelle chinoise. Au cours des décennies suivantes, une partie des édifices fut reconstruite et de nouveau habitée par une communauté monastique.

Ganden était la résidence du Ganden Tripa, le chef de l'ordre Gelugpa, élu. Ce titre revenait au responsable de l'un des deux collèges du monastère, choisi lui-même par les abbés des célèbres collèges tantriques de Lhassa. La tradition est perpétuée aujourd'hui en dehors du Tibet: l'actuel Ganden Tripa, le 101e, a été nommé par le Dalaï-Lama en 2003. Il réside en France.

▲ Le monastère de Ganden près de Lhassa (Tibet), 1409-1417

Le bouddhisme tibétain s'est développé au-delà des frontières du Tibet, dans tous les pays himalayens qui entraient dans son orbite culturelle et qui, aujourd'hui encore, en maintiennent la tradition vivante.

Ladakh, Sikkim et Bhoutan

Lieux
Alchi
Ce complexe monastique comprend plusieurs édifices, parmi lesquels le temple le plus ancien (Dukhang) ; un très beau temple à trois étages (Sumtsek), le nouveau temple (Lhakhang Soma) et le grand stupa furent construits entre la seconde moitié du XIe et le XIIIe siècle. L'épanouissement artistique et religieux d'Alchi s'inscrit dans le contexte d e la renaissance du bouddhisme, favorisée par les souverains du Tibet occidental, qui s'étendit à une région beaucoup plus vaste, comprenant les actuels États indiens du Cachemire et de l'Himachal Pradesh.

Articles en relation
Mahayana ; Vajrayana ; Bouddhisme tibétain ; Nyingmapa ; Kadampa ; Kagyupa.

Des trois anciennes monarchies bouddhistes qui subsistèrent jusqu'au XXe siècle, seul survit aujourd'hui le Bhoutan, ultime vestige des royaumes himalayens, comme le fut aussi un temps le Mustang, dans l'actuel Népal. Au-delà des changements politiques, le bouddhisme tibétain demeure la tradition religieuse de ces régions, avec des fortunes diverses. Dans le nord-ouest de l'Inde, le bouddhisme était répandu au moins depuis l'époque Kushana, mais les vestiges les plus anciens conservés – monastères de Tabo (district du Spiti), ruines de Nyarma (au Ladakh) et de Toling (au Tibet), fondés au Xe siècle, monastères de Lamayuru et Alchi (au Ladakh), respectivement du XIe et du XIIe-XIIIe siècle – témoignent de la prospérité de la communauté bouddhiste qui se développa à l'époque de la deuxième diffusion du bouddhisme au Tibet, et qui bénéficia pendant plusieurs siècles du soutien des dynasties régnantes au Ladakh. De la même manière, à l'extrémité opposée de l'arc himalayen, la monarchie d'origine tibétaine du Sikkim soutint le bouddhisme tantrique, sous la forme Nyingmapa, jusqu'à l'annexion du pays par l'Inde en 1975. Depuis l'occupation chinoise au Tibet, le Sikkim a accueilli des réfugiés et des écoles religieuses, dont celle du Karma Kagyu, qui s'est installée dans le monastère de Rumtek. Véritable conservatoire culturel, le Bhoutan, dont l'histoire s'est modelée sur celle du Tibet et où le bouddhisme est présent sous les formes Drugpa Kagyu et Nyingmapa, a préservé les traditions religieuses et artistiques que bien d'autres pays himalayens ont perdues.

► Monuments de l'aire sacrée (*Chokhor*) d'Alchi, XIe-XIVe siècle, Ladakh (Inde)

La région du Cachemire (qui comprend le Ladakh) fut une zone stratégique à l'époque de la deuxième diffusion du bouddhisme au Tibet. Le traducteur Rinchen Zangpo (958-1055), envoyé par le roi Yeshe-O (947-1024) de Guge (Tibet occidental), y séjourna à deux reprises. Il s'y consacra à l'étude de la doctrine et à la traduction des textes en tibétain, cherchant à rétablir l'ordre dans les pratiques corrompues alors répandues au Tibet. Rinchen Zangpo fonda plusieurs monastères, dont celui de Toling (980) dont il fut abbé pendant quelques années et qui devint un important centre d'études.

Entre les XVe et le XVIIIe siècles, le Ladakh connut une période de splendeur. Une dynastie de rois locaux maintinrent l'indépendance du pays et favorisèrent la construction des monastères qui, aujourd'hui encore, sont disséminés autour de Leh, la capitale de la région. Les principales écoles implantées au Ladakh furent le Kadampa, assimilé plus tard au Gelugpa introduit au XVe siècle, et les deux sous-branches du Kagyupa, le Drigungpa Kagyu et le Drukpa Kagyu, ce dernier étant soutenu par la famille royale à partir du milieu du XVIIe siècle.

▲ Le monastère de Tikse, XVe siècle, Ladakh (Inde)

Les récits légendaires sur la diffusion du bouddhisme au Bhoutan évoquent le roi tibétain Songtsen Gampo, à qui est attribuée la construction de plusieurs temples dans les vallées de Paro et de Bhumthang, et le très populaire Padmasambhava. L'arrivée de ce dernier au Bhoutan, ses actions pour combattre et soumettre les démons, et la dispersion des « trésors spirituels » (terma) *découverts plus tard, racontent en fait l'histoire du triomphe du bouddhisme sur les traditions animistes locales. Padmasambhava est vénéré dans les temples qui commémorent ses aventures. Il est présenté sous ses huit aspects dans les principales fêtes qui lui sont dédiées.*

▲ Le *dzong* de Tongsa (Bhoutan)

À partir de l'unification du pays, réalisée par Ngawang Namgyal (1594-1651), abbé de Ralung, l'école Drukpa Kagyu devint le principal courant religieux. En sa qualité de Shabdrung, chef tout à la fois temporel et spirituel, Ngawang Namgyal exerça son pouvoir par le biais d'un système diarchique, formé d'un régent et d'une autorité religieuse. Au niveau local, ce système était dirigé par un représentant politique et un religieux, qui gouvernaient à partir des dzong, *forteresses divisées en un secteur administratif et un secteur monastique (toujours en vigueur). La fragmentation du territoire en plusieurs districts entraîna des luttes continuelles entre les seigneurs locaux, jusqu'à l'avènement de la monarchie au début du* XX*e siècle.*

En pénétrant, au XVIIIe et au XIXe siècles, chez les Mongols de Sibérie, le bouddhisme tibétain atteignit la limite septentrionale et occidentale de son expansion.

Mongolie

Lieux
Amarbayasgalant
La construction du « monastère de la Félicité tranquille » commença en 1727 avec l'empereur mandchou Yongzheng, pour respecter la volonté de son père (l'empereur Kangxi) qui voulait honorer le maître mongol Zanabazar en édifiant un monastère. Le corps momifié de Zanabazar fut transporté et conservé dans un *suburgan* (stupa). Le monastère, conçu comme une résidence fixe, selon la tradition tibétaine, et non itinérante, comme l'était le campement de Zanabazar, a un plan d'ensemble de type chinois : les salles les plus importantes sont alignées le long de l'axe principal, mais le style architectural reflète des influences diverses.

Articles en relation
Chine ; Tibet ; Vajrayana ; Bouddhisme tibétain ; Sakyapa ; Gelugpa ; Les *tulku*.

► Le monastère d'Amarbayasgalant, 1727, Darhan (Mongolie)

C'est au XIIIe siècle que l'histoire de l'empire mongol nouvellement formé, et qui poursuivait son expansion vers le Tibet, s'imbriqua avec celle de ce pays. Un système dans les rapports entre Tibétains et Mongols vit alors le jour, qui devait par la suite se répéter. Choisissant une figure d'autorité par l'intermédiaire de laquelle exercer le contrôle sur le territoire tibétain, l'empereur mongol attribua la fonction de vice-roi au prince-abbé du monastère de Sakya. Cet accord fut amélioré avec Phagpa et Kubilaï Khan, respectivement neveu du maître et successeur du khan : avec l'initiation religieuse de Kubilaï, les Mongols obtenaient la légitimation de leur mission politique qui s'étendait alors sur toute la Chine, et Phagpa reçut le titre de précepteur impérial. Cette double investiture annonçait la conversion au bouddhisme, quelques siècles plus tard, de toute la population mongole, et la diffusion en Chine du bouddhisme tibétain. L'accord se renouvela en 1578, avec une école religieuse et une tribu mongole différentes : le chef des Gelugpa, Sonam Gyatso, rencontra le souverain mongol Altan Khan, qui aspirait à la réunification de la Mongolie. Altan conféra le titre de *dalaï-lama* à Sonam Gyatso qui, de son côté, reconnut en Altan la réincarnation de Kubilaï, légitimant ainsi ses ambitions politiques. Les Gelugpa ayant adopté le système de succession par réincarnation, le titre de *dalaï-lama* fut attribué rétrospectivement aux prédécesseurs de Sonam Gyatso, qui fut alors considéré comme le troisième Dalaï-Lama.

Entre histoire et mythe, la figure de Zanabazar (1635-1723), forme mongole de Jnanavajra, l'« Éclair de la connaissance », est celle qui résume le mieux les événements politiques et religieux entre Chine, Tibet et Mongolie. Considéré comme l'héritier de Gengis Khan, le jeune homme reçut une formation religieuse au Tibet et fut reconnu comme la réincarnation d'un maître spirituel célèbre par le cinquième Dalaï-Lama, qui le nomma Jebtsundamba Khutukhtu (t. tulku*), chef de la lignée des Gelugpa en Mongolie, où il mena une intense activité d'enseignement. Mais l'espoir de la tribu des Khalkha, à savoir que l'unité de tous les Mongols se soude autour de lui, resta vain. Au* XVII*e siècle les Mongols et les Tibétains, entrés dans l'orbite de l'empire Qing, subirent l'ingérence mandchoue, non seulement dans le domaine politique mais aussi dans la vie religieuse, que les Qing encouragèrent et contrôlèrent en même temps.*

Zanabazar fut aussi un artiste remarquable, dont le talent s'exprima notamment dans de splendides statues en bronze doré, caractérisées par une extraordinaire douceur des lignes et des traits du visage. Son style a inspiré un type de sculpture qui s'est développé entre le XVII*e et le* XVIII*e siècle, auquel se rattache cette statue de Maitreya. Le* bodhisattva *est reconnaissable au vase qu'il tient dans la main gauche et au petit stupa figuré au centre de sa coiffure.*

◄ Statue de Maitreya, fin du XVIIe siècle, Mongolie, bronze doré, h. 62,4 cm Boston, Harvard University, Arthur M. Sackler Museum

COURANTS ET ÉCOLES PHILOSOPHIQUES

Hinayana
Mahayana
Vajrayana
Theravada
Sarvastivada
Mahasangha
Madhyamaka
Yogacara
Tiantai
Tendai
Huayan
Kegon
Zhenyan
Shingon
Chan
Zen
Écoles de la Terre pure
Bouddhisme tibétain
Nyingmapa
Kadampa
Kagyupa
Sakyapa
Gelugpa

◄ Moine en prière devant une rangée de bouddhas dorés au Wat Suthat, Bangkok

C'est le chemin que suivent les shravaka *(auditeurs) et les* pratyekabuddha *(bouddhas solitaires), qui atteignent par eux-mêmes l'état d'*arhat.

Hinayana

Nom
Il signifie véhicule ou moyen (*yana*) inférieur (*hina*).

Pour aller plus loin
L'identification entre Hinayana et Theravada est inappropriée, dans la mesure où le Theravada est la seule des écoles anciennes à avoir survécu jusqu'à aujourd'hui, mais elle n'était pas la seule école dans le passé.

Articles en relation
Mahayana;
Theravada;
Les *arhat*;
Les *bodhisattva*.

Ce terme désigne une voie spirituelle imparfaite, insuffisante. Cette définition est présente dans certains *sutra* du Mahayana où elle apparaît, non sans intention polémique, en opposition avec la doctrine contenue dans ces textes et définie précisément comme « Grand Véhicule » (Mahayana). La différence entre les deux voies concerne la motivation qui conduit à l'illumination : ceux qui s'efforcent d'atteindre l'éveil pour le bénéfice des autres suivent la voie supérieure (Mahayana) et, une fois devenus des *bodhisattva*, poursuivent leur mission pour libérer de la souffrance tous les êtres humains; ceux qui, en revanche, ont pour objectif leur propre salut suivent la voie inférieure (Hinayana, « Petit Véhicule ») et, devenus des *arhat*, s'éteignent dans le nirvana sans aider les autres. Le mot Hinayana a longtemps désigné les écoles bouddhiques dans leur ensemble. Plus récemment, pour désigner ceux qui, contrairement aux adeptes du Mahayana, continuaient à soutenir l'idéal de l'*arhat* et à ne pas reconnaître les *sutra* du Mahayana comme la révélation du Bouddha, on lui a préféré le terme, exempt de connotations négatives, de « non-Mahayana » (Williams).

► *Dharmachakra*,
IIe siècle apr. J.-C.,
provenant d'Amaravati (Inde), calcaire, h. 121 cm
Calcutta, Indian Museum

*L'état d'*arhat *correspond au quatrième et dernier stade de l'itinéraire spirituel et il est atteint par celui qui a éradiqué complètement les dix empêchements (*samyojana*) qui attachent l'individu au* samsara. *Au premier stade, on « entre dans le courant » en devenant une personne « noble » (*arya*). Au deuxième, on « revient une seule fois », c'est-à-dire qu'on ne renaît qu'une fois parmi les hommes; au troisième, enfin, on « ne revient plus » dans un corps humain mais on renaît dans les cinq plans les plus élevés du règne de la forme, qui correspondent au quatrième* dhyana. *Le résultat de ce dernier est l'éveil, la connaissance directe des quatre nobles vérités.*

Cette statue d'un arhat *au regard sévère et concentré appartient à un groupe de 16 ou 18, retrouvées dans des grottes près de Yixian (Hebei). Les représentations d'*arhat, *très répandues en Extrême-Orient, se divisent en deux types: celles qui privilégient l'intensité de la recherche spirituelle (comme ici) et celles qui exaltent les pouvoirs surnaturels acquis par l'ascèse.*

▲ *Arhat*, Xe-XIIe siècle, provenant de Yixian (Chine), céramique vitrifiée, h. 118 cm Kansas City, Nelson-Atkins Museum of Art

Les shravaka *suivent les enseignements du Bouddha contenus dans les textes canoniques, tandis que les* pratyekabuddha *atteignent l'éveil par une recherche personnelle, non inspirée par la parole du Bouddha, et n'enseignent pas la voie à autrui.*

Le Bouddha, flanqué d'Ananda et de Kashyapa, est en posture de prédication, entouré d'une assemblée composite. La présence de diverses catégories de pratiquants laisse penser que l'iconographie s'inspire du Sutra du Lotus, *selon lequel différentes doctrines enseignées par le Bouddha ne sont qu'un habile moyen pour mener tout le monde vers l'unique véhicule* (ekayana) *qui mène au salut, c'est-à-dire la voie du* bodhisattva.

Les trois personnages sur les côtés de la niche figurent, de l'extérieur vers l'intérieur, les représentants des trois véhicules: les shravaka *et les* pratyekabuddha *(les deux types de disciples du Hinayana) et les* bodhisattva *qui, pour le Mahayana, sont supérieurs aux précédents et sont les seuls à atteindre l'éveil parfait.*

▲ Stèle bouddhique, 551 apr. J.-C., province du Henan (Chine), calcaire, h. 97 cm
Philadelphie, University of Pennsylvania Museum

L'école d'Amaravati est la troisième grande école artistique d'Inde à représenter le Bouddha sous une forme humaine. Sur le plan iconographique, le Bouddha possède les mêmes caractéristiques que les effigies élaborées à Mathura et au Gandhara, mais s'en distingue par le rendu stylistique des détails.

*Les cheveux bouclés, l'*usnisa *(« chignon »)* *peu développé et l'*urna *bien visible entre les sourcils sont les signes distinctifs de cette école qui est à la base des traditions sculpturales de Sri Lanka et du Sud-Est asiatique.*

*Le Bouddha n'est ni un dieu ni un homme ordinaire, mais un être supérieur (*mahapurusa*) qui a transcendé ces deux conditions. Surtout, il est le Maître qui a découvert et enseigné la voie qui mène à la délivrance. Il est aussi appelé Tathagata, « Celui qui s'en est allé ainsi », puisqu'il est sorti du cycle des renaissances; Samyaksambuddha, le « Parfaitement Éveillé » ; et Jina, le « Victorieux ».*

▲ Tête du Bouddha, vers le IIe siècle apr. J.-C., provenant de Vijiaderpuram (Inde), calcaire, h. 21 cm
Paris, musée Guimet

Aux idéaux limités du Hinayana, véhicule des pratiquants solitaires, le Mahayana oppose la motivation altruiste du bodhisattva *et la grandeur de cette voie, ouverte aux moines comme aux laïques.*

Mahayana

Nom
Il signifie grand (*maha*) véhicule (*yana*) ou « moyen supérieur ».

Origines
Ce nouveau mouvement n'est pas né d'un schisme, d'une division à l'intérieur de la communauté bouddhique, mais il s'est produit et a continué à exister au sein des mêmes institutions monastiques anciennes et dans le respect du même code de comportement. C'est surtout la littérature qui révèle l'existence de cette nouvelle orientation doctrinale qui devint un mouvement indépendant vers le IVe siècle.

Articles en relation
Les *sutra* du Mahayana; Madhyamaka; Yogacara; Les *bodhisattva*; Vacuité universelle; La voie du *bodhisattva*; *Trikaya.*

Le Mahayana est un mouvement non unitaire et non homogène. Il s'est développé au sein du bouddhisme primitif et a donné naissance, vers le Ier siècle av. J.-C, à une abondante littérature. La vision nouvelle exprimée dans ces textes (*sutra*) se présente comme un moyen (véhicule) supérieur par rapport à l'ancienne voie dont elle ne trahit pas l'essence mais, pour ainsi dire, amplifie les possibilités. À l'idéal individualiste de l'*arhat* qui suit un chemin de salut personnel, indifférent à l'humanité égarée dans l'ignorance, elle substitue la motivation altruiste du *bodhisattva* qui atteint l'éveil pour rester dans le monde afin d'aider tous ceux qui sont encore dans la souffrance. Nombreuses sont les idées, neuves ou déjà existantes, exposées dans les *sutra* et qui élargissent les limites de la pensée ancienne: l'extension du concept de vacuité à tous les phénomènes externes (vacuité universelle); l'importance accordée à la nature supramondaine du Bouddha (*dharmakaya*); la vision d'un espace infini où d'innombrables bouddhas et *bodhisattva* secourent en permanence les individus; et, aussi, la présence de la « nature de Bouddha » (*tathagatagarbha*) dans tous les êtres sensibles. Le Mahayana, qui se développa à côté du Hinayana, souvent dans les mêmes monastères, connut une diffusion rapide et importante à travers l'Asie, en particulier dans les régions du nord et de l'est. Outre le Vajrayana, ses courants les plus originaux sont la sotériologie compassionnelle de la Terre pure et la voie de connaissance de soi du Chan/Zen.

► Autel de Maitreya, 524 apr. J.-C., province du Hebei (Chine), bronze doré, h. 76 cm New York, Metropolitan Museum of Art

Pour le Mahayana, l'unique véhicule capable de mener à l'éveil parfait des bouddhas est le bodhisattvayana. *Il s'agit d'un itinéraire inspiré par la* mahakaruna *(« grande compassion »), qui ne sépare pas la libération personnelle de celle d'autrui. Prolongeant la pratique bien au-delà du niveau atteint par l'*arhat, *le* bodhisattva *acquiert des qualités et des pouvoirs semblables à ceux des bouddhas et les met au service de tous les êtres sensibles.*

Cette belle statue d'Avalokiteshvara (Guanyin en Chine) est l'une des expressions les plus intenses de la nature compatissante et des pouvoirs supérieurs du bodhisattva, *qui prennent forme respectivement dans la douceur du regard et dans le souverain détachement de la posture. Avalokiteshvara est assis, dans une variante de la position du délassement royal (*maharajalilasana*), sur un rocher qui représente sa résidence, Potalaka (ou Potala), une île-montagne située au sud de l'Inde.*

▲ Avalokiteshvara, XIIe-XIIIe siècle, Chine du Nord, bois peint, h. 241 cm
Kansas City, Nelson-Atkins Museum of Art

La dimension historique de Shakyamuni perd de son importance face à la dimension absolue de l'Éveillé. La vraie nature d'un bouddha est le dharmakaya, *le corps spirituel invisible, expression des qualités propres d'un Éveillé et résultat de sa connaissance profonde. Les bouddhas se manifestent sous la forme de corps formels (*rupakaya*) : le* sambhogakaya, *qui correspond à sa dimension cosmique et avec lequel il enseigne aux* bodhisattva *les doctrines les plus élevées (c'est-à-dire le Mahayana), et le* nirmanakaya, *le corps de transformation, avec lequel il se manifeste aux êtres humains.*

Au-delà des interprétations possibles de cette stèle très connue, le Bouddha semble ici célébré dans sa fonction cosmique. Un jeu efficace de correspondances formelles et symboliques unit l'image du Bouddha à celle du lotus qui surgit des eaux cosmiques, soulignant la place de l'Éveillé dans l'axe de la composition et dans l'apparition lumineuse qui domine, par sa signification et ses dimensions, l'architecture complexe qui l'entoure.

▲ Stèle avec le Bouddha prêchant, IIIe-IVe siècle apr. J.-C., provenant de Mohammed Nari (Pakistan), schiste, h. 120 cm
Lahore, musée de Lahore

« Foudre » et « diamant », le vajra *résume les caractéristiques de puissance, d'indestructibilité et de pureté propres à l'esprit éveillé et il est l'instrument principal des rituels tantriques.*

Vajrayana

C'est la troisième et dernière transformation du bouddhisme indien, que l'on peut considérer comme une extension du Mahayana, dont il partage les prémisses philosophiques. Il s'en distingue par le caractère rituel de la pratique et son renforcement lié à des méthodes nouvelles. En général, la vision du Vajrayana, qui se développa en Inde à partir du VIIe siècle, considère le monde des phénomènes comme l'expression de la vacuité (*sunyata*), excluant toute différence entre le plan de la vérité relative et celui de la vérité absolue. Si la pureté de tous les phénomènes ne peut être reconnue, c'est en raison des obscurcissements présents dans l'individu, qui peuvent être éliminés à partir de n'importe quel aspect de la réalité, même ceux apparemment les plus impurs. Opportunément transformés par les pratiques, qui unissent les moyens (*upaya*) et la sagesse (*prajna*), les phénomènes se révèlent dans leur véritable nature de pure vacuité. Selon cette perspective, l'éveil n'est donc pas le but d'un chemin qui va du relatif à l'absolu, mais il se réalise par l'expérience directe de l'absolu dans le relatif, en reconnaissant la nature indestructible des apparences phénoménales. À propos des méthodes de transformation, on distingue les positions de ceux qui jugent nécessaire un chemin préparatoire de purification des obscurcissements (les gradualistes) et ceux qui considèrent l'éveil comme la révélation d'un état de pureté originelle, favorisée par un entraînement capable d'abréger sensiblement la durée de l'itinéraire (les subitistes).

Nom
Véhicule (*yana*) de diamant (*vajra*).

Pour aller plus loin
Concepts et pratiques tantriques ne sont pas propres au bouddhisme, mais se retrouvent dans toutes les traditions religieuses de l'Inde. Les pratiques tantriques constituent un aspect important du Vajrayana et visent à développer des facultés particulières qui permettent d'atteindre l'éveil au moyen d'une voie plus rapide.

Articles en relation
Mahayana; Bouddhisme tibétain; Les bouddhas cosmiques; Le bouddha primordial; Les *yidam*; Tantra; Dzogchen; *Sadhana*; Initiation.

◄ Pierre *mani* sur laquelle est gravé le *mantra* d'Avalokiteshvara (*Om mani padme hum*), Bhoutan

La méthode tantrique considère chaque aspect de la réalité relative comme instrument de connaissance de la vraie nature de la réalité absolue. Dans la perspective de l'union de tous les opposés, la voie privilégiée est celle qui opère sur les aspects apparemment les plus éloignés du but, c'est-à-dire sur les obstacles qui empêchent de reconnaître la nature lumineuse de chacun. Les émotions négatives, bien utilisées, peuvent révéler un immense potentiel énergétique et être transformées en leur contraire, révélant la nature non duelle de la réalité ultime.

Le mahasiddha *(« grand réalisé ») représente l'idéal du Vajrayana et la tradition tibéto-indienne attribue à ces personnages la transmission des enseignements tantriques. En général, ils sont figurés comme des yogis (pratiquants du yoga), avec les cheveux relevés en un haut chignon, à moitié nus et assis sur une peau de tigre ou d'antilope.*

▲ Mahasiddha, XVe siècle, Tibet,
bronze avec traces de couleur, h. 17,8 cm
Los Angeles, County Museum of Art

Les objets rituels tantriques sont le vajra, *tenu dans la main droite, et une coupe creusée dans un crâne (*kapala*), dans la main gauche.*

Le bouddha primordial peut être représenté par Vajradhara (le « Détenteur du vajra *»), figuré avec les caractéristiques du* sambhogakaya *: couronné d'une tiare à cinq pointes symbolisant les bouddhas cosmiques qui tiennent leur origine du bouddha primordial, et avec les attributs de la cloche et du* vajra *croisés sur la poitrine.*

Le Bouddha du Vajrayana est le bouddha primordial (Adibuddha), qui représente la nature non contaminée de l'esprit et le principe unitaire (la vacuité) qui préside à chaque aspect de la réalité.

Pour le Vajrayana, l'éveil (ou « réalisation », siddhi*) coïncide avec l'expérience de l'unité qui sous-tend le monde des phénomènes et il se réalise par l'union de la sagesse et des moyens. La sagesse (*prajna*), qui est la vision de la vacuité, est l'élément féminin représenté par la cloche (*ghanta*), tandis que le moyen, c'est-à-dire la compassion, est symbolisé par le* vajra*. L'essence adamantine (*vajrasattva*) est la vraie nature, présente dans tous les êtres, qui attend d'être réalisée.*

▲ Vajradhara, XVe-XVIe siècle, Tibet, cuivre doré, turquoises et coraux, h. 47,5 cm
Musée de Newark, New Jersey (États-Unis)

*Dans le Theravada, l'objectif de la pratique, strictement monastique, est d'atteindre la condition d'*arhat *en suivant l'enseignement du Bouddha, contenu dans les textes du Canon pali.*

Theravada

Nom
Doctrine (*vada*) des anciens (*thera*).

Terminologie
Theravadin (s. Sthaviravadin) : adepte du Theravada.

Articles en relation
Birmanie ; Thaïlande ; Cambodge ; Laos et Vietnam ; Hinayana ; Le Bouddha historique ; Les *arhat*.

C'est la seule des écoles bouddhiques anciennes qui ait survécu jusqu'à nos jours et dont le canon nous soit parvenu complet. Même si cela ne suffit pas à faire du Theravada le bouddhisme originel, et précisément en raison de l'ancienneté de cette école, on a néanmoins pris l'habitude de considérer ses enseignements comme proches de ceux du bouddhisme ancien. L'histoire de ses origines est très complexe et diffère selon les sources. D'après les sources Theravada, jugées cependant peu dignes de foi à différents points de vue, l'origine remonterait au désaccord, survenu à Pataliputra à l'époque d'Ashoka, entre les adeptes de deux courants, les Sarvastivadin et les Vibhajyavadin, dont les Theravadin se considèrent les héritiers. D'autres sources, plus vraisemblables, lient la naissance de cette école à la controverse en matière de discipline qui entraîna la division de la communauté bouddhiste en deux grands groupes : celui, majoritaire, des Mahasanghika, et celui, réformiste, des Sthaviravadin (en pali Theravadin). Quoi qu'il en soit, l'histoire du Theravada est liée à la diffusion ultérieure de ce courant et, en particulier, à la communauté appelée Mahavihara (« grand monastère »), fondée au milieu du IIIe siècle av. J.-C. à Sri Lanka. Elle fut au cœur de divers événements politiques et d'attaques de la part de communautés rivales (Abhayagirivihara et Jetavanavihara) jusqu'au milieu du XIIe siècle, époque où elle s'imposa.

► Moines partant pour la quête du matin, Pagan (Birmanie)

La pratique du Theravada se fonde sur l'octuple sentier, qui consiste à s'exercer à une attitude éthiquement correcte (parole juste, action juste, moyens d'existence justes), à calmer et concentrer l'esprit (effort juste, attention juste, concentration juste), pour le transformer par la méditation qui permet de réaliser un nouveau mode d'être, inspiré par la vision juste de la réalité (vue juste et intention juste). Plus qu'un code de conduite auquel se conformer, l'octuple sentier souligne la relation entre la vision que l'on a de la réalité et les actions et états d'âme qui en découlent. Il s'agit d'une sorte d'entraînement à ce que chaque action soit inspirée par le non-attachement, la bienveillance et la sagesse.

Pour les laïques, la pratique consiste surtout dans le comportement juste et la générosité, tous deux sources de mérites. Est également méritoire le don de feuilles d'or à appliquer sur la statue du Bouddha en signe de dévotion.

▲ Statue du Bouddha recouverte de feuilles d'or, Wat Traimit, Bangkok

Le nirvana est l'« extinction » de la souffrance. C'est l'expérience qui suit la mort de celui qui, comme le Bouddha et les arhat, *a atteint la vision libératrice et a extirpé les germes qui conduisent à renaître. Pour les écoles bouddhiques anciennes, la mort du Bouddha est réelle et marque son détachement définitif de ce monde.*

En revanche, pour le Mahayana, la disparition du Bouddha est apparente, comme toutes les actions du nirmanakaya, *puisque sa véritable nature est transcendante. L'Éveillé continue donc à être présent, à enseigner et à être mystiquement visible, comme tous les autres bouddhas dans l'espace.*

Selon le Theravada d'aujourd'hui, les conditions du monde actuel sont particulièrement défavorables pour atteindre l'éveil. Le but est donc de renaître à l'époque où le Bouddha du futur, Maitreya, viendra exposer à nouveau le dharma.

◄ *Parinirvana*, fin du Ve siècle apr. J.-C., grotte 26, Ajanta (Inde)

Les Sarvastivadin représentaient un courant de pensée, mais aussi une tradition monastique. Le vinaya *de la branche des Mulasarvastivadin s'est transmis au Tibet.*

Sarvastivada

Nom
Doctrine (*vada*) du tout (*sarva*) existe (*asti*).

Terminologie
Sarvastivadin : adepte du Sarvastivada.

Rubrique
Les centres de Sarvastivadin fleurirent surtout dans le nord-ouest de l'Inde d'où, au début de l'ère chrétienne, leurs enseignements se propagèrent auprès des communautés bouddhistes d'Asie centrale, laissant des témoignages dans la littérature religieuse et l'art de ces régions. On leur attribue le *Lalitavistara*, l'une des biographies du Bouddha, qui raconte les événements depuis la descente du ciel des Tushita jusqu'au premier sermon, et qui fut une source d'inspiration pour les artistes du Gandhara, d'Ajanta et de Borobudur.

Articles en relation
Canon bouddhique ; Biographies du Bouddha ; Hinayana ; Mahayana ; Le Bouddha historique.

Cette école du bouddhisme ancien était connue pour ses positions particulières sur des questions ontologiques réfutées par d'autres. Ces enseignements sont discutés dans les *Abhidharma* (partie du canon consacrée à la nature des phénomènes) des différentes écoles. La question centrale concerne le véritable mode d'être de la réalité, puisque les choses apparaissent selon un certain mode (réalité conventionnelle), c'est-à-dire permanentes et existantes en soi, mais elles sont conditionnées et impermanentes dans la mesure où elles résultent de l'agrégation de divers facteurs conditionnés appelés *dharma*. La recherche de l'*Abhidharma* consiste en la dissolution des concepts et des constructions qui composent notre vision de la réalité et nourrissent notre attachement aux choses, jusqu'à atteindre les éléments infimes (*dharma*) au-delà desquels l'analyse ne peut plus se poursuivre. La particularité des positions des Sarvastivadin à propos de ces conceptions tient dans l'idée que certains *dharma*, considérés comme des facteurs primaires, c'est-à-dire non réductibles ultérieurement, possèdent une existence propre, individuelle mais impermanente, qui leur permet d'exister en tant que *dharma* passés, présents et futurs. Alors que la majorité des *dharma* est vide (*sunya*) par nature, les fondements de la réalité phénoménale reposent sur les *dharma* primaires, dotés d'existence intrinsèque. Cette concession, périlleuse du point de vue de la pratique religieuse car source d'attachement, fut remplacée par la vision de la vacuité absolue du Mahayana, dont la démonstration philosophique revint à Nagarjuna.

► Siddhartha coupe ses cheveux, vers 800 apr. J.-C., Borobudur (Java)

*Selon leur doctrine concernant la nature supramondaine (*lokottara*) des bouddhas, les éveillés se conforment en apparence aux lois humaines, mais en réalité ils ont transcendé les limites terrestres.*

Mahasangha

Avec les Sthaviravadin, les Mahasanghika constituent l'un des deux groupes issus de la division de la communauté bouddhiste d'origine, qui se distinguent par une tradition de *vinaya* différente. Les spécialistes situent un tel « schisme » (*sanghabheda*) autour du IIIe siècle av. J.-C. : les Sthaviravadin voulaient modifier le code monastique dans un sens restrictif, quand la majorité, les Mahasanghika, souhaitait le conserver tel quel. D'autres groupes se formèrent ensuite à partir de ces deux branches, donnant naissance à ce que la tradition présente comme les dix-huit (ce chiffre est une convention) écoles doctrinales du bouddhisme primitif, chacune étant dotée d'une doctrine qui la distinguait des autres. Toutes ne possédaient pas un *vinaya* propre, c'est-à-dire qu'elles n'avaient pas de centre d'ordination indépendant. On a abandonné l'hypothèse selon laquelle le Mahayana se serait développé au sein des Mahasanghika, puisque les enseignements du Mahayana n'impliquent pas de division sur les questions de discipline. Mais on a observé que certaines doctrines – nature supramondaine du Bouddha, vacuité – se trouvent aussi dans la pensée des Mahasanghika. Les différents courants issus du Mahasangha se répandirent un peu partout en Inde. L'un des plus durables et des plus importants est celui des Lokottaravadin, présents dans le nord-ouest de l'Inde jusqu'au VIIe siècle et dans le centre du pays jusqu'au Xe siècle.

Nom
Grande (*maha*) assemblée (*sangha*).

Terminologie
Mahasanghika : adepte du Mahasangha.

Textes
Le *Mahavastu* appartient aux Lokottaravadin, l'une des écoles issues des Mahasanghika. Ce récit s'articule autour des nombreuses vies antérieures du Bouddha, qui illustrent le mécanisme de la justice rétributive et le développement des conditions qui amenèrent Siddhartha à sa dernière renaissance.

Articles en relation
Les conciles ; Hinayana ; Mahayana ; Le Bouddha historique.

◄ Le miracle de Sravasti, IIIe siècle apr. J.-C., provenant de Païtava (Afghanistan), schiste, h. 32 cm Paris, musée Guimet

Dans certaines légendes qui célèbrent la vie et les qualités de Nagarjuna, la découverte de la doctrine survient avec l'aide des naga, *ces serpents qui, selon la tradition indienne, sont les gardiens des trésors cachés.*

Madhyamaka

Nom
Le (chemin) moyen (*madhyama*).

Terminologie
Madhyamika : adepte du Madhyamaka.
Madhyamapratipad : en sanscrit la « voie médiane ». C'est celle enseignée par le Bouddha, qui occupe une position à égale distance entre l'ascétisme radical et l'abandon aux plaisirs de l'existence.

Articles en relation
La Perfection de la Sagesse ; Mahayana ; Yogacara ; Vacuité universelle.

C'est l'une des principales écoles philosophiques du Mahayana, dont le maître indien Nagarjuna est considéré comme le fondateur. Avec ce courant, la doctrine de la vacuité universelle, pivot de la pensée Mahayana, fait l'objet d'une démonstration philosophique par le biais d'une recherche analytique qui aboutit à la « voie du milieu ». Cette position se situe à égale distance des extrêmes que sont le nihilisme et l'éternalisme : affirmer que toutes les choses sont vides (*sunya*) ne signifie pas nier leur existence relative, mais nier qu'elles possèdent une existence intrinsèque, c'est-à-dire qu'elles existent autrement que comme des constructions conceptuelles et conditionnées ; d'autre part, si toutes les choses sont privées de nature propre (ainsi le nirvana, le *samsara* et la vacuité elle-même), il n'y a aucune réalité absolue en soi, mais seulement la vérité de la vacuité universelle. Les deux plans de la vérité relative et de la vérité absolue sont indissolublement liés puisque l'un n'existe pas sans l'autre et, même illusoire, la réalité conventionnelle reste le point de départ de l'expérience de la vacuité (et donc de la pratique religieuse). Tout en n'échappant pas aux accusations de nihilisme, le Madhyamaka se développa en Inde sous l'impulsion d'Aryadeva, disciple de Nagarjuna. Il se répandit en Chine par le biais des traductions de Kumarajiva, et surtout au Tibet, où diverses contributions vinrent enrichir le débat et où fut établie une classification des écoles indiennes issues du Madhyamaka.

► Détail de Vajradhara, XVe-XVIe siècle, Tibet, cuivre doré, turquoises et coraux, h. 47,5 cm Musée de Newark, New Jersey (États-Unis)

Né dans une famille de brahmanes de l'Inde du Sud, Nagarjuna vécut entre le Ier *et le* IIe *siècle. Il semble que, après s'être converti au bouddhisme, il ait enseigné à Nalanda, la plus ancienne université monastique d'Inde. Parmi les nombreuses œuvres qui lui sont attribuées, la plus importante est le* Madhyamakakarika, *où sont exposés les fondements de la philosophie de la voie du milieu. Pour la tradition tibétaine, Nagarjuna est le maître le plus important du Mahayana, et les seules images qu'il ait inspirées viennent du Tibet et du Népal.*

La coiffure de serpents au-dessus de la tête est un trait distinctif de l'iconographie de Nagarjuna, inspiré de la légende selon laquelle le maître aurait reçu des naga *(serpents), gardiens du monde souterrain, les textes de la* Prajnaparamita *(la Perfection de la Sagesse).*

*Cette statuette représente le maître comme un bouddha, assis dans la posture du lotus (*padmasana*), les mains faisant le geste de l'enseignement (*dharmachakramudra*)*
.

► Nagarjuna, XVIIe-XVIIIe siècle, Tibet, bronze doré, h. 23,5 cm Baltimore, Walters Art Museum

L'activité de la conscience est semblable au rêve : si l'expérience du rêve est réelle, son contenu est illusoire.

Yogacara

Nom
École de la pratique (*cara*) du yoga. Elle est définie aussi comme Cittamatra, c'est-à-dire école de l'« esprit (*citta*) seul (*matra*) », et Vijnanavada, « doctrine (*vada*) de la conscience (*vijnana*) ». Elle est désignée comme l'école « idéaliste » puisqu'elle affirme que les phénomènes n'existent qu'en tant que productions de l'esprit.

Articles en relation
La Perfection de la Sagesse ;
Mahayana ;
Madhyamaka ;
Vacuité universelle.

Le Yogacara est une autre école importante du Mahayana. On la fait généralement remonter à Asanga (IVe siècle), à qui l'on attribue le *Yogacarabhumisastra*. Deux autres traités reflètent les positions de l'école : le *Samdhinirmocanasutra* et le *Lankavatarasutra*, qui affirment représenter « le troisième tour de la roue » – l'enseignement définitif révélé par le Bouddha. Selon la doctrine de la Cittamatra, la vérité ultime de l'absence d'existence intrinsèque de toutes les choses n'explique pas l'origine de la réalité conventionnelle, c'est-à-dire celle des apparences samsariques, mais se limite à en décrire la vraie nature. Le substrat sur lequel se fonde l'émergence des constructions phénoménales est la « conscience-réceptacle » (*alayavijnana*), sorte de continuum neutre de la conscience où se déposent les empreintes karmiques, c'est-à-dire le résultat d'une activité cognitive erronée. Au sein de ce mécanisme, qui constitue l'aspect dépendant de l'activité de la conscience, les phénomènes peuvent apparaître sous leurs deux natures : en tant que phénomènes « construits », à celui qui est en proie à l'ignorance et perçoit la réalité en termes duels ; en tant que phénomènes « parfaits », non duels, vides de nature propre, à celui qui a éliminé les obscurcissements. Ainsi l'idée du « moi », qui émerge du continuum de la conscience sous l'effet des déterminations karmiques, peut être faussement perçue comme une entité réelle, ou bien être reconnue comme le reflet de l'activité de l'esprit et révéler ainsi sa vraie nature.

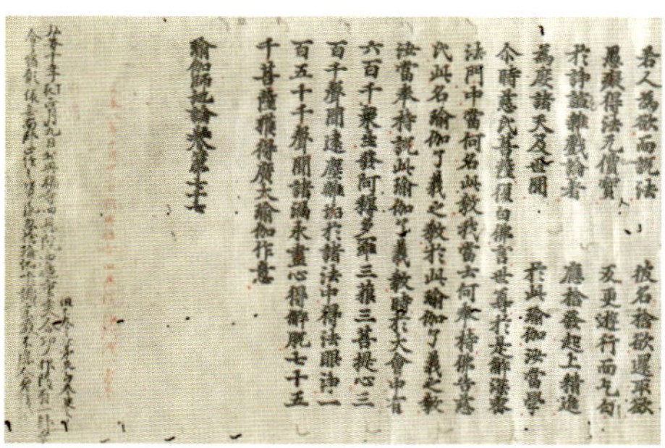

► Traduction chinoise du *Yogacarabhumisastra*, 1213, Kofukuji, Nara (Japon), édition japonaise
Londres, British Library

L'école du Tiantai se distingue par sa tentative d'organiser tous les enseignements du bouddhisme chinois en un système unique et de les ordonner en se basant sur la méthode et l'exhaustivité de la doctrine.

Tiantai

Il s'agit de l'une des principales écoles du Mahayana chinois, qui doit son organisation à Zhiyi (539-597). Sa caractéristique majeure est son syncrétisme : elle réunit des doctrines disparates du Mahayana, la discipline monastique du Hinayana et la pratique méditative. Au sommet de la synthèse de Zhiyi, qui établit une classification des enseignements en fonction de leur importance, il y a le *Sutra du Lotus* et le *Mahaparinirvanasutra*. La fusion du contenu de ces deux textes donne naissance à plusieurs concepts caractéristiques du bouddhisme extrême-oriental, telles la figure du Bouddha éternel, l'universalité de la nature de Bouddha et la possibilité de l'éveil instantané. L'école intègre ensuite l'enseignement de la vacuité de tous les phénomènes et de la double vérité : relative dans la mesure où les phénomènes sont conditionnés et interdépendants, absolue dans la mesure où ils sont vides de nature propre. Toutefois, en vertu de la présence du même principe (la « nature de Bouddha » dans les êtres sensibles) dans tous les aspects de la réalité, l'école aboutit à une sorte d'immanentisme et à l'identification entre phénomènes et vacuité. Bien que l'intuition de la vérité ait les caractéristiques de l'éveil subit, la méthode de Zhiyi est un chemin progressif fondé sur l'étude et la méditation. Le succès de l'école coïncida avec la période Sui. Elle fut supplantée par l'école Huayan puis, minée par les persécutions de 845, elle disparut complètement au XIe siècle. Elle eut une grande influence tant sur le bouddhisme japonais que sur l'école Chan.

Nom
École de la terrasse (*tai*) céleste (*tian*).

Pour aller plus loin
La doctrine sur la nature de Bouddha, ou *tathagatagarbha*, l'« embryon (*garbha*) du Tathagata », est diversement exposée dans certains *sutra* du Mahayana. Elle enseigne que la possibilité de l'éveil est présente dans tous les êtres qui, par conséquent, atteindront un jour ou l'autre le salut. Alors que les écoles philosophiques indiennes présentent différentes interprétations sur la nature ontologique de l'« embryon », en Extrême-Orient cette conception s'est développée au point de considérer tous les êtres comme déjà parfaitement éveillés, et de faire coïncider la nature de Bouddha avec un soi permanent, substrat de la réalité phénoménale.

Articles en relation
Le Sutra du Lotus de la Bonne Loi; Chine ; Tendai.

◄ Portique le long d'un sentier du Tiantaishan, province du Zhejiang (Chine)

En Chine, la popularité du Sutra du Lotus *s'étend à toute la période médiévale et se reflète dans l'iconographie des temples rupestres, des stèles et des peintures. Un exemple nous en est fourni par les reliefs de Yungang qui illustrent deux thèmes clés du* Sutra.

Dans la niche supérieure est représentée la célèbre conversation entre Shakyamuni et le bouddha du passé Prabhutaratna, qui traduit sur le plan iconographique le thème du caractère illusoire du parinirvana *des bouddhas. L'arc de la niche symbolise le profil du stupa d'où apparaît Prabhutaratna et où Shakyamuni prend place pour exposer l'enseignement du* Sutra.

Le relief inférieur représente le bodhisattva *Maitreya, assis en* bhadrasana, *les chevilles croisées, tandis qu'il dispense son enseignement dans le Tushita: selon le* Sutra du Lotus, *celui qui se consacre à copier le texte renaît après la mort dans le ciel de Maitreya.*

▲ Détail des reliefs de l'antichambre de la grotte 9 à Yungang, 480-490 apr. J.-C., province du Shanxi (Chine)

Selon la doctrine de cette école, « l'univers entier est contenu dans une seule pensée » : on peut donc saisir en toute chose la totalité du réel.

Tendai

Cette école du bouddhisme japonais fut créée en 805 par le moine Saicho. Il avait reçu en Chine les enseignements de l'école Tiantai, mais aussi étudié les doctrines Chan et Zhenyan. De retour au Japon, Saicho se retira dans un monastère (connu plus tard sous le nom d'Enryakuji) sur le Hieizan (mont Hiei). Il y fonda l'école Tendai qui comportait un cursus d'études et de méditation qui durait douze ans. En 823, l'Enryakuji obtint l'autorisation, jusqu'alors donnée seulement au Todaiji, d'établir un centre d'ordination indépendant. Saicho s'inspira pour cela des vœux des *bodhisattva*, et non de l'une des traditions du *vinaya*. Lié à une discipline stricte et orienté uniquement vers la pratique religieuse, le programme de Saicho était une réaction au laxisme et à la corruption des monastères de Nara. Cela lui attira la faveur de la cour, et l'Enryakuji connut un accroissement rapide du nombre de moines et de richesses, jusqu'à devenir le centre religieux le plus important du Japon. Il ne put éviter la pernicieuse combinaison entre politique et religion.

Nom
Équivalent japonais du Tiantai chinois.

Lieux
Enryakuji
Le temple, érigé en tant que lieu de retraite de Saicho (767-822), est le symbole du retour à la recherche religieuse après les excès de l'époque de Nara. Les principaux maîtres des écoles du bouddhisme japonais se formèrent dans ce centre. Saicho institua une nouvelle règle d'ordination monastique, basée sur les vœux du *bodhisattva*, tirés du *Fanwangjing* chinois. Après s'être trouvé plusieurs fois au centre de luttes de pouvoir, le monastère fut détruit au XVIe siècle, mais l'école Tendai est encore active aujourd'hui.

Articles en relation
Le Sutra du Lotus de la Bonne Loi; Corée et Japon; Tiantai; Huayan; Kegon.

◄ Entrée de l'Enryakuji, Hieizan, Kyoto (Japon)

Le grand cercle est formé d'une quantité de petits cercles symbolisant l'infinité des mondes qui existent dans l'univers et s'interpénètrent.

*La partie supérieure représente (de droite à gauche) les trois états d'*arhat*, de* bodhisattva *et de* pratyekabuddha *décrits dans le* Sutra du Lotus*, et, au-dessus, l'état de bouddha, figuré au sommet.*

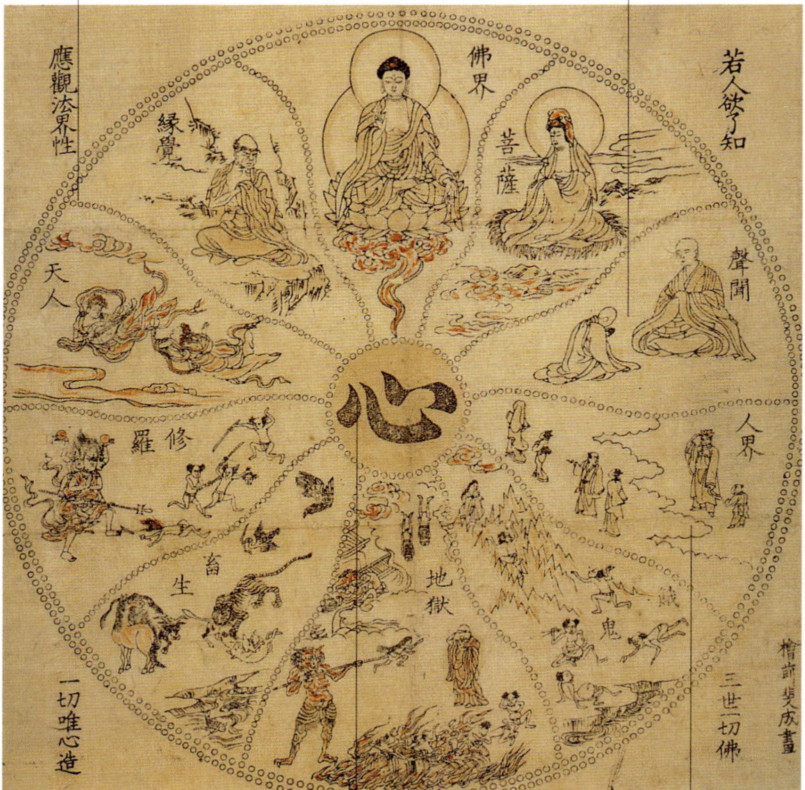

Le principe qui sous-tend la multiplicité est évoqué au centre du cercle par le caractère chinois xin *(j.* shin*), « esprit ». L'esprit dispersé engendre le* samsara*, le monde des apparences contaminées, mais il est intrinsèquement pur. Le substrat de cette conscience est le* tathagatagharba*, l'éveil que chacun peut réaliser à l'intérieur de soi.*

Ce diagramme illustre la synthèse des doctrines Tendai. Les six sections inférieures du cercle montrent les destins de renaissance (de droite à gauche : hommes, esprits affamés, êtres infernaux, animaux, asura *– demi-dieux – et dieux).*

▲ Diagramme cosmologique, 1669, Japon, impression avec matrice en bois Londres, British Museum

La pratique, simple et accessible à tous, consiste à réciter la formule (j. daimoku*)* Namu Myo ho renge kyo *(« Hommage au* Sutra du Lotus *de la Loi merveilleuse »). L'objet de vénération (*honzon*) est figuré par un mandala calligraphié, synthèse des vérités du Tendai, dessiné par Nichiren.*

Cette gravure illustre l'épisode où Nichiren convertit un pêcheur. La partie supérieure reproduit le mandala calligraphié sur lequel, autour de la formule d'hommage au sutra, *figurent les noms des bouddhas et* bodhisattva *vénérés par l'école Nichiren.*

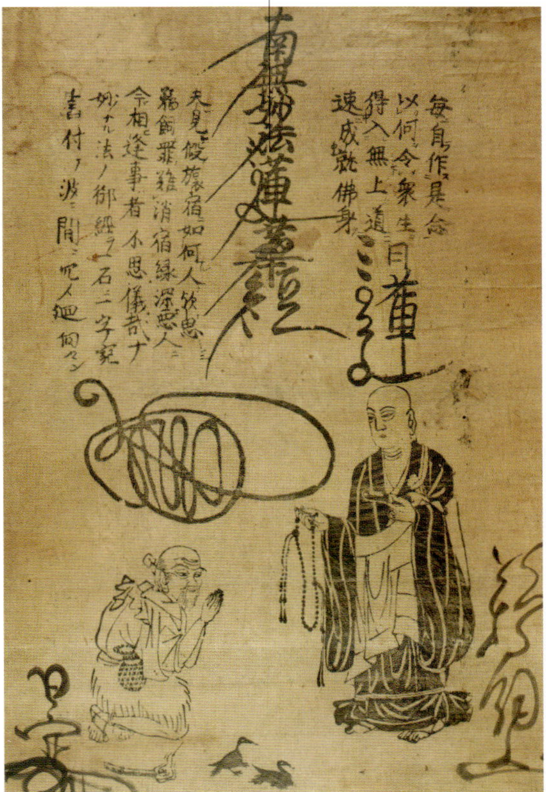

Formé à l'école Tendai, Nichiren (1222-1282) est le fondateur d'une école qui porte son nom (Nichirenshu). Il fit de la dévotion au Sutra du Lotus *le cœur de sa doctrine, convaincu que, dans une période de dégénérescence de la Loi (*mappo*), seule la foi dans ce* sutra *pouvait conduire au salut. De nombreuses écoles sont issues de ce courant, à commencer par la Nichirenshoshu, qui considère Nichiren comme le véritable Bouddha. La plupart des sectes laïques japonaises modernes s'inspirent de son message.*

▲ *Nichiren convertit un pêcheur*, XIXe siècle, Japon, impression avec matrice en bois Londres, British Library

Le monastère Huayan de Datong et les magnifiques groupes sculptés qu'il comporte témoignent du regain d'intérêt pour les enseignements de l'école Huayan à l'époque des Liao.

Huayan

Nom
École de la guirlande (*yan*) fleurie (*hua*).

Textes
Le texte intégral de l'*Avatamsakasutra* a été conservé dans les deux traductions chinoises de *Buddhabhadra* (Ve siècle) et de *Shikshananda* (fin du VIIe siècle), alors qu'il ne reste en sanskrit que les deux sections du *Gandhavyuhasutra* et du *Dasabhumikasutra*.

Articles en relation
Le *Sutra de la Guirlande de fleurs*;
Chine;
Kegon;
Les bouddhas cosmiques.

L'école tire son nom de l'*Avatamsakasutra*. Ce texte constitue le fondement philosophique de cette doctrine, née en Chine à partir du VIe siècle et systématisée par Fazang (643-712), le troisième patriarche. À partir des prémisses philosophiques Madhyamaka et Cittamatra, Fazang élabore une vision immortalisée par l'exemple décrivant la réalité ultime et son rapport avec les phénomènes: comme la flamme d'une bougie, placée au milieu d'une multitude de miroirs, se reflète dans chacun d'entre eux, de même l'essence pure de la réalité (le bouddha cosmique, ou la vacuité propre à toute chose) est identique dans tous les phénomènes. Ceux-ci se reflètent à leur tour l'un dans l'autre, révélant l'identité substantielle de toute chose. Sur le plan politique, l'image d'un univers formé de parties reliées entre elles et participant du même principe séduisit l'ambitieuse impératrice Wu, qui soutint cette doctrine. Sur le plan de la pratique, la présence de la nature de Bouddha chez tous les êtres sensibles mettait l'accent sur la méditation, qui permet de découvrir l'état d'éveil, présent en chacun. Cette orientation de la pratique vers l'intuition immédiate constitua une base importante pour le développement de l'école Chan. L'*Avatamsakasutra* devint très populaire, y compris auprès des laïques, car on lui prêtait des pouvoirs miraculeux. Les descriptions du texte donnèrent lieu à une iconographie bien documentée pour la période comprise entre la dynastie des Tang et celle des Song.

► Le bouddha Vairocana, 672-675 apr. J.-C., Longmen (Chine)

Plongé en samadhi *au sommet du mont Meru, le Bouddha transmet son enseignement par l'intermédiaire des* aryabodhisattva *qui se trouvent à ses côtés. L'identité formelle des différentes assemblées, qui apparemment se tiennent dans des lieux mystiques distincts, traduit la réalité en termes de* dharmadhatu, *c'est-à-dire dans la simultanéité de tous les phénomènes et dans leur interpénétration. C'est pourquoi les assemblées se manifestent en même temps et chacune apparaît comme le reflet de toutes les autres.*

*Cette peinture illustre l'exposé de l'*Avatamsakasutra *qui, selon la tradition de l'école du même nom, eut lieu après l'Éveil. En réalité, l'événement se situe dans une dimension cosmique et Shakyamuni n'est autre que la manifestation de Vairocana.*

*Le grand lotus qui émerge des eaux cosmiques est une allusion à Mahavairocana: c'est le réceptacle (*garbha*), la matrice de la réalité qui contient en soi tous les mondes (représentés à l'intérieur du péricarpe).*

▲ *Les Neuf Assemblées*, Xe siècle apr. J.-C., provenant de Dunhuang (Chine), peinture sur soie, h. 194 cm, Paris, musée Guimet

La perspective mystique et visionnaire de l'Avatamsakasutra inspira les statues colossales de Vairocana en Chine et au Japon, tout comme l'idéologie politique chinoise au XVIIe siècle et japonaise au VIIIe siècle.

Kegon

Nom
Équivalent japonais du chinois Huayan.

Pour aller plus loin
La cérémonie de l'« ouverture de l'œil » du Mahavairocana fut célébrée par le moine indien Bodhisena, qui grimpa sur une plate-forme placée à hauteur de l'œil du bouddha et peignit la pupille, donnant vie ainsi à la statue. De son pinceau pendaient jusqu'à terre des rubans de couleur, que l'empereur et les hauts fonctionnaires prirent dans leurs mains, participant ainsi à la consécration.

Articles en relation
Le *Sutra de la Guirlande de fleurs*; Corée et Japon; Huayan; Les bouddhas cosmiques.

L'enseignement de l'école Kegon, l'équivalent de l'école chinoise Huayan, fut diffusé au Japon par Daoxuan Lushi. Ce maître chinois introduisit aussi le *vinaya* des Dharmaguptaka (code monastique adopté par les écoles extrême-orientales) et le Chan. Avec l'appui de l'empereur Shomu, la doctrine Kegon s'imposa très rapidement, même si ce fut davantage par ses implications politiques que par l'impact de l'enseignement religieux, et resta pendant tout le VIIIe siècle une doctrine fondamentalement aristocratique. Transcrite sur le plan politique, cette idéologie centralisatrice entraîna la création de l'immense ensemble du Todaiji, temple-matrice du système monastique japonais tout entier, de même que la cour impériale de Nara constituait le modèle politique de tout le système administratif du pays. La vision d'un cosmos où tous les phénomènes sont reliés entre eux et participent de la nature de Bouddha se précisa, sur le plan architectural, dans la structure homogène de l'énorme temple du Todaiji, dont le cœur était représenté par la gigantesque statue en bronze du bouddha Vairocana. Le Todaiji détint jusqu'en 823 le privilège exclusif de conférer l'ordination à tous les moines de l'empire. Éclipsée par la crise de la période de Nara et l'implantation des écoles Tendai et de la Terre pure, l'école Kegon ne retrouva plus la position prééminente qu'elle avait occupée au VIIIe siècle. Elle perdura jusqu'à nos jours, et conserve son centre au Todaiji.

► Mahavairocana, 752 apr. J.-C., bronze, *kondo* du Todaiji, Nara (Japon)

Les représentations de Vairocana créées en Chine et au Japon entre le VIIe et le VIIIe siècle adoptent un modèle iconographique qui exprime la nature cosmique du bouddha par le gigantisme, la fixité hiératique de la figure et le rendu abstrait des formes du corps.

La lumière, évoquée par la mandorle qui entoure le personnage et par la dorure du corps, fait allusion à Vairocana (en sanskrit le « Resplendissant ») comme principe lumineux de la réalité, que Chinois et Japonais traduisent par l'expression « Grand Soleil Tathagata » (j. Dainichi Nyorai*).*

Les petits groupes de bouddhas qui composent la mandorle autour de son corps et les nombreux pétales du lotus sur lequel il est assis représentent les mondes infinis dans lesquels se manifestent les bouddhas, résultat de l'expansion illimitée de Vairocana dans l'espace et dans le temps.

Cette statue se trouve au Toshodaiji, le temple privé construit en 759 pour le moine chinois Jianzhen (j. Ganjin*) qui y demeura jusqu'à sa mort en 763. Arrivé au Japon en 754, Ganjin y introduisit le code monastique des Dharmaguptaka et institua l'estrade d'ordination (*kaidan*) au Todaiji.*

▲ Vairocana, seconde moitié du VIIIe siècle, laque sèche dorée, h. 304 cm, *kondo* du Todaiji, Nara (Japon)

*Dans le bouddhisme tantrique, corps, parole et esprit constituent les voies d'accès à la pratique, qui s'exprime dans les gestes ritualisés (*mudra*), les récitations (*mantra*) et les visualisations (mandalas).*

Zhenyan

Nom
École de la parole (*yan*) vraie (*zhen*), ou école des *mantra*. Elle est appelée aussi Mizong (« école des secrets ») et représente le Vajrayana chinois.

Articles en relation
Le *Sutra de la Guirlande de fleurs*; Chine; Shingon; Chan.

Cette école se forma au début du VIIIe siècle, avec la diffusion du *Mahavairocanasutra*, traduit en chinois en 725 par le moine indien Subhakarasimha. Son disciple Yixing et d'autres maîtres indiens, tels Vajrabodhi et Amoghavajra, actifs à Chang'an, contribuèrent par leurs commentaires et leurs traductions d'autres textes tantriques au développement de l'école dont ils sont considérés comme les patriarches. Les rituels et formules pour la protection de la nation, dans lesquels excellaient les bouddhistes tantriques, valurent à l'école l'appui des empereurs chinois du VIIIe siècle, et des maîtres furent invités dans la capitale en qualité de conseillers de la cour. L'enseignement de la Zhenyanzong se distingue par le vaste répertoire de techniques et d'outils destinés à intensifier l'expérience spirituelle et donne la priorité à l'aspect pratique de l'itinéraire qui, bien conduit, peut mener à l'éveil plus rapidement que les autres voies. Dans ce contexte, l'éveil correspond à la conscience intuitive de l'identité essentielle entre le soi individuel et le bouddha suprême (Mahavairocana), présent dans tous les aspects de la réalité. L'école ne survécut pas à la crise qui se produisit à la fin de l'époque des Tang, mais ses enseignements furent à l'origine du Shingon, tandis que son influence, en raison de l'accent mis sur le caractère non intellectuel de la pratique, s'étendit au Chan « subitiste ».

▼ Diagramme magique, fin du IXe siècle apr. J.-C., provenant de Dunhuang (Chine), encre sur papier, 58,5 × 57,5 cm
Londres, British Museum

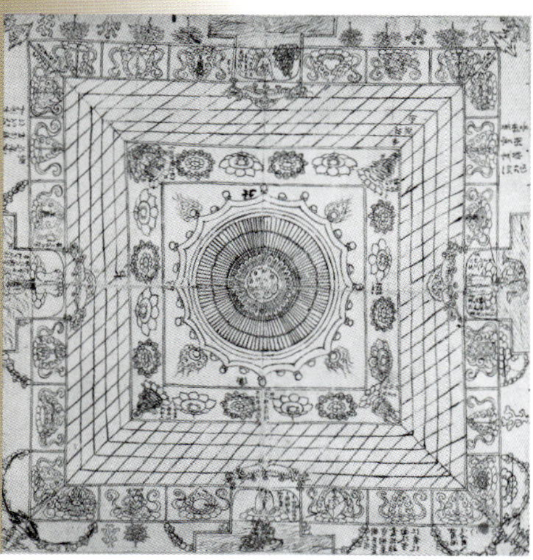

► *Trailokyavijaya*, première moitié du IXe siècle apr. J.-C., figure du mandala sculpté au *kondo* du temple de Toji, bois laqué et peint, Kyoto (Japon)

Kukai fut un homme remarquable, qui possédait à la fois une envergure spirituelle, une érudition peu commune, une force de caractère exceptionnelle et d'excellents dons artistiques.

Shingon

Contrairement à l'école chinoise Zhenyan dont elle est issue, la tradition de l'école tantrique Shingon est encore vivante au Japon. Elle doit son origine au moine Kukai (774-835). Arrivé en Chine en 804 en même temps que Saicho, il reçut la transmission des enseignements de Huiguo, patriarche de l'école Zhenyan, devenant ainsi le huitième maître. De retour au Japon, il fonda en 816, sur le mont Koya (au sud de l'actuelle Osaka), le Kongobuji, premier centre monastique Shingon. Les écoles Shingon et Tendai représentaient les deux principales tendances du bouddhisme japonais au IXe siècle. Elles se partageaient, non sans rivalités, la faveur de la cour impériale, qui donna la préférence à Kukai à partir de 823. Le maître fut appelé à la capitale, Heian (aujourd'hui Kyoto) pour réorganiser le Toji (« Temple de l'Est »), qui fut transformé en un centre Shingon et rebaptisé Kyoogokokuji (« Temple pour la protection du pays par la voie de la vraie doctrine »). La pratique, basée sur l'emploi de divers objets liturgiques pour la visualisation des divinités, suscita une très riche production iconographique, inspirée par les textes de l'école et représentée surtout par les mandalas du *Vajradhatu* et du *Garbhadhatu*, qui constituaient, sur le plan artistique, l'expression la plus complète de l'enseignement Shingon. Kukai fut chargé de la composition originale du mandala sculpté du Toji. Il y intégra l'enseignement de plusieurs textes, mêlant en un schéma unique les représentations issues de mandalas différents.

Nom
Équivalent japonais de Zhenyan.

Terminologie
Garbhadhatumandala (j. *Taizokaimandara*), « mandala de la dimension (*dhatu*) de la matrice (*gharba*) ». *Vajradhatumandala* (j. *Kongokaimandara*), « mandala de la dimension du diamant (*vajra*) ». *Trailokyavijaya*, « dompteur des trois mondes », est une manifestation effrayante du bouddha cosmique Akshobhya. Dans le bouddhisme ésotérique japonais, il est connu sous le nom de Gohzanze et c'est l'un des *myoo* (s. *vidyaraja*, « rois de science »), figures qui symbolisent le pouvoir de la connaissance et la capacité d'éliminer les obscurcissements des bouddhas cosmiques.

Articles en relation
Corée et Japon; Tendai; Zhenyan.

Dans le Garbhadhatumandala, *Mahavairocana est la matrice la réalité tout entière. C'est la représentation de la conscience éveillée originelle, passive, féminine (le lotus), étendue à tous les aspects de la réalité.*

*Éléments liturgiques essentiels du bouddhisme ésotérique, ces deux mandalas peints sont en général accrochés aux parois des autels dans les temples Shingon et servent de supports pour les rituels et la méditation. Ensemble, ils représentent la réalité absolue (*dharmadhatu*), l'unité originelle de l'esprit purifié où le dualisme apparent des deux mandalas se résout.*

Vairocana, figuré au centre d'un lotus à huit pétales dans la posture dhyanamudra, *symbolise la matrice de l'univers qui prend forme dans les archétypes des bouddhas des quatre points cardinaux et des* bodhisattva *des points intermédiaires.*

Les divinités qui composent ce mandala représentent la manifestation (au niveau psychique, physique et cosmique) sous son aspect purifié.

▲ *Taizokaimandara*,
XIIIe-XIVe siècle, Japon,
peinture sur soie, h. 119 cm
New York, Brooklyn Museum of Art

Les dessins de ces mandalas, sous la forme du lotus à huit pétales ou du carré contenant neuf carrés plus petits, remontent au monde indien. Leur introduction au Japon, avec d'autres objets et images ésotériques qui finirent par faire partie du répertoire Shingon et Tendai, est attribuée à Kukai qui les aurait rapportés de Chine.

Vairocana est figuré assis dans le carré central supérieur. Son geste, main droite refermée autour de l'index de la main gauche (j. chikenin*), symbolise la sagesse de l'éveil qui reconnaît la multiplicité et en même temps l'unité de tous les phénomènes dans le* dharmadhatu.

Le Vajradhatumandala *symbolise la conscience, active, masculine (le* vajra*), qui perçoit la réalité des phénomènes. Le schéma à neuf carrés illustre le parcours qui mène à l'éveil par la réalisation de la sagesse du diamant qui connaît la vraie nature de la réalité.*

▲ *Kongokaimandara*, XIIIe-XIVe siècle, Japon, peinture sur soie, h. 118,9 cm
New York, Brooklyn Museum of Art

Le Chan, expression originale du bouddhisme chinois, représente le retour à l'essence de l'expérience du Bouddha : l'éveil, auquel on atteint par l'effort personnel.

Chan

Nom
Translittération chinoise *chan(na)* du sanskrit *dhyana* (« méditation »)

Origines
Selon une reconstitution fantaisiste de la lignée spirituelle, la révélation remonterait à Shakyamuni lui-même, qui l'aurait transmise, en esprit, à Mahakashyapa, lequel l'aurait à son tour transmise, à travers une longue série de maîtres, à Bodhidharma, premier patriarche de l'école chinoise Chan.

Articles en relation
Chine ;
Corée et Japon ;
Zen ;
Méditation.

Le Chan se constitua en école du bouddhisme chinois vers le milieu du VIIe siècle autour du maître Hongren. Peu après, deux de ses disciples, Shenxiu et Huineng, créèrent deux courants, l'un au nord, l'autre au sud, qui se distinguaient par la manière d'atteindre l'éveil : graduelle pour le premier, immédiate pour le second. L'école du sud se développa au cours des siècles suivants et connut sa période de créativité la plus intense entre le IXe et le XIe siècle, donnant naissance à sept branches différentes. Deux de celles-ci, Caodong et Linji, se diffusèrent au Japon sous le nom d'écoles Soto et Rinzai. Le fondement philosophique de l'école Chan, que l'on trouve déjà dans le Tiantai, est que la nature de Bouddha – l'état de pureté originelle de l'esprit – est présente dans tous les êtres sensibles. Dans la perspective Chan initiale, cette expérience (l'éveil) peut être réalisée directement, par une pratique spéciale qui unit *dhyana* (méditation) et *prajna* (sagesse), et qui s'écarte des approches rituelle et intellectuelle. Puisque l'intuition de la pureté de l'esprit ne peut se produire qu'en dehors du raisonnement discursif, il doit être stoppé : en s'exerçant à la méditation sans objet (*zuochan*, « méditation assise », *zazen*), le pratiquant parvient à un état de pure conscience qui est l'expression de la *prajna* et dans lequel il reconnaît sa propre nature éveillée (« voir l'essence », *jianxing*, ou « vision », *satori*).

► *Shakyamuni descend de la montagne*, 1244 (Song du Nord), Chine, encre sur papier, h. 79,4 cm Cleveland, Cleveland Museum of Art

Le Chan transforma le répertoire iconographique bouddhique, préférant aux images du Bouddha les expressions symboliques, les sujets non conventionnels ou ceux qui illustrent l'effort pour atteindre l'éveil (les arhat, *ou Shakyamuni qui descend de sa retraite dans la montagne).*

La peinture à l'encre, réalisée à l'aide de petites touches rapides sur le papier, dans une gamme de tons réduite et proche de l'abstraction calligraphique, constitua l'instrument idéal pour exprimer la force d'irruption de l'intuition qui se manifeste dans l'esprit libre de concepts.

Similaires aux koan *(« phrases paradoxales »), les sujets des dessins échappent à la compréhension rationnelle et, parce qu'ils semblent privés de signification, interrompent le flux des pensées. Dans cette suspension du raisonnement discursif, c'est-à-dire dans le vide de l'esprit, peut alors surgir l'éveil spontané, la vision éclairante, semblable aux six kakis de Muqi (moine et peintre chinois) qui émergent du fond indistinct.*

▲ *Les Kakis de Muqi*, première moitié du XIIIe siècle, Chine, encre sur papier, h. 38 cm Daitokuji, Kyoto (Japon)

« Quel est le son d'une seule main qui applaudit ? » (Hakuin Zenji).

Zen

Nom
Équivalent japonais de Chan.

Pour aller plus loin
Le Zen a exercé une profonde influence sur les arts, trouvant dans l'instantanéité de la peinture à l'encre, dans l'efficacité du langage poétique ou dans la perfection du geste ritualisé, un instrument idéal pour évoquer l'expérience de l'éveil. La transmission de l'enseignement se fait par l'intermédiaire d'un maître plutôt que par les écritures, et seul le maître est en mesure de reconnaître l'expérience de l'éveil chez l'élève. L'importance de cette figure est confirmée par la diffusion des *chinzo*, portraits peints ou sculptés des grands maîtres.

Articles en relation
Corée et Japon ;
Chan ;
Méditation.

Le bouddhisme Zen se développa en tant que pratique au sein de l'école Tendai à partir du VIIIe siècle. Son affirmation comme école indépendante date du XIIIe siècle, avec la naissance des courants Rinzai et Soto. Le premier fut introduit par différents maîtres japonais qui s'étaient rendus en Chine ou avaient été en contact avec des maîtres chinois venus au Japon (tel Yishan Yining). Cette école met l'accent sur l'activité manuelle et la pratique du *zazen* (« méditation assise »), et a une prédilection pour l'usage du *koan* comme outil de méditation. L'instruction du disciple au moyen des *koan* (« cas public »), c'est-à-dire des questions posées par le maître de manière synthétique et paradoxale, à résoudre pendant la méditation assise ou l'accomplissement de travaux manuels, exprime l'essence de la discipline du Zen Rinzai, dans lequel la transmission de l'enseignement évite les pièges de la pensée discursive et suppose une réponse intuitive comme preuve que l'élève a atteint la compréhension véritable. La pratique du *koan* vise à provoquer une sorte de court-circuit dans l'esprit du pratiquant qui, libéré de toute construction intellectuelle, peut s'ouvrir à l'expérience du *satori*. Le Zen Soto, fondé par Dogen (1200-1253), se concentre exclusivement sur le *zazen*, même s'il a utilisé aussi les *koan* jusqu'au XVIIe siècle. La transformation de l'esprit s'effectue en restant dans un état de conscience pleine et vigilante qui permet d'être totalement dans le présent, au-delà de toute pensée.

► *Le Maître Rinzai Yishan Yining*, 1317, bois peint
Nanzenji, Kyoto (Japon)

*Dans la tradition Soto, la méditation assise (*zazen*) n'est pas considérée comme une pratique qui en soi favorise l'éveil, mais elle est l'expérience d'un état de concentration permanente, sans pensée, qui coïncide avec l'éveil. Selon les paroles du maître Dogen, la méditation assise consiste dans le « juste s'asseoir » (*shikantaza*) et n'a aucune finalité, sinon celle de rester dans l'état de concentration avec l'esprit vide : l'état d'éveil est en effet déjà présent et doit être laissé libre de se manifester spontanément.*

*Au sein des monastères, la méditation se pratique dans des salles appropriées, appelées *zendo*, mais pour les adeptes du Soto toute activité doit être effectuée en restant dans cet état de concentration vigilante, puisqu'il n'y a pas de séparation entre les activités séculières et les activités spirituelles et que, dans chaque geste, à chaque instant et dans chaque aspect de la réalité, l'expérience de l'éveil peut émerger subitement.*

▲ Moines Rinzai dans le *zendo*, Tokyo

Le jardin en « paysage sec » est nommé ainsi en raison de l'absence d'eau et de végétation, symboliquement remplacées par une étendue de gravier blanc soigneusement ratissée, d'où émergent quinze pierres de dimensions variées. L'effet obtenu est celui d'un paysage miniature en trois dimensions, créé au moyen d'un nombre restreint d'éléments disposés sans aucune intention descriptive spécifique.

Le Ryoanji est un temple Rinzai de Kyoto construit dans la seconde moitié du XVe siècle, célèbre pour son jardin en « paysage sec » (karesansui)*. Ce jardin est fermé sur trois côtés par un muret, tandis que le quatrième côté est constitué d'une véranda d'où l'on peut contempler le paysage.*

Le jardin sert de support de méditation. L'étendue de gravier, blanche, indéfinie, évoque le vide de l'esprit et aide à la concentration, tandis que la reproduction abstraite du monde naturel évite la formation d'images préconçues et ouvre l'esprit à l'intuition de la réalité qui se trouve au-delà des apparences.

▲ Paysage en «jardin sec» du Ryoanji, 23 × 9 m, Kyoto (Japon)

La voie proposée par les écoles de la Terre pure, simple et rassurante, représentait la méthode de salut la plus efficace pour l'époque qui préludait à la disparition du dharma.

Écoles de la Terre pure

Pour aller plus loin
L'idée de l'approche de la « fin du *dharma* » (ch. *mofa*, j. *mappo*) favorisa la propagation de la doctrine de la Terre pure en Extrême-Orient. À une époque de dégénérescence de la Loi, il n'est plus possible de suivre aucun chemin : le seul recours est alors de se fier à la dévotion et de se consacrer à la renaissance dans la Terre pure d'Amithaba. D'après certains maîtres chinois, l'époque de la fin de la Loi a commencé en 549 apr. J.-C., tandis que les Japonais la situent en 1052.

Articles en relation
Amithaba ; Avalokiteshvara ; Les champs de Bouddha.

Ce nom recouvre plusieurs écoles Mahayana, répandues en Chine, en Corée, au Japon et au Vietnam. La disparition du culte en Chine remonte au IVe siècle, mais l'élaboration de la doctrine sotériologique basée sur la confiance dans le pouvoir du bouddha Amitabha, unique instrument de salut, fut l'œuvre des trois premiers patriarches : Tanluan (472-542), Daochuo (562-645) et Shandao (613-681). Shandao est tenu pour l'artisan véritable de l'école chinoise de la Terre pure (*Jingtuzong*), à son apogée entre le VIIe et le IXe siècle. La foi inébranlable dans le vœu d'Amithaba, seule possibilité de salut pour tous dans une période de déclin de la Loi (*mofa*), est au cœur de cet enseignement. La pratique, très simple et basée sur la dévotion, requiert uniquement d'aspirer à renaître dans la Terre pure d'Amithaba, ce qui s'obtient, selon le Petit *Sukhavativyuahasutra*, par la « récitation du nom » (*nianfo*) du bouddha Amithaba. Au Japon, la dévotion à Amida (Amithaba en sanskrit) se manifeste à l'époque de Nara et se développe pendant la première période Heian (VIIIe-XIIe siècle) avec la fondation de l'école Jodo shu par le moine Honen (1133-1212). Son disciple, Shinran (1173-1262), créa quant à lui la « véritable école de la Terre pure », Jodo shinshu, présente aujourd'hui au Japon. Elle exalte la grâce salvatrice d'Amida et affirme que tout acte méritoire, et même la récitation du nom, est superflu. L'ultime développement de l'amidisme est représenté par l'école Jishu, fondée au XIIIe siècle par le moine Ippen. Sa pratique est centrée sur l'invocation chantée du nom d'Amida, accompagnée de danse.

► Triade d'Amida, début du VIIIe siècle apr. J.-C., provenant de Nara (Japon), bronze doré, h. 33 cm Nara, musée du temple Horyuj

En Chine, à partir de la seconde moitié du VIe siècle, l'image d'Amithaba, figuré au centre d'un paysage qui représente la Sukhavati, la Terre pure de l'Ouest, était très répandue sous la forme de peintures murales, reliefs sur pierre ou autels de bronze. Dans la plupart de ces images, Amithaba fait l'une ou l'autre des diverses variantes du geste du dharmachakramudra, *par allusion à l'enseignement qui est perpétuellement dispensé par le bouddha dans sa Terre pure.*

*Le cœur de la pratique est la « récitation du nom » (*nianfo*) du bouddha Amithaba. Le mot chinois* nianfo *(j.* nenbutsu*) correspond au sanskrit* buddhanusmriti *qui signifie, au sens large, « se remémorer le bouddha », faisant référence à la méditation sur les qualités du bouddha comme moyen de développer un état de concentration profonde au point de visualiser sa présence. La récitation faisait partie d'un rituel qui avait pour but de produire la vision du bouddha et de s'assurer ainsi de renaître dans sa Terre pure.*

▲ Amithaba,
fin du VIe siècle apr. J.-C.,
Chine, bronze doré, h. 18 cm
Shangai, musée de Shanghai

▲ La Terre pure d'Amithaba,
seconde moitié du VIe siècle apr. J.-C.,
provenant de Xiangtangshan (Chine),
calcaire, h. 40 cm
Washington, Freer Gallery of Art

Les bodhisattva *au premier plan sont très probablement Avalokiteshvara et Mahasthamprapta qui, dans les œuvres postérieures, sont toujours figurés avec leurs attributs spécifiques et placés respectivement à gauche et à droite d'Amithaba.*

Ce relief montre Amithaba dans la Sukhavati, la « terre de la béatitude ». Les détails de la scène sont empruntés aux descriptions du Sukhavativyuhasutra, *qui célèbre la magnificence de la Terre pure de l'Ouest.*

Les différences entre les lotus, certains déjà en fleur, d'autres encore en bouton, correspondent aux différents états spirituels de la renaissance : les figures encore enfermées dans les boutons sont en attente de la maturation de leur esprit, tandis que celles qui sont agenouillées sur les fleurs écloses sont les dévots spirituellements mûrs pour écouter le dharma.

Au centre de la scène, le bouddha Amithaba est assis sur une fleur de lotus et surmonté d'un baldaquin orné de guirlandes et de pierreries. Devant lui s'étale un étang couvert de lotus : c'est le lieu de la dernière renaissance pour ceux qui ont atteint la Terre pure et qui attendent à l'intérieur des boutons le moment de l'éclosion.

Le bouddhisme tibétain connaît deux voies: la voie monastique traditionnelle, fondée sur la moralité et l'éducation intellectuelle, et la voie séculière, mystique, des yogis indépendants.

Bouddhisme tibétain

Pour aller plus loin
Une caractéristique essentielle du bouddhisme tibétain est l'importance conférée au « maître » (s. *guru*, t. *lama*). Bien qu'il soit d'usage de donner le titre de lama à n'importe quel membre de la communauté monastique, dans son acception correcte le mot désigne un maître expert, religieux ou laïque, capable de guider le disciple vers la délivrance et de lui conférer l'initiation à la pratique. Toutefois, dans l'usage courant, « lama » indique plus généralement un maître religieux.

Articles en relation
Canon tibétain; Tibet; Mongolie; Nyingmapa; Kadampa; Kagyupa; Sakyapa; Gelugpa; *Tantra*.

Vers le XIe siècle, la reprise des contacts avec l'Inde et la circulation de doctrines nouvelles eurent pour conséquence, au Tibet, la formation de différents groupes de disciples, réunis chacun autour d'un maître qui leur transmettait les enseignements reçus. Ces premières communautés donnèrent naissance à divers ordres monastiques ou écoles dont certaines existent encore aujourd'hui. Les écoles Kadampa, Kagyupa et Sakyapa furent qualifiées de « nouvelles » parce qu'elles se basaient sur les « nouvelles traductions » des *tantra* dits internes ou supérieurs, traduits après le Xe siècle et dont l'origine indienne était attestée. Par opposition, l'école des « anciens » (*nyingma*) réunissait les adeptes des enseignements fondés sur les traductions antérieures au Xe siècle. À ces écoles s'ajouta, au début du XVe siècle, celle dite Gelugpa, créée par Tsongkhapa, la plus importante dans l'histoire politique et religieuse du Tibet. Les principales différences entre ces écoles concernent moins les doctrines, qui s'inspirent toutes du Vajrayana, que l'importance accordée aux techniques de réalisation spirituelle. Chaque école a connu une évolution historique différente, au cours de laquelle elle a élaboré son propre système de succession à la direction de l'ordre.

► Moines jouant du *gyaling* (hautbois tibétain) lors d'une cérémonie dans un temple (Bhoutan)

Ce thangka représente le cinquième dalaï-lama (1617-1682), premier dirigeant temporel et spirituel du Tibet. Pendant qu'il était au pouvoir, le pays connut la prospérité et l'unité, les Gelugpa l'emportèrent sur les autres ordres et leur importance se concrétisa par la construction de nouveaux monastères imposants dans le centre et l'est du Tibet. Il fut un arbitre habile dans les relations entre Tibétains, Mongols et Mandchous, mais l'équilibre établi durant son règne ne lui survécut pas.

L'association avec Avalokiteshvara, dont le dalaï-lama fut considéré comme la réincarnation à partir du « Grand Cinquième », augmenta le prestige politico-religieux du dalaï-lama, puisque par tradition le bodhisattva *Avalokiteshvara était l'ancêtre des Tibétains, et que les premiers chefs bouddhistes du pays étaient considérés comme sa réincarnation.*

La représentation des empreintes des mains et des pieds des maîtres est conforme à la tradition indienne qui en fait des objets de vénération et des signes évocateurs de la présence du guru.

▲ *Le Ve Dalaï-Lama*,
fin du XVIIe siècle, Tibet,
tempera sur coton,
h. 77 cm
Paris, musée Guimet

Né dans l'Uddiyana, Padmasambhava (« né d'un lotus ») est l'une des figures les plus vénérées du monde tibétain, où il est appelé aussi Guru Rinpoche, « précieux maître ».

Nyingmapa

Nom
« Ceux des enseignements anciens ».

Terminologie
Terma : « trésor spirituel ». Il s'agit des enseignements ou des objets sacrés qui, cachés pendant une période non favorable à leur révélation, sont retrouvés, au moment opportun à leur dévoilement, par des personnes prédestinées à les découvrir, les *terton*, ou « découvreurs de trésors ». De nombreux *terma* des Nyingmapa furent découverts au XIe siècle, permettant ainsi d'établir la continuité de la transmission des enseignements, depuis l'époque de Padmasambhava jusqu'à celle de la constitution de l'école.

Articles en relation
Tibet;
Tantra;
Dzogchen;
Initiation.

Bien qu'ils fassent remonter leur doctrine à l'époque de la première propagation du bouddhisme, les Nyingmapa ne se sont constitués en école qu'au XIe siècle, au moment de la formation des principaux ordres du bouddhisme tibétain. La transmission des enseignements tourne autour de la figure charismatique du maître et thaumaturge indien Padmasambhava et de ses vingt-cinq disciples, et se poursuit par l'intermédiaire de figures comme Longchen Rabjam (1304-1363), qui organisa systématiquement les doctrines de l'école. Celles-ci comprennent les trois véhicules, mais le Vajrayana (tel qu'il est formulé par les *tantra* anciens) et le Dzogchen en constituent la partie prépondérante. L'organisation de l'école est marquée par la prédominance des yogis, laïques et mariés, qui forment ce que l'on appelle généralement la « *sangha* blanche », à côté d'une minorité de moines (« *sangha* » rouge). Le système de transmission des enseignements, à travers la découverte des *terma*, est lui aussi caractéristique de cette école et remonte à la figure de Padmasambhava.

► Le *dukhang* du monastère de Mindroling, 1676, Dranang (Tibet)

Les principales représentations de Padmasambhava sont au nombre de huit, chacune exprimant un aspect ou une fonction particuliers. Dans toutes, il est figuré avec des attributs qui soulignent son rôle de maître tantrique et d'exorciste: le crâne servant de bol dans la main gauche, le vajra *dans la droite, et le* khatvanga *retenu par le bras gauche. Ce dernier est le bâton magique de l'initié: trois têtes à divers stades de décomposition y sont enfilées, symbolisant la destruction des trois poisons.*

*Padmasambhava est l'une des figures majeures du bouddhisme tibétain; pour les Nyingmapa, il a le statut d'un bouddha et il est l'archétype qui réunit en lui les qualités de tous les maîtres. Il est considéré comme l'hypostase (*nirmanakaya*) d'Amithaba. Il propagea ses enseignements au Tibet et au Bhoutan, où il continue d'être éminemment vénéré.*

L'iconographie le représente en habits princiers, en souvenir de ses origines royales car il aurait été adopté par le roi de l'Uddiyana (le Swat du Pakistan actuel), et pour indiquer sa condition de yogi laïque.

▲ Padmasambhava, XVIe-XVIIe siècle, Tibet, bronze doré, h. 32,1 cm
Zurich, musée Rietberg

On raconte que, à partir de sa rencontre avec Atisha, son disciple Dromtonpa aurait allumé une lampe et l'aurait fait brûler pendant douze ans, jusqu'à la mort du maître, survenue en 1054.

Kadampa

Nom
« Ceux des enseignements oraux ».

Pour aller plus loin
L'ordre Kadampa représente l'une des traditions du bouddhisme tibétain, celle qui privilégie l'étude au sein de l'institution monastique et accorde la priorité aux *sutra* sur les *tantra*, contrairement à la voie qui donne la priorité à la pratique tantrique et qui comporte un aspect soit monastique soit laïque, ce dernier étant représenté par les yogis indépendants. Le disciple d'Atisha, Dromtonpa, fonda en 1057 le monastère de Reting qui, avec celui de Nyethang, était l'un des principaux centres Kadampa.

Articles en relation
Tibet;
Bouddhisme tibétain;
Nyingmapa;
Kagyupa; Sakyapa;
Gelugpa; *Tantra*.

La renaissance du bouddhisme tibétain au Xe siècle fut favorisée par les rois du Tibet occidental, qui patronnèrent le voyage au Cachemire du traducteur Rinchen Zangpo et l'arrivée au Tibet, en 1042, d'Atisha, le maître indien de l'université de Vikramasila. Sa venue permit de corriger les erreurs d'interprétation de la doctrine des Tibétains, et d'établir la pratique tantrique correcte, soumise à une discipline rigoureuse. Quelques années plus tard, il partit pour le centre du Tibet avec son disciple Dromtonpa (1005-1064), qui fonda le monastère de Reting et créa le premier ordre monastique tibétain inspiré des préceptes d'Atisha, l'école Kadampa. L'enseignement inclut la pratique tantrique dans un itinéraire progressif de type Mahayana, et la subordonne à l'observance stricte de la discipline monastique. Ce système, connu sous le nom de « chemin graduel » (*Lam Rim*), inspira Tsongkhapa. Atisha introduisit aussi le culte de Tara, qui devait connaître une grande popularité auprès des Tibétains, et la dévotion à des divinités tutélaires. Rigoureux jusqu'à l'austérité, l'ordre Kadampa exerça une profonde influence sur les autres écoles bouddhiques mais, à la différence de celles-ci, il ne survécut pas longtemps.

► *Atisha et Dromtonpa*, XIIe siècle, Tibet, détail d'une peinture *a tempera* sur coton
Collection privée

Après avoir complété sa formation en Inde et à Sumatra, Atisha (982-1054), érudit et maître bengali, se rendit à Toling, centre d'études religieuses du Tibet occidental, fréquenté par des érudits de divers pays. Il y travailla, avec Rinchen Zangpo, à la traduction de nombreux manuscrits. Au bout de deux ans, il poursuivit son voyage vers le Tibet central avec son disciple Dromtonpa. Il mourut à Nyethang.

Bien qu'il fût formé à la tradition tantrique, les principes de son enseignement, exprimés dans le Bodhipathapradipa *(« La Lampe de la Voie »), s'inspirent du respect de l'éthique religieuse et de la doctrine du Mahayana. Dans cette œuvre sont présentés les principes du chemin graduel vers l'éveil selon le modèle du chemin du* bodhisattva.

L'œuvre d'Atisha, qui corrigea les dégradations de la pratique tantrique, exerça une profonde influence sur le bouddhisme tibétain et conféra une grande importance à la figure du maître en tant que guide irremplaçable pour le disciple, instruit, comme le souligne le nom de l'école, à travers les enseignements oraux.

▲ *Maître bouddhiste* (Atisha ?), début du XVe siècle, Tibet, *tempera* sur coton, h. 102,2 cm New York, Kronos Collection

C'est la voie du pratiquant tantrique qui est capable d'utiliser les énergies du corps, de la parole et de l'esprit, et de parcourir plus rapidement le chemin qui mène à la transformation de soi.

Kagyupa

Nom
« Ceux de la tradition orale ».

Pour aller plus loin
L'enseignement des Kagyupa se basait sur des méthodes différentes des procédés traditionnels en vigueur dans les universités monastiques, et envisageait la possibilité d'atteindre à l'état de Bouddha dans le temps d'une seule vie. Leur comportement excentrique manifestait leur indifférence pour les catégories de la vérité relative: même s'il était, sur un plan conventionnel, négatif, impur ou immoral, il l'était seulement en apparence et pouvait en revanche se révéler un moyen extrêmement efficace pour dévoiler la réalité vraie des choses, dans laquelle se dissolvait la distinction entre *samsara* et nirvana.

Articles en relation
Tibet; Vajrayana; *Tantra*; Sadhana.

La lignée spirituelle de l'ordre remonte à Tilopa, célèbre *mahasiddha* indien, qui transmit l'enseignement à Naropa, maître de l'université de Nalanda. Il eut lui-même pour disciple Marpa, le traducteur tibétain qui introduisit au Tibet la doctrine du Yogatantra qu'il avait reçue en Inde. De Marpa l'enseignement passa à Milarepa, le yogi le plus célèbre de l'histoire tibétaine, qui le transmit à son tour à Gampopa, véritable fondateur de l'école Kagyupa: il unifia les enseignements de Milarepa et ceux de l'école Kadampa auxquels il s'était formé. Les quatre disciples de Gampopa furent à l'origine de quatre lignées dont deux sont particulièrement importantes: Karma Kagyu et Pagmo Drupa. Cette dernière a donné naissance à deux des principales écoles Kagyupa: Drugpa Kagyu, répandue au Bhoutan, et Drigung Kagyu, encore présente au Tibet et au Ladakh. L'enseignement de l'école Kagyupa, soit sous forme monastique, soit sous forme séculière, a recours à des techniques de méditation et de contemplation sur des divinités qui représentent l'état de l'esprit éveillé que l'adepte doit atteindre. Certaines d'entre elles vont, au moyen de méthodes non conventionnelles, jusqu'à accélérer ce processus d'expérience de l'état naturel de l'esprit, ou pure vacuité. Comme dans toutes les traditions tantriques, l'accent est mis sur la dévotion absolue au maître, seul habilité à transmettre à l'élève l'enseignement et la pratique. En témoignent les très beaux récits qui ont pour héros Naropa, Marpa et Milarepa.

▶ Le monastère Karma Kagyu de Rumtek, Sikkim (Inde)

Milarepa (1040-1123), mystique et poète, est le symbole des yogis tibétains et l'un des maîtres de la lignée Kagyupa. Sa vie, racontée dans une biographie célèbre, débuta sous de sombres auspices, pour devenir l'emblème de la recherche mystique, acharnée et passionnée, suivant un parcours fait d'ardeur inégalée et de découragement tout humain.

Le geste de porter une main à l'oreille est devenu son signe distinctif et fait allusion à l'écoute inspirée du poète, ainsi qu'à la transmission des enseignements ésotériques, qui sont « susurrés » par le maître à l'élève.

La bande de tissu en travers du thorax est le yogapatta, *utilisé par les ascètes pour maintenir longemps des positions compliquées. Comme tous les ascètes, Milarepa est assis sur une peau d'antilope.*

Le vêtement de coton léger, auquel son nom fait référence (« Mila vêtu de coton »), évoque le tummo, *le pouvoir obtenu par la méditation qui permet à l'ascète de dégager de la chaleur de son propre corps.*

▲ Milarepa, première moitié du XVIIe siècle, Tibet, bronze avec traces de dorure et de couleur, h. 17,8 cm
Los Angeles, County Museum of Art

La divinité principale des Sakyapa est Hevajra, expression de la pureté de diamant de tous les aspects de la réalité et source des principaux enseignements de cette école.

Sakyapa

Nom
« Ceux (du monastère) de Sakya ».

Pour aller plus loin
Le système doctrinal des Sakyapa comporte une longue série d'études scolastiques, suivies d'études tantriques appelées « La Voie et le Fruit », expression qui désigne la voie préparatoire de la pratique Mahayana, suivie de celle du Vajrayana, qui conduit au « fruit », c'est-à-dire à l'éveil.

Articles en relation
Tibet;
Mongolie;
Vajrayana;
Kagyupa;
Gelugpa.

L'ordre se constitua autour du monastère de Sakya, fondé en 1073 par un disciple de Drogmi (992-1074), traducteur tibétain qui, comme d'autres de sa génération, se rendit au XIe siècle au Népal et en Inde, où il resta huit ans, étudiant à Vikramasila avec Virupa. L'école, liée dès le début à un puissant clan local d'où était issu le premier disciple de Drogmi, établit un système de succession héréditaire – d'oncle à neveu – garantissant à une même famille d'avoir l'un de ses membres à la direction de l'ordre. La situation du monastère, proche de l'une des plus importantes routes commerciales, et le soutien du pouvoir local, octroya à l'ordre richesse et prestige. Au XIIIe siècle, avec l'appui des Mongols, il étendit son contrôle sur le pays entier, éclipsant ses rivaux Kagyupa. L'école Sakyapa se distingua par son activité diligente de collecte et de traduction des textes et par la promotion de l'art, instrument indispensable de la dévotion et de la liturgie du bouddhisme tibétain. De nombreux artistes Newar furent invités à venir travailler à Sakya et dans d'autres monastères. Grâce à eux, l'esthétique Pala du nord-est de l'Inde se transmit au Tibet.

► Le complexe monastique de Sakya, Tibet

Sakya Pandita (1182-1251), c'est-à-dire l'Érudit (s. pandita), abbé du monastère de Sakya, fut le représentant tibétain qui en 1240 rencontra Godan, le chef mongol qui investit le maître de l'autorité politique sur le Tibet. En échange, il reçut de lui l'enseignement religieux. Ce lien assura la suprématie des Sakyapa sur les autres ordres religieux tibétains jusqu'au milieu du XIVe siècle.

Le maître est figuré dans une attitude dynamique, caractéristique de la joute dialectique dans laquelle deux adversaires s'affrontaient sur des questions doctrinales. Le recours à des mouvements rapides – battre des mains, des pieds, ou rouler les yeux – avait pour but d'intimider et déconcentrer celui des deux auquel était posée la question. Le débat ritualisé est une tradition encore vivante dans les collèges Gelugpa: dans une cour plantée d'arbres, les étudiants placés deux par deux s'exercent régulièrement à un échange rapide de questions et de réponses ponctué de gestes similaires.

▲ Sakya Pandita, milieu du XVIIIe siècle, Tibet, *tempera* sur coton, h. 62,3 cm New Jersey (États-Unis), musée de Newark

Héritiers de la tradition Kadampa, les Gelugpa doivent leur prestige à l'importance accordée aux études et à l'observance de la discipline monastique.

Gelugpa

Nom
« Ceux du modèle de vertu » (ou les Vertueux).

Pour aller plus loin
À l'origine, les Gelugpa étaient connus sous l'appellation « nouveaux Kadampa » ou Gandenpa (« ceux de Ganden »), du nom du monastère fondé par Tsongkhapa.
Les Gelugpa sont également et improprement appelés « bonnets jaunes », en raison de la couleur du bonnet pointu qu'ils portaient et qui les différenciait des « bonnets rouges » et des « bonnets noirs », expressions qui font référence à deux lignées Karma Kagyu. Le Ganden Tripa est le chef des Gelugpa, c'est-à-dire l'abbé du monastère de Ganden, élu.

Articles en relation
Bouddhisme tibétain ; Kadampa ; Dalaï-lama et Panchen lama.

C'est en 1409, avec la fondation du monastère de Ganden, au nord de Lhassa, que débute l'histoire des Gelugpa, le dernier des ordres tibétains. Il fut créé par Tsongkhapa (1357-1419), formé auprès de plusieurs maîtres qui l'instruisirent dans les enseignements Kadampa, Sakyapa et Kagyupa. Tsongkhapa élabora une synthèse de ces trois traditions, marquée par l'observance de la discipline monastique inspirée de celle des Kadampa et par l'étude en tant que parcours propédeutique pour la pratique tantrique. Dans les collèges du monastère de Ganden, et dans ceux des monastères de Sera et de Drepung, fondés par des disciples de Tsongkhapa, le cursus complet des études durait une quinzaine d'années et se concluait par une sélection des meilleurs élèves qui recevaient le titre de *geshe*. Imité par d'autres ordres, ce système reste en vigueur dans les monastères Gelugpa. La pratique religieuse suit, elle aussi, un « chemin graduel » (*Lam Rim*), indiqué dans l'une des œuvres de Tsongkhapa et basé sur des exercices de purification de l'esprit et de l'action. Une fois achevé le cursus d'études et de pratique, on a accès aux enseignements et aux pratiques supérieurs du Vajrayana. L'ordre connut un rapide succès, qui se traduisit par le nombre des disciples, la construction de monastères et le soutien d'adeptes toujours plus nombreux. La transmission de la lignée spirituelle se fit de Tsongkhapa à l'un de ses disciples et, après la mort de celui-ci, aux successeurs par le système de la réincarnation.

◄ Moines Gelugpa jouant de la trompe télescopique, Darjeeling (Inde)

Tsongkhapa fut l'un des plus grands religieux tibétains. Originaire de l'Amdo, au nord du Tibet, il reçut une formation particulièrement vaste et complète, aussi bien dans les études philosophiques traditionnelles que dans la pratique tantrique, à laquelle il fut initié par différents maîtres. En raison de sa sagesse, il fut considéré comme une manifestation de Manjusri, le bodhisattva *de la sagesse, qui lui apparut lors de plusieurs visions.*

Les représentations les plus fréquentes de Tsongkhapa le montrent assis, en habit monastique, avec la coiffe caractéristique des érudits indiens, accomplissant le geste de l'enseignement.

De ses mains partent les deux tiges des fleurs figurées sur les côtés. Soutenus par les deux lotus épanouis, sont représentés les deux attributs de Manjusri : l'épée et le texte de la Prajnaparamita.

▲ Tsongkhapa, XVIIIe siècle, Mongolie, laiton doré, h. 129,5 cm Stockholm, Folkens Museum Etnografiska

FIGURES ET ENSEIGNEMENTS

Figures
Le Bouddha historique
Maitreya
Les bouddhas du passé
Les arhat
Amitabha
Bhaisajyaguru
Les bouddhas cosmiques
Le bouddha primordial
Les bodhisattva
Vajrapani
Avalokiteshvara
Manjusri
Ksitigarbha
Tara
Les quatre rois gardiens
Divinités féminines
Les protecteurs du Dharma
Divinités en colère
Les yidam

Contenus doctrinaux
Les quatre nobles vérités
Dharma
Samsara
Les trois poisons
Karma et renaissance
Impermanence
Inexistence du soi
Origination dépendante
Nirvana
Vacuité universelle
La voie du bodhisattva
Les paramita
Les champs de Bouddha
Éveil
Les mille bouddhas
Trikaya
Tantra
Dzogchen
Cosmologie
Les six destinées
Les enfers

Symboles
Mudra et postures
Les empreintes sacrées
Les sept joyaux du chakravartin
Les huit symboles de bon augure
Animaux sacrés
Animaux mythiques

◄ Les visions du *Bardo*, fin du XIXe siècle, Tibet, *tempera* sur coton, h. 60 cm Paris, musée Guimet

La figure de Shakyamuni est diversement perçue selon les écoles : maître et guide unique vers la délivrance dans l'Hinayana, il est dans le Mahayana l'un des bouddhas apparus pour exposer le dharma.

Le Bouddha historique

Nom
s. Buddha :
ch. Fo ; j. Butsu.
Shakyamuni :
ch. Shijamuni ; j. Shaka.
Tathagata :
ch. Rulai ; j. Nyorai.

Iconographie
De nouvelles conceptions philosophiques, traditions littéraires et cultes locaux ont favorisé le développement d'images qui représentent Shakyamuni de manière différente par rapport aux images habituelles du Bouddha debout, assis ou couché sur le côté. Les plus significatives sont les représentations du Bouddha nouveau-né, marchant, et cosmique.

Articles en relation
Siddhartha Gautama Shakyamuni ;
Vie du Bouddha ;
Biographies du Bouddha ;
Les bouddhas du passé ;
L'image du Bouddha.

Pour toutes les traditions, le Bouddha est un être supérieur (*mahapurusa*) qui a transcendé les limites de la dimension humaine et qui est parvenu à la délivrance de tous les conditionnements. Cette nature supramondaine correspond au *dharmakaya*, le « corps du *dharma* », somme de l'enseignement (*Dharma*) et des « qualités pures » (*dharma*) d'un Bouddha dont l'importance varie selon les contextes. Le bouddhisme ancien privilégie la dimension historique de Shakyamuni (et de tous les bouddhas qui l'ont précédé ou le suivront) : Siddhartha a atteint l'éveil au cours de sa vie terrestre, mettant fin à un long chemin de perfectionnement spirituel. Après son *parinirvana*, il a disparu de la vue des hommes, laissant son enseignement comme source d'inspiration pour ses disciples, et ses reliques comme symbole de ses qualités extraordinaires. Le Mahayana renverse le rapport entre dimension absolue et dimension terrestre : la nature supramondaine du Bouddha est la nature véritable et parfaite dont les êtres humains ont une perception partielle, qu'ils approchent à travers les bouddhas terrestres. Shakyamuni, parvenu à l'éveil voilà très longtemps dans l'Akanistha, s'est manifesté plusieurs fois dans des corps illusoires, adaptant son enseignement aux besoins des hommes et continuant d'être présent après son *parinirvana*. Pour le Mahayana, le Bouddha devient donc une manifestation magique de son *dharmakaya*, apparu pour aider les hommes à aller vers le salut, illusoirement inscrit dans le temps et l'espace d'une vie humaine.

► Triade de Shaka par Tori Busshi, 623 apr. J.-C., bronze doré, h. 116 cm, *kondo* du temple Horyuji, Nara (Japon)

Le Bouddha est représenté selon l'iconographie élaborée en Chine à partir de la seconde moitié du V*e siècle pour l'épisode des sept pas: Siddhartha, à peine né, avance en direction des quatre points cardinaux, affirmant sa suprématie sur la création entière, et la confirmant par des gestes qui symbolisent sa position centrale entre ciel et terre.*

Cette image représente le Bouddha nouveau-né (j. tanjobutsu*), avec un corps physiquement mature, doté des signes caractéristiques de l'Éveillé, mais avec les traits et les rondeurs d'un petit enfant.*

Cette statuette est placée au centre d'un bassin destiné à recueillir le thé versé sur l'image du Bouddha au cours de la cérémonie qui commémore sa naissance. Ce rite est encore célébré aujourd'hui en Extrême-Orient et dans de nombreux pays du Sud-Est asiatique.

► Le Bouddha nouveau-né, VIIIe siècle apr. J.-C., bronze doré, h. 47,5 cm, Todaiji, Nara (Japon)

On attribue à l'école de Sukhothai l'invention de l'image en trois dimensions du Bouddha marchant (fin du XIIIe siècle). Cette iconographie ne semble provenir d'aucune des représentations narratives du Bouddha en mouvement, dans lesquelles l'Éveillé est toujours debout; la marche est suggérée par des moyens conventionnels.

*En revanche, selon une thèse récente (Brown), la popularité et la signification de cette image seraient en relation avec le culte des empreintes du Bouddha (*buddhapada*), qui se développa en Thaïlande à peu près à la même époque.*

Surréelle par sa marche vers le néant, cette image du Bouddha est un sommet de perfection technique et de soin des détails: la jambe droite légèrement fléchie, en un mouvement aérien; le bras droit relâché, souple comme une liane; la main gauche dans le geste du vitarkamudra*, et l'ovale parfait du visage, noble et sans tension.*

▲ Le Bouddha marchant, XIVe siècle, Thaïlande, bronze, h. 2,20 m, Wat Benchamabophit, Bangkok

Une des images très répandues dans l'art du centre de l'Asie au Ve siècle est celle du bouddha cosmique, dont subsistent des peintures et des fragments de sculptures. Ces images du bouddha, dont l'identité est assimilée tantôt à Shakyamuni, tantôt à Vairocana, se caractérisent en général par la posture strictement frontale, les grandes dimensions et deux formules iconographiques spécifiques.

La première consiste à représenter, à l'intérieur d'une grande mandorle ou d'un nimbe, des figures du Bouddha qui émanent de la figure principale. La seconde consiste à représenter sur le vêtement du Bouddha des images qui, dans les représentations pleinement achevées de ce type iconographique, se réfèrent à la dimension du monde des phénomènes. Selon une interprétation possible (Howard), cette image représenterait Shakyamuni en tant que seigneur du monde des phénomènes.

▲ *Le Bouddha cosmique*, milieu du Ve siècle apr. J.-C., provenant de Kizil (Chine), peinture murale, h. 1,70 cm Berlin, Museum für Indische Kunst

C'est le seul bodhisattva *à être vénéré par toutes les traditions et attendu comme le bouddha du futur : à ce titre, il renouvellera l'enseignement quand le* dharma *aura disparu du monde.*

Maitreya

Nom
s. Maitreya ; p. Metteya ; ch. Mile ; j. Miroku ; t. Jampa, le « Bienveillant ».

Terminologie
Tushita
C'est le ciel où réside Maitreya, comme tous les *bodhisattva* en attente de leur ultime manifestation terrestre. Le ciel de Tushita est un royaume céleste, pas un champ de Bouddha, et il correspond à la quatrième demeure des dieux du *kamadhatu*.

Articles en relation
Hinayana ;
Mahayana ;
Theravada ;
Les bouddhas du passé ;
Les *bodhisattva*.

C'est le successeur de Shakyamuni, le bouddha du futur qui attend de se manifester sur la terre pour renouveler le *dharma* et permettre à tous les hommes d'atteindre la délivrance. Dans les textes, Shakyamuni le destine à assurer la continuité de la Loi ; sinon, sa venue est décrite dans la prophétie (*vyakarana*) du Bouddha, devant qui il a fait vœu de parvenir à l'éveil. De nombreux récits le présentent comme le *bodhisattva* qui dispense les enseignements et clarifie la doctrine – pour les *arhat*, les moines ou les simples mortels qui y montent en état de *samadhi* – dans le ciel de Tushita, où il réside avant de descendre sur la terre. Il est aussi le bouddha à venir, qui exposera le *dharma* à Ketumati (Bénarès), but pour les fidèles qui aspirent à renaître dans l'époque de splendeur et de perfection inaugurée par Maitreya. Encore vivace dans les pays de tradition Theravada, le culte de Maitreya a connu une grande popularité dans le nord-ouest de l'Inde (Gandhara et Cachemire) au cours des premiers siècles de notre ère, d'où il s'est propagé en Asie centrale et en Chine (où il s'est teinté de messianisme) et, moins nettement, au Japon. La très riche iconographie de Maitreya varie selon les époques et les régions. Il est en général représenté en *bodhisattva*, surtout quand il est figuré dans le Tushita, ou en bouddha : il est alors souvent montré assis « à l'occidentale » (*pralambapadasana*), sur un trône, faisant le geste de l'exposition de la Loi (*dharmachakramudra*).

► Le *bodhisattva* Maitreya, IIIe-IVe siècle apr. J.-C., provenant de Charsadda (Pakistan), schiste, h. 48 cm Berlin, Museum für Indische Kunst

Le type du « bodhisattva *pensif» est ainsi nommé en raison de sa posture évoquant un état de profond recueillement, jambe droite repliée sur la gauche et main droite effleurant le visage avec un doigt. Il tire son origine dans l'art du Gandhara, d'où il s'est répandu de l'Asie centrale au Japon.*

En Chine, l'image du « bodhisattva *pensif» (ch.* siwei*), associée à des sujets divers, sert aussi à figurer les* bodhisattva *qui séjournent dans le ciel de Tushita et, à partir de la seconde moitié du* V*e siècle, elle caractérise parfois les représentations du* bodhisattva *Maitreya.*

L'identification est ici confirmée par la présence du nagapushpa*, l'« arbre aux fleurs-dragon », sous lequel Maitreya atteindra l'éveil.*

▲ Le *bodhisattva* Maitreya, 551 apr. J.-C., provenant de Dingzhou, province du Hebei (Chine), marbre avec traces de couleur, h. 58 cm San Francisco, Asian Art Museum

Au Japon et en Corée, le type du bodhisattva *pensif représente Maitreya dans le Tushita, attendant de se manifester dans sa dernière existence terrestre. Cette statue d'une grande intensité montre le* bodhisattva *extrêmement dépouillé, ne portant que la simple couronne trilobée et un pagne (*paridhana*) qui dissimule le siège sous une cascade de plis. La tête penchée en avant et les yeux mi-clos accentuent l'effet de méditation profonde évoquée par la posture.*

Le bois de pin rouge qui a servi à réaliser cette œuvre – cette essence ne provient pas du Japon – et la ressemblance avec la célèbre statue de Maitreya du Musée national de Corée à Séoul, ont permis d'établir l'origine coréenne de cette sculpture, témoignage des liens étroits qui existaient entre les deux pays depuis l'époque de l'introduction du bouddhisme au Japon.

► Miroku Bosatsu, première moitié du VIIe siècle apr. J.-C., Corée-Japon, bois de pin rouge, h. 123,5 cm, Koryuji, Kyoto (Japon)

Cette représentation, connue en Occident comme l'image du bouddha par antonomase, est en réalité une invention chinoise dans laquelle convergent la figure de Budai, moine de l'école Chan qui vécut au X*e* *siècle, et celle du* bodhisattva *Maitreya, le bouddha du futur, dont ce moine était considéré comme la réincarnation.*

Une iconographie chinoise spécifique figure Maitreya en moine débonnaire, pansu et rieur, qui serre un sac renflé dans la main gauche et un chapelet bouddhique dans la main droite. Le personnage représenté est connu sous le nom de Milefo (le « bouddha Maitreya »), ou de Budai (le « moine au sac de toile »). Son image accueille les fidèles à l'entrée de chaque temple bouddhique chinois et est censée leur apporter bien-être et prospérité.

▲ Milefo/Budai, XVIe-XVIIe siècle, Chine, bronze doré, h. 29 cm
Chang Foundation, Taipei (Taïwan)

Le récit de la vie de Dipamkara, le premier des dix-huit bouddhas du passé, et de sa prophétie à l'ascète Sumedha, qui serait devenu le Bouddha Shakyamuni, est le thème d'un jataka *célèbre.*

Les bouddhas du passé

Iconographie
Représentés assis, plus rarement debout, les bouddhas du passé ne sont pas identifiables individuellement par une iconographie spécifique, même s'ils se distinguent par leurs gestes ou par le type d'arbre de la *bodhi* sous lequel ils sont parfois figurés. Le thème des bouddhas du passé apparaît dans l'art indien du IIe siècle apr. J.-C., qui les représente symboliquement par les images des arbres ou des stupas qui abritent leurs reliques. Ce thème se répandra un peu partout, mais sous la forme de séries au nombre variable de figures, se perpétuant surtout dans les pays de tradition Theravada.

Articles en relation
Le Bouddha historique;
Maitreya;
Les mille bouddhas.

Tous les courants bouddhiques reconnaissent l'existence de bouddhas prédécesseurs de Shakyamuni, qui ont accompli un chemin d'autoperfectionnement au cours d'un grand nombre de vies, se sont libérés des souillures, ont atteint l'état d'éveillés parfaits et ont enseigné le *dharma* pendant leur dernière existence terrestre. La biographie archétypique apparaît déjà dans le Canon pali et imprègne celle des six prédécesseurs de Shakyamuni: Vipashyin, Shikhin, Vishvabhu, Krakucchanda, Konakamuni et Kashyapa. D'autres textes pali dénombrent vingt-quatre bouddhas du passé (dont Dipamkara). Dans la littérature Mahayana, la liste s'allonge sensiblement. Lié à l'idée du déclin inéluctable du *dharma*, le culte des bouddhas du passé concerne la réexposition périodique de la Loi par l'intermédiaire d'éveillés. En vertu de cette décadence progressive, la durée de la vie de chaque bouddha, le nombre de ses disciples et l'efficacité de son enseignement sont voués à diminuer chaque fois. Inversement, d'autres bouddhas sont destinés à succéder à Shakyamuni. Le premier d'entre eux sera Maitreya. Pour l'Hinayana, un seul bouddha à la fois se manifeste sur la terre et les bouddhas entrés dans le *parinirvana* disparaissent de la vue des êtres humains. Pour le Mahayana, les bouddhas sont en nombre infini et même ceux qui sont entrés dans le nirvana continuent d'être présents, mais dans une dimension située au-delà de l'espace et du temps; les pratiques méditatives permettent de les contacter.

Au Népal, le bouddha du passé Dipamkara est l'objet d'un culte particulier. Nombre de statuettes, remontant pour la plupart au XVIIe *siècle, le représentent paré des insignes royaux et portant un vêtement monastique richement décoré. Pendant les fêtes en l'honneur de Dipamkara, de semblables statues sont exposées. Des figurants participent aux célébrations, dotés de masques dont l'ossature en bois est recouverte de feuilles de métal; ils enfilent des mains en métal pour prendre l'apparence du bouddha.*

Dans le bouddhisme tibétain, le bouddha Dipamkara apparaît sur les autels des temples avec les images de Maitreya (le bouddha du futur) et de Shakyamuni (le bouddha du présent).

◄ Les sept bouddhas du passé, 1446, Bihar (Inde), couverture de manuscrit en bois, *tempera* sur bois, h. 6 cm Cambridge (Grande-Bretagne), bibliothèque de l'Université

▲ Dipamkara, XVIIe siècle, Népal, bois, feuille de cuivre dorée, pierres semi-précieuses, h. 75 cm Munich, Staatliches Museum für Volkerkunde

*Modèle du Theravada, l'*arhat *est celui qui est arrivé au terme du chemin, a apaisé ses passions, a acquis la connaissance juste et s'est affranchi des liens de l'existence en mettant fin à la souffrance.*

Les arhat

Nom
s. *arhat*; p. *arhant*;
ch. *luohan*;
j. *rakan*, « méritant ».

Pour aller plus loin
Ce terme désigne celui qui est parvenu à l'éveil grâce à ses efforts, et qui n'est plus soumis au *samsara*. Après la mort, il atteint le « nirvana sans résidus », avec l'extinction définitive des phénomènes psychophysiques de l'existence.

Iconographie
L'iconographie des 16 *arhat*, chiffre porté ensuite à 18, se développa en Chine à l'époque Tang. Le groupe de 16 se transmit à la tradition tibétaine qui, au XIVe siècle, ajouta à la série deux autres personnages, Hvashang et Dharmatrata.

Articles en relation
Hinayana; Theravada; Les *bodhisattva*; Nirvana.

Dans le Theravada, l'*arhat* représente le but de la pratique spirituelle, qui peut être atteint en suivant les enseignements d'un bouddha *via* le chemin des auditeurs (*shravakayana*). Cette voie, plus rapide, est considérée comme plus efficace que la voie du *bodhisattva* réservée à quelques-uns. L'état d'*arhat* est pourtant aussi celui du *pratyekabuddha* (bouddha solitaire) et du *bodhisattva*, dont le chemin se poursuit toutefois au cours d'innombrables existences avant d'atteindre à l'état de bouddha parfait. Seul ce dernier, à la différence des *arhat* et des *pratyekabuddha*, peut dispenser les enseignements qui conduisent à la délivrance. Dans le Mahayana, l'idéal du *bodhisattva* est le seul qui mène au parfait éveil; il s'oppose à celui de l'*arhat*, considéré comme un objectif partiel car dénué de la motivation altruiste qui pousse le *bodhisattva* sur la voie de l'illumination. À partir du monde indien, les *arhat* ont été vus partout comme des saints éveillés, des modèles et des apôtres de la parole du Bouddha. Selon certaines sources littéraires, Shakyamuni aurait chargé seize *arhat* de protéger la Loi jusqu'à l'apparition de son successeur, reportant leur entrée dans le nirvana jusqu'à la venue de Maitreya. Le culte de seize, dix-sept ou dix-huit *arhat* a connu un développement particulier en Chine, au Tibet et au Japon, où ils sont vénérés comme des saints immortels, dotés de pouvoirs surnaturels.

► L'*arhat* Kalika, première moitié du XIe siècle, provenant de Dunhuang (Chine), peinture sur papier, h. 43,5 cm
Londres, British Museum

À partir du milieu du X*e* *siècle s'est répandue l'image des* arhat, *seuls ou en groupe, alors qu'ils manifestent leurs pouvoirs surnaturels au sein d'un paysage fantastique. Le cadre paysager reflète la croyance selon laquelle les* arhat *seraient des ermites de la forêt ou de la montagne. Cet aspect facilita en Chine leur assimilation à des maîtres taoïstes. De la même manière, l'iconographie sino-japonaise qui montre les* arhat *en compagnie du dragon et du tigre s'interprète, soit comme le symbole de leurs pouvoirs magiques, soit comme une métaphore taoïste de la soumission des passions.*

*Dans la tradition chinoise, l'*arhat *peut être figuré comme un moine quelconque et son caractère extraordinaire évoqué par une auréole de lumière (comme dans le portrait de Kalika), ou bien comme un moine dont l'aspect bizarre cache des dons peu communs de sagesse et de pouvoir.*

▲ *Les Seize Rakan*, XIXe siècle, Japon, peinture sur soie, h. 142,5 cm
Munich, Staatliches Museum für Völkerkunde

C'est le bouddha sauveur par excellence, capable de faire passer tous les êtres au-delà de l'océan des existences, dans un lieu de béatitude et de perfection spirituelle où l'on est proche de l'éveil.

Amitabha

Nom
s. Amitabha;
ch. Amituo; j. Amida,
« Lumière éternelle ».

Pour aller plus loin
Le vœu d'Amitabha, articulé en 46 ou 48 points, annonce la possibilité, pour qui invoque son nom, de renaître après la mort dans la Sukhavati et d'atteindre à l'éveil. Pour obtenir cette renaissance, le dévot doit développer la *bodhicitta*, faire vœu de renaître dans la Sukhavati, acquérir des mérites pour rejoindre la Terre pure, et se concentrer avec un cœur pur sur Amitabha.

Articles en relation
Écoles de la Terre pure;
Les bouddhas cosmiques;
Avalokiteshvara;
Les champs de Bouddha.

Ce bouddha cosmique règne sur la Sukhavati, la terre « de la béatitude », ou Terre pure de l'Ouest. Le Grand *Sukhavativyuhasutra* raconte l'histoire du *bodhisattva* Dharmakara qui, à une époque lointaine, fit le vœu, en le posant comme condition de son éveil, de créer une terre pure où celui qui renaîtrait ne serait plus soumis à d'autres renaissances. Une fois son propre chemin accompli, Dharmakara devint le bouddha Amitabha et, comme le suggère une autre forme de son nom (Amitayus, « Vie éternelle »), il mena très longtemps sa mission salvatrice, accompagnant dans sa Terre pure tous ceux qui faisaient vœu d'y renaître. En étaient exclus les êtres entachés d'une des cinq fautes : tuer son père, sa mère ou un *arhat*, offenser un bouddha, provoquer un schisme dans la communauté). Peu répandu en Inde, ce culte fut plus populaire en Asie centrale, en Chine. Au Japon, il est connu sous le nom d'« amidisme » et reste la forme de bouddhisme qui compte le plus grand nombre de fidèles. Dans le bouddhisme tibétain, Amitabha figure au sein du système des bouddhas cosmiques; il y est aussi vénéré en tant qu'Amitayus, qui accorde la longévité. Délaissant certaines expressions de l'amidisme en Extrême-Orient, la simplicité trop souvent soulignée du culte d'Amitabha n'est qu'apparente, si l'on considère les mots du *Vimalakirtinirdesasutra*, pour lequel la « terre pure » est l'état de celui qui a purifié son esprit, plutôt qu'un lieu à atteindre.

► Amitabha, XIe-XIIe siècle, Ladakh (Inde), laiton, h. 33 cm Berlin, Museum für Indische Kunst

L'assemblée autour d'Amitabha est composée d'un pratyekabuddha *à sa gauche et d'un* bodhisattva *à sa droite, ainsi que de ses disciples Ananda et Kashyapa (non visibles).*

On peut voir une version en trois dimensions de l'image d'Amitabha dans sa Terre pure sur certains autels chinois de bronze remontant à la fin du VIe siècle. La structure de type mandala, similaire à celle du relief sculpté de Xiangtangshan (p. 138-139), est à la base des grandes compositions picturales de l'époque Tang visibles à Dunhuang. Amitabha est assis au centre, sous un arbre décoré de pierres précieuses et de guirlandes, qui forme une sorte de baldaquin.

Les deux bodhisattva *au premier plan sont Mahasthamaprapta à droite et Avalokiteshvara à gauche.*

Deux gardiens et un couple de lions protègent l'espace sacré et flanquent le bouton de lotus au sommet duquel émerge une figurine représentant les dévots qui renaissent dans la Sukhavati.

▲ Amitabha dans la Terre pure de l'Ouest, 593 apr. J.-C., Chine, bronze doré, h. 76,2 cm
Boston, Museum of Fine Arts

Les représentations du raigo *(la « descente » d'Amida qui accueille le défunt pour l'emmener dans la Terre pure) se développèrent à partir du milieu du* XIe *siècle, en lien avec les visions du moine Genshin (942-1017), auteur de l'Ojoyoshu, ouvrage qui décrit les joies de la terre d'Amida et prône la pratique de la méditation et du* nenbutsu *(récitation).*

Certes lointaine, la Sukhavati peut cependant être vue par le dévot dans ce tableau. Ces images correspondent à la vision qui aurait dû accompagner le moment de la mort, favorisant ainsi la renaissance dans la Terre pure.

▲ *Amida raigo*, début du XIIIe siècle, Japon, peinture sur soie, h. 144,7 cm Chionin, Kyoto (Japon)

Le haya raigo *(«* raigo *rapide ») utilise la diagonale de la composition pour accentuer l'impression de rapidité de la descente d'Amida. Il est debout sur le nuage qui, en se dissipant, souligne le mouvement du haut vers le bas, en direction de la maison du mourant.*

Vers la fin du XIIe *siècle, le genre iconographique du* raigo *évolua vers une série de variantes (*haya *r.,* yamagoshi *r.) caractérisées par l'effet de rapidité et d'imminence de l'arrivée d'Amida devant le mourant.*

Il est le Thérapeute qui soulage les souffrances physiques et spirituelles, le Médecin qui guérit les maux du corps et de l'âme, offrant aussi la rédemption à ceux qui ont commis de mauvaises actions.

Bhaisajyaguru

Personnage aux origines complexes et peu claires, Bhaisajyaguru incarne l'idée, déjà inhérente à la figure de Shakyamuni, du bouddha qui guérit toute sorte de maux. Les témoignages les plus anciens remontent à la première traduction chinoise du *sutra* qui porte son nom (IVe siècle) : il évoque les douze vœux prononcés par Bhaisajyaguru, alors *bodhisattva*, et sa terre pure située à l'Est, faite de lapis-lazuli. Conformément à ses engagements, Bhaisajyaguru répand sa lumière bleue sur tous les êtres ; il apporte soulagement et guérison aux malades ou à ceux qui souffrent de privation ; il offre la possibilité aux femmes de renaître en tant qu'hommes, condition supérieure et plus avantageuse. Son intervention salvatrice s'étend aussi à ceux qui ont entamé une renaissance aux enfers, ou sont sur le point d'y renaître : ils peuvent ainsi prendre conscience de leur comportement erroné et avoir une nouvelle chance en renaissant sur la terre. Comme pour le culte d'Amida, la récitation du nom de Bhaisajyaguru et le culte qui lui est rendu sont les conditions indispensables pour obtenir ses bienfaits. Ce culte est attesté surtout en Asie centrale (d'où il est probablement issu). Il se propagea ensuite en Chine puis au Japon, mais semble avoir été moins populaire en Inde. Bhaisajyaguru est très vénéré dans le bouddhisme tibétain.

Nom
s. Bhaisajyaguru ; ch. Yaoshi ; j. Yakushi ; t. Manla, le « Maître de la médecine ».

Iconographie
En Chine et au Japon, il est généralement assis, un petit pot de remèdes dans la main gauche, tandis que la droite fait le geste de l'*abhayamudra*, plus rarement du *vitarkamudra*. Il est flanqué des *bodhisattva* Suryaprabha (« Éclat du soleil ») à sa gauche et Chandraprabha (« Éclat de la lune ») à sa droite, qui veillent sur les hommes respectivement le jour et la nuit. Il fut l'un des premiers bouddhas vénérés au Japon. Le temple du Yakushiji à Nara, érigé entre 718 et 730, lui est consacré.

Articles en relation
Chine ; Corée et Japon ; Les champs de Bouddha.

◄ Yakushi Nyorai, début du VIIIe siècle, bronze doré, h. 254,7 cm, Yakushiji, Nara (Japon)

La main droite tient une tige de la plante médicinale.

*Au Tibet, le corps de Bhaisajyaguru est généralement bleu (ou doré, par association avec Shakyamuni). Il tient dans la main gauche un pot de médicaments d'où émerge un fruit de myrobolan (*Terminalia chebula*).*

Bhaisajyaguru est parfois entouré d'un groupe de sept bouddhas médecins et flanqué des deux bodhisattva *Chandraprabha et Suryaprabha.*

Dans la partie inférieure de la scène apparaissent les quatre lokapala *et d'autres gardiens de l'espace de la tradition hindouiste.*

▲ *Bhaisajyaguru*, Tibet, peinture sur coton, h. 86 cm Paris, musée Guimet

Ce sont les Jina, les « Victorieux », puisqu'ils représentent le dépassement des fausses apparences dualistes, et « cosmiques » en tant que paradigmes de tous les phénomènes de la réalité dans leur aspect purifié.

Les bouddhas cosmiques

Cette notion se réfère dans le Vajrayana aux bouddhas considérés comme les archétypes de la réalité. Ils sont qualifiés de « cosmiques » car aucun d'eux n'est un bouddha historique, mais représente plutôt un aspect de l'éveil ou de la réalité purifiée. Au nombre de trois ou quatre selon les systèmes tantriques, ils sont cinq dans le Yogatantra, où chacun apparaît à la tête d'une « famille ». Le système des cinq familles de bouddhas constitue un modèle d'interprétation de la réalité – pour certains, il *est* la véritable nature de la réalité –, décomposée en plusieurs groupes de phénomènes psychophysiques sur la base de cinq (5 éléments, agrégats, organes des sens, etc.). Les cinq archétypes sont l'expression de la nature pure des phénomènes. Les séries de correspondances qui leur sont liées, représentées par les nombreuses figures qui les accompagnent, mettent en évidence par analogie la trame ténue qui relie tous les aspects de la réalité. Les bouddhas des cinq familles sont soit figurés ensemble à l'intérieur d'un mandala, et orientés de façon symbolique, soit séparément, dans un mandala consacré à sa famille. Dans les deux cas, ces figures expriment un aspect de la réalité absolue (*dharmakaya, dharmadhatu*), ou de la sagesse de l'éveil, et sont donc représentées dans leur *sambhogakaya*. Le processus qui permet la transmutation des impuretés en phénomènes purs, pratique spécifique du Vajrayana, est la visualisation des divinités à l'aide du mandala.

◄ Diagramme avec les cinq bouddhas, IXe siècle apr. J.-C., provenant de Dunhuang (Chine), encre sur papier Londres, British Museum

Iconographie
Le développement des bouddhas cosmiques est lié à celui du Mahayana et date des premiers siècles de notre ère. L'organisation des groupes et leur distribution dans l'espace varient selon les textes, mais il est établi que le groupe d'origine était constitué de la triade d'Amitabha, Aksobhya et Vairocana, à laquelle s'ajoutèrent ensuite Amoghasiddhi et Ratnasambhava pour former une étoile à cinq branches.

Articles en relation
Amitabha ; Le bouddha primordial ; Les champs de Bouddha ; *Trikaya* ; *Tantra*.

Le groupe avec Vairocana au centre, Aksobhya à l'est, Ratnasambhava au sud, Amitabha à l'ouest et Amoghasiddhi au nord est le plus répandu : on en trouve des exemples en Chine, au Japon, au Ladakh, au Tibet et en Asie centrale. Il existe d'autres agencements, comme ici, en fonction des textes des différentes traditions.

Quatre bodhisattva *sont placés aux points intermédiaires.*

Selon le Vajrayana, les cinq Jina sont une manifestation du bouddha primordial et leur méditation a donné naissance aux cinq bodhisattva *(Samantabhadra, Vajrapani, Ratnapani, Avalokiteshvara et Visvapani) desquels tirent leur origine les cinq bouddhas terrestres ou « humains »* (manusi) *comme Shakyamuni.*

Les bouddhas cosmiques peuvent être représentés, comme ici, sous l'aspect du nirmanakaya, *avec le vêtement usuel des bouddhas, ou, plus souvent, avec les attributs du* sambhogakaya, *c'est-à-dire la couronne à cinq pointes, de nombreux bijoux et des vêtements princiers, pour indiquer leur nature transcendante.*

▲ Détail du *Taizokaimandara*, XIIIe-XIVe siècle, Japon, peinture sur soie, h. 118,9 cm New York, Brooklyn Museum of Art

La présence insolite de la figure d'un maître au sommet de la couronne atteste la pratique méditative du guruyoga, *dans laquelle le disciple visualise le maître en tant que guide spirituel dont l'importance égale celle d'un bouddha.*

Le bouddha cosmique Vairocana est généralement représenté avec un corps blanc et faisant le geste du dharmachakramudra. *Dans ce* thangka, *qui faisait sans doute partie d'une série des cinq bouddhas cosmiques, Vairocana est figuré avec un corps jaune doré; il tient entre ses mains un petit* vajra, *tout en faisant le geste du parfait éveil.*

Chaque bouddha cosmique représente un agrégat purifié, une des cinq sagesses et une des cinq passions transmutées. Vairocana symbolise la transmutation de l'ignorance en sagesse suprême.

► *Vairocana*, 1150-1200, Tibet, *tempera* sur coton, h. 111 cm, Cleveland, Cleveland Museum of Art

Aksobhya illustre la transformation de la colère en sagesse « semblable au miroir ». Le bodhisattva *correspondant est Vajrapani. Dans les* tantra *nouveaux, Aksobhya remplace Vairocana au centre du mandala. Il règne sur la terre pure de l'est, Abhirati, et peut être figuré avec sa parèdre Locana ou Mamaki.*

Amitabha représente la sagesse du discernement et la transformation de l'attachement. Le bodhisattva *qui lui correspond est Avalokiteshvara.*

Aksobhya, l'« Imperturbable », exprime l'aspect indestructible de l'esprit éveillé et pur comme le diamant. En général, son corps est bleu, il fait le geste du bhumisparsamudra, *et il est associé à la direction de l'est et à la famille du* vajra. *Son animal symbolique est l'éléphant.*

Avec les deux thangka *de Ratnasambhava et d'Amoghasiddhi, celui-ci constituait une série de représentations peintes des bouddhas cosmiques.*

*Amitabha, « Lumière éternelle », est associé à la direction de l'ouest et à la famille du lotus (*padma*), symbole de la compassion. Son corps est rouge et il fait le geste de la méditation (*dhyanamudra*). L'animal qui lui est associé est le paon.*

▲ *Aksobhya*, fin du XIIIe siècle – début du XIVe siècle, Tibet, *tempera* sur coton, h. 78,8 cm
New York, Carlton Rochell Asian Art

▲ *Amitabha*, première moitié du XIIIe siècle, Tibet, *tempera* sur coton, h. 41,3 cm
Boston, Museum of Fine Arts

Ratnasambhava,
« Né du joyau », est associé au sud et représenté avec un corps jaune, faisant le geste du varadamudra. *Sa famille est le joyau (*ratna*) et son animal le cheval.*

*Amoghasiddhi, « Infaillible réalisation », est associé au nord et représenté avec un corps vert. Il appartient à la famille de l'action (*karman*), a comme attribut le double* vajra *ou l'épée, et son animal est un* garuda. *Il est figuré faisant le geste de l'*abhayamudra.

Ratnasambhava ne fait pas l'objet d'un culte spécifique. Il est figuré surtout dans les mandalas des bouddhas cosmiques ainsi que par quelques rares sculptures indépendantes (Borobudur). Le bodhisattva *qui émane de lui est Ratnapani. Il symbolise la sagesse de l'égalité, expression de la transformation de l'orgueil.*

Amoghasiddhi ne fait pas non plus l'objet d'un culte spécial. Il est représenté avec les autres Jina. Il symbolise la sagesse de la réalisation et la transformation de l'envie.

▲ *Ratnasambhava,*
première moitié du XIIIe siècle, Tibet,
tempera sur coton, h. 41 cm
Los Angeles, County Museum of Art

▲ *Amoghasiddhi,*
première moitié du XIIIe siècle, Tibet,
tempera sur coton, h. 39,5 cm
Philadelphie,
Philadelphia Museum of Art

*C'est l'expression du corps absolu et atemporel des bouddhas (*dharmakaya*), qui se manifeste dans les corps formels des bouddhas cosmiques (*sambhogakaya*) et des bouddhas terrestres (*nirmanakaya*).*

Le bouddha primordial

Nom
s. Adibuddha

Iconographie
L'idée du bouddha primordial s'est formée vers le Xe-XIe siècle en Inde et s'est propagée au Népal et au Tibet. Pour le Nyingmapa, il est représenté par Samantabhadra, tandis qu'il est Vajradhara ou Vajrasattva pour les autres courants du bouddhisme tibétain. Dans l'ésotérisme sino-japonais, Vairocana est le bouddha cosmique dont tirent leur origine tous les bouddhas et les *bodhisattva*.

Articles en relation
Vajrayana; Les bouddhas cosmiques; *Trikaya*; *Tantra*; Cosmologie.

Dans le Vajrayana, le bouddha primordial, ou Adibuddha, représente l'état de pureté originelle de tous les phénomènes (*dharmadhatu*), c'est-à-dire la vraie nature de la réalité, et il est donc l'expression du *dharmakaya*. Dans les *tantra* anciens, il est représenté par Samantabhadra (à ne pas confondre avec le *bodhisattva* du même nom), la sagesse originelle et la source de l'enseignement qui rayonne dans les bouddhas des cinq familles, ses manifestations au niveau du *sambhogakaya*. De ces derniers, l'enseignement se transmet aux *vidyadhara* (porteurs de la connaissance parfaite) et aux grands maîtres, dont certains (tel Padmasambhava) sont considérés comme la manifestation terrestre (*nirmanakaya*) d'un bouddha. Samantabhadra, seul bouddha primordial figuré sous la forme du *dharmakaya*, est représenté avec un corps nu et bleu, assis, en union mystique avec sa parèdre au corps blanc. La nudité du couple symbolise la nature même de la vacuité, dénuée de caractéristiques, et la vision du *dharmadhatu*, fruit de l'union du moyen (*upaya*), symbolisé par la figure masculine, et de la sagesse (*prajna*), symbolisée par la figure féminine. Dans les *tantra* nouveaux, l'Adibuddha est Vajradhara, le « détenteur du *vajra* », ou encore Vajrasattva, l'« être adamantin », présent dans tous les bouddhas. Tous deux sont figurés dans la dimension du *sambhogakaya*, ils portent une couronne, des bijoux et des habits princiers, et sont accompagnés de leurs attributs : la cloche (*ghanta*) et le *vajra*.

► Vajrasattva, première moitié du XVe siècle, Chine, cuivre doré, h. 18 cm Zurich, musée Rietberg

Il est le dharmakaya *primordial, le corps absolu d'où émanent les diverses manifestations des bouddhas qui représentent ses divers aspects. La couronne à cinq pointes indique qu'il est l'archétype des cinq familles de bouddhas.*

L'Adibuddha peut être figuré soit sous l'aspect de Vajradhara, soit sous celui de Vajrasattva, assimilés du point de vue de la signification mais distincts sur le plan de l'iconographie. Vajrasattva est identifiable par le vajra *tenu dans la main droite soulevée (souvent posé verticalement dans la paume de la main), et la cloche dans la main gauche.*

*Vajradhara tient les mêmes attributs et croise les bras sur la poitrine. Ce geste (*vajrahumkaramudra*) symbolise l'union du moyen (*upaya*), ou compassion, et de la sagesse (*prajna*), ou vacuité: l'union du principe masculin et du principe féminin.*

▲ Vajradhara, XIVe siècle environ, Tibet, cuivre doré, h. 21,9 cm Zurich, musée Rietberg

Personnage « dont l'essence est l'éveil », doté des vertus de karuna *(compassion) et* prajna *(sagesse), il représente l'idéal du bouddhisme Mahayana, célébré dans de nombreux* sutra.

Les bodhisattva

C'est l'être sur la voie de l'éveil, qui a fait vœu d'entreprendre le chemin vers la bouddhéité. Figure connue du bouddhisme primitif, il acquiert une importance et une signification particulières dans le Mahayana, où il devient le modèle de la pratique spirituelle. Il incarne le dépassement de la recherche spirituelle plus restreinte de l'*arhat*, qui vise son salut personnel, préférant la voie motivée par la compassion (*karuna*) pour tous ceux qui souffrent. La nature altruiste de cette vocation marque la différence qualitative entre les deux états et fait de la voie du *bodhisattva* la seule voie, selon la vision Mahayana, pouvant mener à la bouddhéité parfaite. Cette perspective est évoquée dans le récit des naissances antérieures de Shakyamuni, qui illustrent le long cheminement vers l'éveil, entrepris pour le bien de toutes les créatures souffrantes. Son élan de compassion, dénué de sentimentalisme, est plutôt la conséquence de la *prajna*, c'est-à-dire de la vision juste de la réalité en tant que vacuité absolue, dans laquelle se dissolvent les distinctions entre le « soi » et « l'autre », entre la bouddhéité « individuelle » et celle « d'autrui ». La tradition Mahayana distingue plusieurs sortes de *bodhisattva*, au premier rang desquels les *bodhisattva* célestes (ou « grands êtres », *mahasattva*), tels Avalokiteshvara, Maitreya et Manjusri, qui, une fois parvenus au dixième stade, ont atteint le nirvana sans reliquat et restent dans le monde sans être souillés, pour le salut de tous ceux qui les invoquent.

Nom
s. *bodhisattva*, p. *bodhisatta*, ch. *pusa*, j. *bosatsu*, l'« être qui aspire à l'éveil ».

Pour aller plus loin
Dans le bouddhisme ancien, le *bodhisattva* par antonomase est Siddhartha dans toutes ses existences précédant l'éveil, tandis que l'unique *bodhisattva* vénéré est Maitreya, le bouddha du futur. L'identité des *bodhisattva* peut être révélée par leurs attributs et par l'image d'un Jina ou d'un signe particulier (un stupa pour Maitreya, un joyau pour Vajrapani) figuré sur la coiffure.

Articles en relation
Hinayana; Mahayana; Maitreya; Vajrapani; Avalokiteshvara; Manjusri; Ksitigarbha; Tara; La voie du *bodhisattva*; Les *paramita*.

► *Bodhisattva*, fin du ve siècle apr. J.-C., peinture murale, grotte 1, Ajanta, Maharastra (Inde)

Les cheveux sont habituellement arrangés en une haute coiffure et maintenus en place par une couronne ou ornés de bijoux.

L'iconographie des bodhisattva *souligne les principales qualités de ces personnages héroïques, modèles d'activité infatigable, de ténacité et de persévérance dans l'accomplissement de leurs vœux. Leur présence active dans le monde est suggérée par les postures, qui ne les montrent presque jamais en méditation mais debout ou assis, dans une position d'attente vigilante qui prélude à leur intervention.*

Les bodhisattva mahasattva *sont représentés avec des vêtements princiers, pagne (*paridhana *ou* dhoti*) et longue écharpe (*uttariya*). Ils portent de nombreux bijoux, expression de leur noblesse spirituelle mais aussi du lien qu'ils continuent d'avoir avec le monde.*

▲ *Bodhisattva*, VIIIe-IXe siècle apr. J.-C., Anuradhapura (Sri Lanka), bronze doré, h. 49,8 cm Colombo, Musée national

Hypostase du dieu védique Indra, d'où lui vient l'attribut de la foudre, il est dans le panthéon Mahayana le bodhisattva *qui exprime le pouvoir adamantin de l'éveil.*

Vajrapani

Nom
s. Vajrapani,
ch. Jingang, j. Kongo,
« *vajra* en main (*pani*) ».

Iconographie
Dans l'art du Gandhara, on l'identifie surtout par l'attribut de la foudre, en forme de sablier, et dans les scènes du *parinirvana* il gît à terre, déchiré de douleur. Dans l'art tantrique, il figure souvent près de l'entrée des temples. Il peut être représenté avec une, trois ou quatre têtes. Dans les mandalas qui lui sont consacrés, il apparaît au centre, entouré de plusieurs de ses manifestations.

Articles en relation
Mahayana;
Vajrayana;
Les *bodhisattva*;
Divinités en colère.

C'est l'un des personnages les plus complexes et les plus diversement interprétés, surtout autour de la fonction qu'il revêt dans ses plus anciennes représentations, où il est toujours caractérisé par l'attribut du *vajra* (« foudre » et « diamant »). Dans l'art du Gandhara, on le trouve au côté de Shakyamuni, sous l'aspect d'un jeune homme imberbe ou sous celui d'un adulte athlétique et barbu, ou encore avec des caractéristiques du type de l'Hercule. À partir du Ve-VIe siècle, en Inde comme en Asie centrale, des images le montrent sous l'apparence d'un *bodhisattva*, vêtu d'habits princiers (dans les peintures d'Asie centrale il a parfois une armure), avec *vajra* et *chauri* (éventail). Dans le Mahayana, Vajrapani est le *bodhisattva* qui exprime le pouvoir de l'éveil; il forme la triade des *bodhisattva* célestes, avec Avalokiteshvara (expression de la compassion) et Manjusri (de la sagesse). Dans la tradition tantrique, Vajrapani occupe une place particulièrement importante: il est le défenseur du *dharma*, rôle peut-être déjà implicite dès l'origine, dans sa proximité constante avec Shakyamuni et dans le *vajra* utilisé comme instrument d'intimidation contre les ennemis du bouddhisme. Souvent figuré sous une forme terrifiante, soit seul, soit avec sa parèdre, on lui attribue le pouvoir de lever les obstacles, psychologiques et physiques, qui entravent le progrès spirituel.

► Le Bouddha, Vajrapani et les ascètes, IIe-IIIe siècle apr. J.-C., Gandhara, schiste, h. 29,5 cm Londres, British Museum

*Le troisième œil symbolise la sagesse transcendante. La coiffure flamboyante, suggérée par la couleur rouge des cheveux couronnés par un demi-*vajra*, évoque le feu de la sagesse qui engendre les protecteurs.*

Le vajra*, dans la main droite, est son emblème caractéristique, tandis que de la main gauche il effectue le geste de la menace (*tarjanimudra*) : de son index pointé vers le haut sort une flamme avec laquelle il dompte les démons.*

*Bodhisattva, protecteur et archétype de la méditation, est souvent figuré dans l'art tantrique Vajrapani avec une expression courroucée, et dans une position orientée vers la droite (*pratyalidha*) qui exprime l'énergie dynamique des* bodhisattva.

L'habillement mêle les ornements caractéristiques des bodhisattva *(bijoux et écharpes) et les accessoires typiques des divinités en colère : colliers de serpents, guirlande de têtes coupées et peau de tigre sur les hanches.*

▲ Vajrapani, XVIIIe siècle, Tibet, cuivre doré, h. 26 cm Berlin, Museum für Indische Kunst

Le plus populaire des bodhisattva, *il incarne la compassion présente dans tous les bouddhas. On le nomme aussi Padmapani, « Celui qui a le lotus à la main », ou Lokeshvara, « Seigneur du monde ».*

Avalokiteshvara

Nom
s. Avalokiteshvara, ch. Guanyin, j. Kannon, t. Cenrezig, le « Seigneur qui tourne son regard vers le bas ».

Iconographie
Presque partout il est représenté avec son attribut principal, la fleur de lotus (d'où son surnom Padmapani, *padma* signifiant « lotus »). De plus, une petite image d'Amitabha peut figurer sur sa coiffure. Ses aspects particuliers les plus connus sont: s. Ekadasamukha A. (ch. Shiyimian Guanyin, j. Juichimen Kannon) et s. Sahasrabhuja A. (ch. Qianshou Guanyin, j. Senju Kannon).

Articles en relation
Mahayana; Écoles de la Terre pure; Amitabha; Les *bodhisattva*; Tara.

Voué à répondre aux appels à l'aide, depuis le Potala, l'île-montagne où il demeure, il est l'infatigable sauveur qui soulage les peines spirituelles et matérielles. Au 24e chapitre du *Sutra du Lotus* (25e dans la version chinoise) sont énumérés ses caractéristiques, ses pouvoirs salvateurs (sauver ceux qui sont menacés de naufrage, ou par les flammes, attaqués par des bêtes féroces ou des brigands, etc.), ainsi que les moyens dont il dispose pour accomplir son vœu d'agir dans le monde jusqu'à ce que tous les êtres vivants aient atteint la délivrance. Il peut aussi libérer de la peur et des obscurcissements, donner des enfants et se manifester sous la forme la plus adaptée à la compréhension de chacun dans son enseignement. Considéré comme une manifestation d'Amitabha (dont l'image figure parfois sur sa couronne), il occupe une place importante dans le culte amidiste d'Extrême-Orient. Chez les Tibétains, la qualité essentielle de compassion de ce *bodhisattva* s'incarne dans le dalaï-lama, et il est connu surtout sous ses aspects ésotériques (Sadakasari A., Ekadasamukha A.). Son iconographie très riche revêt des formes diverses selon les pays où il est vénéré. En Inde, au Sri Lanka, en Asie centrale, au Tibet et dans le Sud-Est asiatique, il a toujours des caractères masculins; en Chine, il apparaît sous un aspect féminin dans diverses représentations qui se sont diffusées aussi en Corée et au Japon.

► Avalokiteshvara, VIIe siècle apr. J.-C., Bihar (Inde), phyllite, h. 200 cm Nalanda, Musée archéologique

Le thème iconographique illustré sur cette grande paroi sculptée se déploie sur plusieurs reliefs disposés autour de la figure centrale d'Avalokiteshvara, célébré ici comme le seigneur qui sauve les dévots des huit sortes de périls. Le bodhisattva *tient une longue tige de fleur de lotus dans la main gauche et un chapelet dans la main droite; une image du bouddha Amitabha figure au centre de sa coiffure.*

À droite, de haut en bas, les périls sont: le lion, les serpents, l'éléphant et une ogresse.

Les huit périls sont représentés par des vignettes caractérisées par le même schéma synthétique: le type de danger est figuré à l'extérieur, les dévots menacés invoquent Avalokiteshvara, et le bodhisattva *vient à leur secours. Cette iconographie est le prototype des représentations répandues en Asie centrale et en Extrême-Orient.*

À gauche, de bas en haut, les périls sont: le naufrage, l'agression, la prison et le feu.

▲ Avalokiteshvara, milieu du VIe siècle apr. J.-C., antichambre de la grotte 6, h. 285 cm, Aurangabad (Inde)

Au-dessus de tous les visages apparaît celui, imperturbable, d'Amitabha, dont Avalokiteshvara est la manifestation spirituelle.

Seuls certains attributs sont encore visibles: la fleur de lotus, le petit vase contenant l'élixir de l'immortalité (spirituelle, comme conséquence de l'éveil), le chapelet qui fait allusion à la récitation du mantra *d'Avalokiteshvara. Ses multiples bras (ici six au lieu des huit habituels pour ce type iconographique) évoquent les pouvoirs surnaturels grâce auxquels il secourt les êtres encore soumis au* samsara.

Cette image représente Avalokiteshvara sous la forme d'Ekadasamukha (« aux onze visages »), l'un des aspects ésotériques du bodhisattva, *qui indique l'accomplissement des dix stades de perfectionnement spirituel. Peu répandue en Inde, elle est très fréquente dans l'art tibétain, népalais et sino-japonais. Aux trois visages principaux, sereins, se superposent trois visages en colère, trois effrayants et un ricanant, chacun illustrant un aspect du* bodhisattva.

► Ekadasamukha Avalokiteshvara, milieu du XIe siècle, Tibet, laiton, h. 39,4 cm Cleveland, Cleveland Museum of Art

Le bodhisattva *est représenté dans sa fonction de psychopompe. La scène montre Avalokiteshvara indiquant à la femme le chemin vers la Sukhavati, figurée par les palais célestes dans la partie supérieure de la peinture. L'étendard rappelle celui apporté par l'envoyé de Yama, dieu de la mort, à la demeure du défunt.*

Le cartouche laissé vide était destiné à l'inscription votive. Des œuvres comme celle-ci étaient commandées par les dévots dans le but de dédier à leurs proches décédés les mérites acquis et de leur permettre ainsi de renaître dans la Terre pure d'Amitabha.

Au centre du diadème on distingue nettement l'image du bouddha Amitabha dont Avalokiteshvara est une émanation.

Le thème illustré ici est celui d'Avalokiteshvara qui conduit l'âme de la dévote dans la Terre pure d'Amitabha. Cette image qui le montre en qualité d'assistant d'Amitabha s'est développée en Chine à partir du Xe siècle, dans le milieu des écoles de la Terre pure.
Le bodhisattva *apparaît également dans ce rôle dans les triades et dans les images qui représentent la descente d'Amitabha.*

► *Avalokiteshvara*, début du Xe siècle apr. J.-C., provenant de Dunhuang (Chine), peinture sur soie, h. 84,8 cm
Londres, British Museum

Ici, l'iconographie fusionne avec celle d'Avalokiteshvara à onze têtes qui, contrairement à la tradition indo-tibétaine, sont représentées en Extrême-Orient sur une seule rangée au-dessus de la tête principale.

Comme tous les bodhisattva, *il partage avec le Bouddha le signe distinctif de l'*urna, *symbole de la connaissance transcendante et de la supériorité de leur nature.*

Un autre aspect ésotérique très répandu en Extrême-Orient le représente, debout ou assis, avec mille bras, symboles de sa toute-puissance.

*Les mains principales sont jointes en signe de dévotion (*anjalimudra*), tandis que les mains inférieures tiennent un bol pour les aumônes.*

En général, 42 bras sont figurés en grandes dimensions et avec des attributs, tandis que les autres sont disposés en rayons, la paume de la main tournée vers l'extérieur; souvent un œil est dessiné sur chaque paume, pour signifier qu'Avalokiteshvara est doté d'une vision omnisciente, qui lui permet de voir tous les êtres souffrants.

▲ *Senju Kannon*,
seconde moitié du VIIIe siècle apr. J.-C., Japon, laque sèche sur âme de bois, h. 536 cm, Toshodaiji, Nara (Japon)

Bodhisattva du dixième stade, Manjusri est l'incarnation de la sagesse de tous les bouddhas. Il est le protecteur des étudiants et des maîtres du bouddhisme.

Manjusri

Il incarne la sagesse (*prajna*), ou connaissance transcendante qui permet de comprendre les choses telles qu'elles sont réellement. Dans les textes Mahayana, il est nommé Manjughosa (« Douce voix »), associé au son et à la parole, célébré pour sa mémoire extraordinaire et son éloquence, et considéré comme un *bodhisattva* parfaitement éveillé et actif dans le monde. Dans la tradition tantrique, il est la source de la sagesse de tous les bouddhas ; on l'associe à la transmission des enseignements. La méditation sur ses aspects pacifiques et courroucés développe la connaissance non duelle de la réalité. Son culte s'est propagé dans le monde bouddhiste. Très populaire en Chine, il est considéré comme le protecteur du pays ; le mont Wutai, sa résidence, est un but de pèlerinage célèbre. Au Tibet, il est la divinité tutélaire de plusieurs ordres religieux ; certains maîtres renommés sont considérés comme sa manifestation (Sakya Pandita et Tsongkhapa). Au Népal, il est mentionné dans le mythe fondateur de la vallée de Katmandou. Il est représenté sous l'aspect d'un adolescent (Kumarabhuta) et porte une coiffure à cinq mèches. Ses attributs sont l'épée avec laquelle il déchire le voile de l'ignorance et un livre qui symbolise la connaissance. En Chine, il est figuré assis sur un lion, couplé avec le *bodhisattva* Samantabhadra juché sur un éléphant. Il existe de nombreuses variantes de l'iconographie tantrique où il apparaît sous un aspect courroucé (Yamantaka, Vajrabhairava).

Nom
s. Manjusri, ch. Wenshu, j. Monju, le *bodhisattva* de la « Douce (*manju*) Majesté (*sri*) ».

Iconographie
Une iconographie chinoise particulière, répandue à partir de l'époque médiévale et inspirée du célèbre *Vimalakirtinirdesasutra*, représente Manjusri débattant avec Vimalakirti, un laïque, père de famille, immergé dans la réalité du monde mais non contaminé par elle, dont la sagesse était égale à celle d'un *bodhisattva*. Il s'agit du manifeste Mahayana sur la possibilité de l'éveil pour les laïques.

Articles en relation
Chine ;
Népal ;
Mahayana ;
Les *bodhisattva* ;
Tara ;
La voie du *bodhisattva* ;
Les *paramita*.

◄ Manjusri, milieu du VIIIe siècle apr. J.-C., provenant de Nalanda (Inde), grès, Delhi, National Museum, Central Asian Arts Collection.

Cette superbe statuette représente Manjusri assis en lalitasana *(ou* ardhaparyankasana*), l'une des postures caractéristiques des* bodhisattva. *La main droite fait le geste du don (*varadamudra*) et la gauche tient la tige d'un lotus bleu (*utpala*) sur lequel est posé le texte de la Prajnaparamita, principal attribut de Manjusri.*

*Sa jeunesse, autre signe distinctif, est soulignée par la coiffure à trois longues mèches (*tricira*) et le pendentif en forme de griffes de lion, qui rappelle les amulettes que portaient autrefois les adolescents dans le monde indien.*

La facture, le dessin des bijoux et des vêtements sont quelques-unes des caractéristiques de l'art du nord-est de l'Inde dont cette œuvre est inspirée. De cette partie de l'Inde proviennent aussi les rares représentations de ce bodhisattva *très répandu dans l'aire himalayenne et extrême-orientale.*

◄ Manjusri, début du xe siècle apr. J.-C., Java, argent
Jakarta, Musée national

Le geste que fait le bodhisattva *pour lever l'épée symbolise son pouvoir de déchirer le voile de l'ignorance qui masque la vision de la vraie nature des choses, c'est-à-dire la compréhension de la vacuité.*

Manjusri est figuré avec ses deux attributs caractéristiques, l'épée et le livre (posé sur le lotus), et il illustre la sagesse présente dans chaque bouddha.

L'élégance parfaite de la posture, l'équilibre des proportions, la douceur du modelé et le raffinement de l'exécution montrent la maîtrise des sculpteurs Newar et rappellent les conventions esthétiques de l'art Pala, réinterprétées dans la formule qui fut transmise au Tibet.

Le bodhisattva *est assis dans la posture de* vajraparyankasana *(dite aussi* vajrasana *ou* padmasana*), qui indique l'état de calme absolu de l'esprit correspondant à la concentration maximale.*

▲ Manjusri, XIVe siècle environ, Népal, cuivre doré et pierres semi-précieuses, h. 28 cm Zurich, musée Rietberg

Parmi les attributs que tient Yamantaka figurent, à sa main droite: épée, flèche et aiguillon; à sa main gauche: arc et clochette. Sous cet aspect, il est parfois représenté en union mystique avec sa parèdre Vajravetali.

Dans cette iconographie, Manjusri est représenté sous sa forme courroucée, avec six visages humains, six bras et six jambes, foulant aux pieds un buffle (monture de Yama, seigneur de la mort). Son corps est bleu et il est couvert d'attributs effrayants.

▲ *Yamantaka*, vers 1200,
Ladakh, peinture murale,
temple Sumtsek d'Alchi, Ladakh (Inde)

*Yamantaka, le « Destructeur (*antaka*) de la mort (*yama*) », est l'une des formes ésotériques de Manjusri, qui représente le* bodhisattva *en tant que divinité-archétype et symbolise la victoire sur la mort, c'est-à-dire le dépassement de la connaissance duelle qui perçoit la réalité en termes de naissance et de mort.*

Vajrabhairava, « Terreur adamantine », est l'un des principaux yidam des Gelugpa, et l'un des autres aspects effrayants de Manjusri. Quand il se manifeste sous cette forme terrifiante et puissante, le bodhisattva représente la force de la sagesse transcendante et la supériorité de son pouvoir sur Yama, symbole du monde impermanent.

Parmi ses neuf têtes, la principale est celle d'un buffle, sept autres sont des faces humaines effrayantes et la neuvième, qui les surmonte toutes, figure le visage serein de Manjusri.

La guirlande de têtes de mort symbolise la purification des processus mentaux.

Dans cette représentation, il est accouplé avec son épouse mystique Vajravetali.

Les 34 bras sont disposés en cercle et les mains tiennent les attributs, pour la plupart des armes, dont les principaux sont la coupe et le couteau en demi-lune, qui symbolisent l'union de la sagesse et de la méthode.

Les multiples jambes foulent hommes et animaux, symboles des obstacles mentaux.

▲ Vajrabhairava, XVIIe siècle, Tibet, bronze avec traces de couleur, h. 24,1 cm
Los Angeles, County Museum of Art

Il est le bodhisattva *qui descend dans les abysses pour sauver ceux qui sont condamnés aux enfers. Protecteur des voyageurs, il est le médiateur charitable qui assure un destin favorable à qui l'invoque.*

Ksitigarbha

Nom
s. Ksitigarbha, ch. Dizang ou Dizangwang, j. Jizo, l'« Embryon de la Terre ».

Textes
Le texte le plus important pour la propagation de son culte en Chine et au Japon est le *Sutra du vœu de Dizangwang*, originaire d'Asie centrale ou de Chine.

Iconographie
On ne connaît pas ses représentations dans la tradition indo-tibétaine. Son iconographie, probablement originaire d'Asie centrale, s'est ensuite développée en Chine, en Corée et au Japon.

Articles en relation
Mahayana ; Écoles de la Terre pure ; Amitabha ; Les *bodhisattva* ; Avalokiteshvara ; Les six destinées ; Les enfers.

Figure généralement ignorée du monde indien, le *bodhisattva* Ksitigarbha est l'un des personnages les plus populaires du bouddhisme chinois, coréen et japonais. Son culte a peut-être pour origine l'Asie centrale, d'où proviennent certains *sutra* traduits en chinois au VIIe siècle qui décrivent ses caractéristiques, ses pouvoirs et les rites à lui rendre. Selon ces textes, le *bodhisattva* fit vœu de secourir tous les êtres soumis aux six incarnations, particulièrement ceux qui sont condamnés aux enfers. Si on le vénère, il peut aussi transférer les mérites aux parents défunts, annuler les conséquences des mauvaises actions, assurer une existence prospère et protéger pendant les voyages.

► *Jizo*, XVIIe-XVIIIe siècle, Japon, bois peint et doré, h. 113 cm
Paris, musée Guimet

Au Japon, son culte connut un nouveau développement au sein de l'amidisme, sous l'action du moine Genshin (Xe siècle). L'iconographie d'Asie centrale et de Chine le montre en moine itinérant, avec le bâton et le joyau qui exauce les désirs, ou sous la forme du « Seigneur des six voies (ou destinées) ». Au Japon, les formes iconographiques postérieures au XIIIe siècle se rapprochent de certaines représentations de Kannon (Enmei Jizo) et empruntent à l'amidisme le thème du *raigo* (Jizo *raigo*). Il est aussi vénéré comme protecteur des enfants morts nés ou avortés. Les petites images en pierre qui le figurent apparaissent en plein air dans l'enceinte des temples bouddhiques.

L'une des principales fonctions de Ksitigarbha est de délivrer ceux qui sont condamnés à renaître aux enfers. Tout comme les renaissances dans les royaumes célestes, où séjournent les dieux, les enfers représentent un état temporaire, mais particulièrement douloureux. Fidèle au vœu de tous les bodhisattva *de ne pas abandonner les êtres sensibles dans la souffrance, Ksitigarbha manifeste son immense compassion en la mettant au service du salut des plus malheureux.*

Cette illustration montre Ksitigarbha libérant de la prison des enfers plusieurs damnés portant le carcan et conduits par des gardiens monstrueux.

Selon l'enseignement du sutra *dédié à Ksitigarbha, le défunt peut être libéré des royaumes infernaux par la vénération du* bodhisattva *: la récitation de son nom, la lecture du* sutra *ou l'offrande d'images le représentant, de la part des parents du défunt.*

▲ *Dizang libère les condamnés aux enfers,*
fin du IXe siècle – début du Xe siècle,
provenant de Dunhuang (Chine),
rouleau manuscrit et peint, h. 113 cm
Paris, musée Guimet

À gauche sont illustrées les incarnations en tant qu'être humain, asura *et* preta. *Il s'agit de fantômes, imaginés comme des esprits affamés et inquiets.*

À droite sont figurées, de haut en bas, les incarnations en tant que deva, *animal et condamné aux enfers.*

Cette iconographie montre le bodhisattva *sous l'aspect de « Seigneur des six voies », mettant en lumière la deuxième fonction de Ksitigarbha qui, en vertu de son immense mérite, peut intervenir sur le destin karmique du défunt et lui éviter de renaître aux enfers.*

Dizang est assis, dans une attitude souveraine, en lalitasana, *au milieu du tableau. De la grande mandorle lumineuse qui l'entoure partent les rayons indiquant les six différents types d'incarnation.*

Les deux enfants avec un rouleau à la main, de part et d'autre de Dizang, sont chargés de rendre compte, devant le tribunal des enfers, des bonnes et des mauvaises actions du défunt.

▲ *Dizang,*
seconde moitié du xe siècle apr. J.-C.,
provenant de Dunhuang (Chine),
peinture sur soie, h. 76 cm
Paris, musée Guimet

Le khakkhara *est le bâton muni d'anneaux métalliques qui, en tintant, annoncent l'arrivée du moine.*

Le cintamani *est le joyau lumineux qui symbolise la faculté d'exaucer les désirs des dévots qui invoquent le* bodhisattva.

Contrairement à l'iconographie typique des bodhisattva, *Ksitigarbha est toujours figuré sous l'aspect d'un moine. Les caractéristiques du moine itinérant, ce voyageur par excellence, sont particulièrement en accord avec sa nature. Par ailleurs, d'autres sources le désignent comme l'un des moines de la suite de Maitreya, et son voyage aux enfers rappelle ceux d'un autre moine célèbre, le disciple du Bouddha, Maudgalyayana.*

Son culte est lié au contexte doctrinal des écoles de la Terre pure. Son action étend en effet au niveau universel la promesse sotériologique de l'amidisme, offrant le salut même à ceux qui se sont rendus coupables des cinq fautes et qui, pour cette raison, risqueraient de ne pas renaître dans la Terre pure.

▲ *Jizo raigo*, fin du XIVe siècle, Japon, peinture sur soie, h. 85,8 cm
Paris, musée Guimet

Divinité de méditation, elle est vénérée surtout au Tibet, sous les formes de Tara blanche et Tara verte, et elle est invoquée par un mantra *qui lui est dédié.*

Tara

Nom
s. Tara, ch. Tuoluo, j. Tarani, t. Dolma, « Salvatrice » ou « Étoile ». Tara blanche: s. Sitatara; Tara verte: s. Syamatara.

Iconographie
C'est une jeune fille de seize ans avec une fleur de lotus pour attribut. Ses manifestations sont nombreuses et comprennent des formes soit pacifiques, soit courroucées. Comme Avalokiteshvara, elle appartient à la famille du lotus, qui a pour origine le bouddha transcendant Amitabha.

Articles en relation
Mahayana; Les *bodhisattva*; Avalokiteshvara; Divinités féminines; Les *yidam*; *Tantra.*

Née, selon les versions, d'une larme de compassion ou d'un lotus bleu jailli des larmes d'Avalokiteshvara, elle représente la manifestation féminine du *bodhisattva* et de son activité compassionnelle. Son culte est attesté à partir du VIe siècle en Inde, où elle apparaît en qualité de parèdre d'Avalokiteshvara, ou de divinité centrale de groupes féminins, indiquant l'importance du binôme masculin-féminin dans la pensée et la pratique du Mahayana. Comme Avalokiteshvara, elle peut libérer des huit sortes de peurs ou dangers (entendus aussi comme obstacles psychologiques au cours de l'itinéraire spirituel), et ses pouvoirs s'étendent au trimonde (ciel, terre et monde souterrain) sur lequel elle est souveraine. Très importante dans le bouddhisme tibétain, elle est la « mère de tous les bouddhas », l'énergie miraculeuse qui préside à leurs actions, assimilée à Prajnaparamita qui dans le Vajrayana personnifie la sagesse sous sa forme féminine. Célébrée en vers sous vingt et une formes, pacifiques et colériques, elle est représentée surtout sous les aspects de Tara blanche et Tara verte, toutes deux dotées des attributs des *bodhisattva*. La première, assise en *vajrasana*, la main droite faisant le geste du don (*varadamudra*), un lotus blanc dans la main gauche, évoque l'état de calme de la vision transcendante; la seconde symbolise l'attitude dynamique de la déesse prête à accorder son aide.

► Tara, XIe-XIIe siècle, Bengale (Inde), pierre Calcutta, Indian Museum

La couleur verte rattache cet aspect de la déesse à la famille d'Amoghasiddhi, le bouddha transcendant du nord, figuré au centre de l'arc polylobé.

Cette peinture très célèbre et fascinante représente Tara assise en lalitasana *sur un trône inséré dans un petit temple indien reproduit avec une grande minutie dans les détails de la décoration.*

*Dans la main gauche elle tient un lotus bleu (*utpala*) et lève trois doigts vers le haut, accomplissant le geste du refuge.*

Le geste de la main droite est une variante du varadamudra.

Tara porte les vêtements des bodhisattva, *un pagne resserré à la taille et une écharpe légère, et elle est parée de splendides bijoux, reproduits avec un soin minutieux. Son corps longiligne aux formes bien dessinées reflète les canons esthétiques indiens, faisant ressortir la féminité et la grâce de la déesse.*

▲ *Tara verte*, XIIIe siècle, Tibet, *tempera* sur coton, h. 52,1 cm
Cleveland, Cleveland Museum of Art

Présences indispensables pour circonscrire et protéger l'espace sacré, ils se tiennent à l'entrée des monastères tibétains. La première salle des temples bouddhistes chinois et japonais leur est consacrée.

Les quatre rois gardiens

Nom
s. *caturmaharajika*,
ch. *sitianwang*,
j. *shitenno*.

Pour aller plus loin
Ce sont les « gardiens de l'espace » (*lokapala*) ou « quatre grands rois » (*caturmaharajika*), puisque chacun d'entre eux exerce sa souveraineté et sa protection sur un quart de l'univers. D'après les sources littéraires, ils sont présents lors de certains événements de la vie de Siddhartha : sa naissance, sa fuite du palais, la présentation des bols à aumônes (épisode qui suit l'éveil, quand les *lokapala* offrent quatre bols au Bouddha, qui les transforme en un seul bol) et le *parinirvana*.

Articles en relation
Vie du Bouddha ; Les protecteurs du Dharma ; Cosmologie.

Personnages de statut divin, leur position n'est pas particulièrement élevée dans la hiérarchie des dieux du *kamadhatu*, mais leur fonction est importante : ils figurent à l'entrée des monastères, ou apparaissent aux angles des autels dans les pays d'Extrême-Orient. En général, ils sont l'objet d'un culte collectif, alors que Vaisravana, le seigneur du nord, est le seul à être vénéré individuellement. Dans le monde indien, leurs précurseurs sont les *yaksa*, génies locaux qui figurent sur les balustres des stupas (Bharhut, Sanci), tandis que l'art narratif du Gandhara les montre en gardiens, par groupe de quatre. Très populaires dans le bouddhisme d'Asie centrale et d'Extrême-Orient, ils furent considérés comme des protecteurs de la nation et figurés sous l'aspect de guerriers armés, à la mine menaçante. Les quatre rois résident au quatrième niveau de la base du mont Meru et dans le premier des royaumes célestes. Chacun occupe l'un des points cardinaux et se distingue par ses attributs, qui varient selon les pays : Dhrtarastra, seigneur de l'est, tient un luth (ou une lance) ; Virudhaka, associé au sud, brandit une épée ; Virupaksa, seigneur de l'ouest, tient un serpent dans la main droite et un stupa dans la gauche (ou un pinceau et un rouleau) ; Vaisravana, qui gouverne le nord, est souvent représenté avec un stupa et une lance. C'est aussi un protecteur du *dharma*. Nombreux sont ses autres aspects, dont le plus connu est Kubera-Jambhala, le dieu pansu de la richesse qui tient une mangouste crachant des bijoux.

► Vaisravana (ch. Pishamen), vers 675 apr. J.-C., pierre, Longmen, province du Henan (Chine)

Reflets de la sagesse, les divinités féminines représentent dans le bouddhisme tibétain la conscience de la vacuité qui, avec les méthodes spirituelles, conduit à l'éveil parfait.

Divinités féminines

La figure féminine couplée avec la figure masculine apparaît tôt dans l'art bouddhique, anticipant en quelque sorte l'union de la sagesse (*prajna*) et de la compassion (*karuna*), ou de la sagesse et des moyens (*upaya*), qui se développe pleinement dans le Mahayana et le Vajrayana. Les couples d'amants (*mithuna*) figurés sur les balustrades (*vedika*) des stupas (Sanci) ou sur les parois des sanctuaires rupestres de l'Inde annoncent les représentations indiennes du VIe siècle, qui voient la figure féminine acquérir une importance croissante dans les programmes iconographiques, reflet d'une centralité déjà manifeste sur le plan philosophique. Les divinités féminines du panthéon bouddhique comprennent les personnifications de concepts philosophiques (Prajnaparamita), de l'aspect féminin du *bodhisattva* (Tara) ou de l'énergie féminine qui, unie à l'énergie masculine, représente la réalité non duelle de l'esprit éveillé (*ghanta* et *vajra* ou divinités accouplées). Dans les *Yoginitantra*, la figure féminine accède à une position centrale : elle apparaît comme la divinité principale du mandala, seule ou accouplée à son compagnon et entourée d'êtres féminins dotés de pouvoirs spirituels (*yogini* ou *dakini*). Au niveau supérieur, les *dakini* sont donc des archétypes de la bouddhéité, évoqués par des figures masculines ou par l'union mystique d'un couple, mais aussi par des divinités féminines, ou par les parèdres des bouddhas cosmiques. Selon une autre vision, les *dakini* sont des êtres célestes, ou des femmes dotées de pouvoirs surnaturels qui assistent les pratiquants tantriques en qualité d'épouses mystiques, physiquement ou symboliquement.

Nom
Dakini (t. *khandroma*).

Iconographie
Elles peuvent être représentées sous un aspect terrifiant, dans des attitudes dynamiques, nues et parées d'attributs macabres et d'instruments tantriques. Cette iconographie évoque d'un côté l'irruption de l'énergie féminine, de l'autre les pouvoirs supérieurs attribués à ces figures, invoquées dans les rituels des pratiquants tantriques pour recevoir leur enseignement.

Articles en relation
Les protecteurs du Dharma ; Divinités en colère ; Les *yidam* ; *Tantra*.

◄ Mithuna, 120 apr. J.-C., antichambre du *caitya* de Karli (Inde)

La déesse est figurée sous l'aspect d'une jeune femme qui danse. Son visage, contracté par une expression de colère, est caractérisé par une tête de truie qui émerge au-dessus de l'oreille droite et symbolise la victoire de la déesse sur l'ignorance (conventionnellement symbolisée par le cochon). En général, la main droite tient une calotte crânienne et la gauche un vajra, *ici tous deux disparus.*

Elle ne porte que quelques ornements en os et différents bijoux. Les cheveux détachés dans le dos évoquent, tout comme le mouvement de la danse, la manifestation de l'énergie.

*Vajravahari (dite aussi Vajradakini ou Vajrayogini), la « Laie adamantine », est un bouddha sous un aspect féminin, selon une conception du Vajrayana qui considère que l'éveil est au-delà de la distinction des sexes et peut être exprimé indifféremment par des archétypes masculins, féminins, ou masculins et féminins en union mystique. C'est une divinité importante pour la méditation (*yidam*).*

◄ Vajravarahi, XVIe siècle, Tibet, argent, or et pierres semi-précieuses, h. 32,6 cm Musée de Newark, New Jersey (États-Unis)

Mahakala est le protecteur spirituel le plus puissant. Vénéré par toutes les écoles, il est capable de renverser les obstacles les plus dangereux qui entravent le chemin du pratiquant.

Les protecteurs du Dharma

Les protecteurs du Dharma (*dharmapala*) forment un groupe très fourni de divinités masculines et féminines vénérées dans le bouddhisme tibétain. Leur protection s'étend aux enseignements secrets et aux pratiquants, et leur pouvoir se manifeste par l'élimination des ennemis du Dharma et des obstacles, physiques et psychologiques, qui empêchent la progression spirituelle du dévot. Le groupe principal en comprend huit, pour la plupart « protecteurs de sagesse » puisqu'ils sont considérés comme des émanations des bouddhas cosmiques ou des *bodhisattva* supérieurs. Certains (Hayagriva et Yamantaka) sont aussi des *yidam*. Les huit *dharmapala* sont diversement regroupés ; l'un des groupes les plus fréquents comprend : Mahakala, le plus important, qui se manifeste sous de multiples aspects ; Rahu(la) ; Vaisravana (Kubera-Jambhala), qui est aussi l'un des quatre rois gardiens ; Begtse ; Yama ; Tsangpa Karpo ; Yamantaka ; et, seule divinité féminine, Palden Lhamo. Vénérés collectivement ou individuellement, il font parfois l'objet d'un culte particulier au sein des courants tibétains. À l'exception de Vaisravana, tous ont un aspect effrayant, possèdent des attributs et des ornements inquiétants, brandissent des armes destinées à inspirer la crainte et anéantir les ennemis de la religion. Les protecteurs mondains sont tout aussi puissants, mais sur un plan différent : il s'agit souvent de divinités locales assimilées au culte bouddhique, qui sont entrées dans le groupe des protecteurs. Le *gonkhang* est la salle du temple tibétain consacrée aux divinités protectrices, interdite aux non-initiés sauf lors de cérémonies particulières.

Nom
Dharmapala.

Pour aller plus loin
Groupe vénéré dans le bouddhisme tibétain. D'autres protecteurs (Yama en particulier) sont connus aussi du bouddhisme sino-japonais.

Iconographie
En Extrême-Orient, un couple de « gardiens de la porte » (s. *dvarapala*) se tient à l'entrée du temple ; il est formé de deux personnages masculins vigoureux, armés d'un bâton ouvragé, qui se font face dans des attitudes opposées : l'un exprime l'énergie manifeste par des gestes dynamiques, l'autre l'énergie potentielle avec des mouvements retenus. Ils sont connus sous le nom de Jinganglishi en Chine, et Nio au Japon.

Articles en relation
Les quatre rois gardiens ; Cosmologie.

◄ Gardien de la porte (*dvarapala*), XIIe siècle, Japon, bois peint, h. 233,5 cm Washington, Freer Gallery of Art

Le « Grand Temps » ou « Grand Noir » est représenté comme « Seigneur de la sagesse transcendante », l'un de ses nombreux aspects, sous lequel il assume le rôle de protecteur des mahasiddha *et, en général, des maîtres.*

Habituellement, sa statue figure en tant que divinité principale à l'intérieur des salles (gonkhang) *du temple consacrées aux divinités protectrices. Sous cette forme, il est le protecteur privilégié des Sakyapa.*

Le bâton (s. gandi*) posé horizontalement sur les bras de Mahakala est une arme magique, inspirée du bâton utilisé avec le gong, dans les monastères, pour battre le rappel des moines.*

*Sous cet aspect, Mahakala a deux bras. Dans la main gauche il tient la calotte crânienne (*kapala*) surmontée du couteau en demi-lune sur lequel appuie sa main droite (qui tient le* vajra*), symbolisant ainsi l'union de la sagesse (la coupe formée par le crâne) et de la méthode (le couteau).*

▲ Mahakala, 1292, Tibet, pierre peinte et dorée, h. 47 cm
Paris, musée Guimet

Yama est le juge des morts qui décide de la renaissance appropriée pour chacun en fonction de son état karmique. Le protecteur à tête de buffle est représenté en pratyalidha *sur le dos d'un buffle qui possède sexuellement un homme.*

La chevelure et la large mandorle flamboyante qui caractérisent les dharmapala *indiquent la grande énergie déployée par ces derniers dans leur fonction protectrice.*

La main droite tient une massue en forme de squelette, variante du bâton surmonté d'un crâne qui est l'attribut magique de Yama. Tous deux sont des instruments venus du trantrisme shivaïte et symbolisent la fin des impuretés karmiques et le moyen grâce auquel la réalité des phénomènes est révélée dans sa vacuité.

▲ *Yama*, XVIIIe siècle, Tibet-Chine, tapisserie de soie, h. 66 cm Londres, British Museum

De l'index de la main gauche, qui fait le geste du tarjanimudra, *pend le cordon qui signifie, soit la sagesse « liée », c'est-à-dire établie dans l'esprit du pratiquant, soit l'arme avec laquelle est supprimée la fausse conception du « moi ».*

Palden Lhamo est la principale divinité protectrice de l'école Gelugpa et, en particulier, du dalaï-lama et de Lhassa. C'est la forme bouddhique de la déesse hindouiste Kali, elle-même forme effrayante de Sri Devi.

La déesse a trois yeux, la bouche ouverte, des cheveux et des sourcils flamboyants, et une couronne formée de cinq crânes (les passions transformées). Son corps bleu foncé est couvert de cendre recueillie sur les bûchers.

Ses attributs son une massue e la calotte crânienn d'un enfant né d'un union incestueuse

Le caparaçon es formé par la peau d'un cadavre e les brides son faites de serpents

Cette inquiétant déesse à l'aspec monstrueux et féroce es représentée su le dos d'un mule qui travers au galop une mare de sang

L'attirail de la déesse est constitué de divers instruments magiques : les dés pour déterminer le résultat karmique des événements, le sac de maladies pour les ennemis du dharma, *une pelote de fils colorés qui représentent les charmes dont elle peut frapper ses adversaires.*

▲ *Palden Lhamo*, XVIe-XVIIe siècle (?), Chine, peinture sur soie, h. 68 cm Paris, musée Guimet

Expression formelle des angoisses et des peurs qui empêchent de progresser, elles représentent pour l'adepte les énergies qui, bien utilisées, mènent à la transformation de soi.

Divinités en colère

Dans le panthéon du Vajrayana, *moult* divinités sont figurées sous un aspect courroucé – celles qui sont préposées à la défense de la Loi (c'est-à-dire les protecteurs du Dharma) comme celles qui représentent les formes des bouddhas transcendants. Ces archétypes de la bouddhéité sont des *yidam*, divinités choisies par les pratiquants qui méditent sur elles, jusqu'à s'identifier à elles. L'adhésion complète à l'essence de la divinité choisie transfère au pratiquant ses qualités intrinsèques, lui permettant d'accéder à des niveaux de conscience de plus en plus subtils. Cette pratique suppose le recours à l'énergie de la conscience, conséquence de l'identification avec l'essence divine, en tant que potentiel pour accéder à des plans de plus en plus élevés. Dès lors, plus grande est la force de celui qui médite, plus efficace le résultat. Les divinités en colère représentent des états de conscience chargés d'énergie – énergie perçue de façon plus évidente que dans les états de calme et de sérénité. L'induction d'un état de colère par la méditation sur une divinité effrayante permet donc de disposer d'une réserve énergétique précieuse, sans rester attaché à l'objet ou à la situation qui a suscité l'émotion, comme cela se produit dans la réalité quotidienne. Le méditant, affranchi du lien causal et du dualisme qui le sous-tend, peut expérimenter librement, et non subir, la puissance de l'énergie. Cela rend possible la perception du continuum de la conscience, dans lequel se manifestent aussi les essences divines et la vacuité qui les transcende.

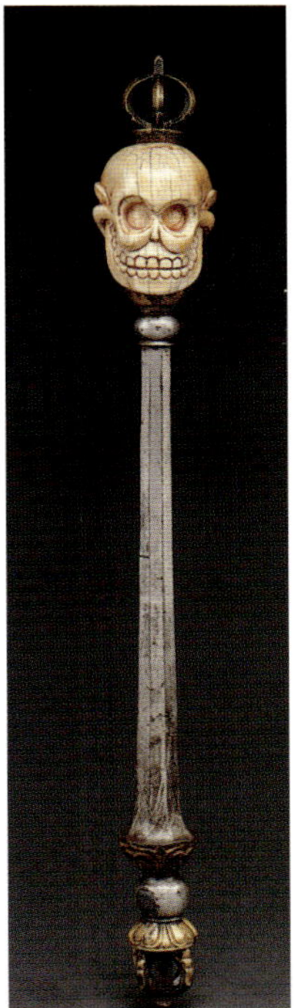

Iconographie
Les *yidam* à l'aspect courroucé sont toujours figurés alors qu'ils se livrent à des mouvements effrénés et à des actions violentes. On les nomme aussi *heruka* (« buveurs de sang »), par allusion à leur capacité de dépasser l'attachement au concept du « moi » représenté par le sang. La colère et la violence expriment l'aspect dynamique de la sagesse, mis en lumière par les pratiques qui amènent l'adepte à travailler sur ses propres pulsions, peurs et inhibitions, en développant des énergies capables de dissoudre les impuretés et en dépassant l'opposition entre conventionnel et anticonventionnel, dans la perspective d'une perception immédiate et intuitive de la réalité.

Articles en relation
Vajrayana; Les *yidam*; *Tantra*.

◄ Bâton de Yama (*yamadanda*), XVIe-XVIIe siècle, Tibet, ivoire, fer et cuivre doré, h. 52 cm
Paris, musée Guimet

Acala (ch. Budong, j. Fudo), l'« Immuable », est un vidyaraja *et l'un des protecteurs qui aident à éliminer les obstacles spirituels et matériels du dévot. Il représente le pouvoir du bouddha contre les forces hostiles de toute nature. Il est vénéré dans le bouddhisme tibétain et, surtout, dans le bouddhisme ésotérique japonais où il fut introduit par Kukai.*

Le caractère immuable évoqué par son nom correspond à l'état inaltérable de l'éveil et à la détermination inébranlable qu'il peut conférer aux fidèles.

Le regard est intense et les flammes qui entourent Fudo symbolisent la destruction des passions et la purification des souillures.

L'iconographie japonaise, différente de l'iconographie tibétaine, le représente assis, avec l'épée de la connaissance dans la main droite et le cordon dans la main gauche pour ligoter les forces du mal mais aussi pour symboliser le lien samsarique à couper.

▲ Fudo Myoo, première moitié du IXe siècle apr. J.-C., bois peint, h. 173,2 cm, *kodo* du Toji, Kyoto (Japon)

Il s'agit d'une catégorie de divinités du bouddhisme indo-tibétain utilisées pour la méditation et choisies par le pratiquant ou indiquées à celui-ci par son maître.

Les yidam

La visualisation des divinités, ou « yoga des divinités », occupe une place centrale dans la pratique tantrique du Vajrayana, qui a pour but de susciter l'expérience simultanée de la réalité des phénomènes dans leur aspect lumineux et pur, et de la vacuité qui les sous-tend. L'instrument de cette réalisation est la méditation en deux phases : d'abord, le pratiquant s'identifie à la divinité qu'il visualise mentalement (phase de génération), puis, devenu la divinité, il en expérimente la vacuité (phase de perfection). Par cette méditation dynamique sont expérimentées simultanément la multiplicité du réel (représentée dans son essence purifiée par l'image divine à laquelle le pratiquant s'identifie) et l'unité de tous les phénomènes dans la vacuité (évoquée par la dissolution de l'image produite qui se révèle le fruit de l'activité mentale). Le support de la pratique peut être une statue ou une peinture de l'image divine qui, définie par de nombreux détails symboliques, guide le processus méditatif. Les divinités supports de méditation sont très nombreuses et comprennent des figures masculines et féminines, courroucées ou sereines, seules ou en couple et en union mystique, chacune d'elles soulignant un aspect de la bouddhéité (sagesse, essence adamantine, compassion, béatitude suprême).

Nom
s. *istadevata*, t. *yidam*, « divinité de méditation ».

Pour aller plus loin
Archétypes de la bouddhéité, les *yidam* sont l'instrument grâce auquel, dans le bouddhisme indo-tibétain, le méditant peut reconnaître sa propre nature éveillée en visualisant et s'identifiant à la divinité choisie. Les représentations de Chakrasamvara, Hevajra ou Guhyasamaja, parmi les plus connus, figurés par des divinités en union mystique, traduisent sur le plan formel les enseignements contenus dans les textes tantriques homonymes.

Articles en relation
Vajrayana ; Vajrapani ; Manjusri ; Divinités féminines ; Les protecteurs du Dharma ; Divinités en colère ; *Tantra* ; Méditation.

◄ Chakrasamvara, XVIIe siècle, Tibet-Chine, bronze doré, h. 30,5 cm San Francisco, Asian Art Museum

*Les couples symbolisent l'éveil par l'union des polarités opposées: la sagesse (*prajna*), énergie féminine passive, qui active la puissance masculine des moyens (*upaya*) ou de la compassion. L'union sexuelle ritualisée indique symboliquement la béatitude suprême (*mahasukha*), c'est-à-dire le plaisir absolu qui, sous son aspect sublimé, est identique à l'expérience de la vacuité.*

Tous les yidam *sont des représentations de l'éveil, dont chacun souligne un aspect particulier. Les* yidam *donnent naissance aux cinq familles de bouddhas et sont associés aux cinq passions et aux cinq sagesses.*

Kalachakra, la « Roue du temps », est l'expression formelle du plus complet et du plus récent des systèmes tantriques, et c'est l'un des yidam *les plus complexes. Il est représenté par une figure masculine bleue à quatre visages et 24 bras, en union mystique avec sa parèdre Vishvamata, la « Mère universelle », au corps jaune, dotée de quatre visages et huit bras.*

▲ *Kalachakra*, XVe siècle,
Tibet, *tempera* sur coton, h. 53,3 cm
Boston, Museum of Fine Arts

Pierre angulaire de la vision bouddhiste de l'homme et de la réalité, elles synthétisent l'expérience de l'éveil. Leur exposé devant les cinq disciples marque la « mise en mouvement de la roue de la Loi ».

Les quatre nobles vérités

L'enseignement dispensé par le Bouddha à ses premiers disciples est résumé dans les « quatre nobles vérités » qui illustrent la nature douloureuse de la condition humaine et la voie pour se délivrer de la douleur : la vérité de la souffrance (*duhkha*), la vérité de l'origine de la souffrance, la vérité de la cessation de la souffrance et la vérité de l'octuple sentier. Noyau de la découverte du Bouddha, la première vérité affirme la réalité de la douleur, présente dans chaque aspect de l'existence. Loin d'être une simple expérience d'événements déplaisants occasionnels, ou l'absence de bonheur, la souffrance est indissolublement liée à l'existence et à sa nature conditionnée. Elle est intrinsèque, inéluctable, puisque la naissance suppose la mort, conclusion inévitable de la vie, aussi heureuse qu'elle ait pu être. Elle est une éternelle déception, puisque toute chose est vouée à changer incessamment. L'assouvissement des désirs, conséquence de l'impermanence, porte déjà en lui la condamnation suivante : tout ce que l'on possède disparaîtra, ou se transformera en source d'insatisfaction. La deuxième vérité situe l'origine de la douleur dans la soif (*trishna*), la recherche instinctive d'assouvissement (« soif » d'existence, de plaisirs, d'objets), qui génère l'attachement et entraîne le processus de rétribution karmique, prolongeant la souffrance jusque dans la renaissance suivante. Selon la troisième vérité, le remède à la douleur est dans l'extinction de la soif, et la quatrième propose une méthode, l'« octuple sentier » (vision juste, intention juste, parole juste, action juste, mode de vie juste, effort juste, attention juste, concentration juste), pour éteindre la soif et parvenir à la délivrance (nirvana).

Nom
s. *aryasatyani*, p. *ariyasaccani*, les « nobles (*arya*) vérités (*satyani*) ».

Pour aller plus loin
Les quatre nobles vérités furent exposées pour la première fois par Shakyamuni à ses anciens compagnons d'ascèse dans le parc des Gazelles à Sarnath près de Bénarès.

Articles en relation
Siddhartha Gautama Shakyamuni ; Vie du Bouddha ; Le *sangha* ; Les *arhat* ; *Dharma* ; Les trois poisons ; Éveil.

► La roue du *dharma* entre les gazelles, Tibet

Ce relief montre le Bouddha en pralambapadasana, *c'est-à-dire assis « à l'européenne ». Cette position est en général associée au premier sermon dans le parc de Sarnath.*

La main droite fait le geste du vitarkamudra.

Les personnages aux mains jointes, assis aux pieds du Bouddha, représentent les premiers disciples.

L'iconographie du Bouddha en pralambapadasana *et* dharmachakramudra *apparaît à Ajanta (Inde) à la fin du* V*e* *siècle et se propage rapidement ailleurs (Nalanda) au début du* VI*e* *siècle. Appartiennent à l'art de Dvaravati certains reliefs et différentes statues monumentales du Bouddha en* pralambapadasana, *mais faisant le geste du* vitarkamudra *au lieu du* dharmachakramudra.

▲ Le premier sermon, VIIe-VIIIe siècle,
provenant de Nakhon Pathom (Thaïlande),
pierre, l. 114 cm
Nakhon Pathom, Musée national

► Le premier sermon,
IIe siècle apr. J.-C.,
Gandhara, schiste,
h. 19,7 cm
Londres, British Museum

« Ainsi, Ananda, un moine est une île pour lui-même, il prend refuge en lui-même et non à l'extérieur ; ainsi, il fait du Dharma son île, il fait du Dharma, et de rien d'autre, son refuge » (Mps).

Dharma

À un premier niveau, ce terme (souvent écrit avec une majuscule) désigne l'enseignement du Bouddha, la « Loi » dans le sens de la révélation de la vraie nature des choses, du dévoilement de la réalité dans sa véritable dimension conditionnée et impermanente. Comprendre cet enseignement ne signifie cependant pas l'accepter comme un dogme : la foi dans les paroles du Bouddha n'est qu'un premier pas, qui doit être suivi par l'expérience personnelle, seule capable de bouleverser la vision erronée de la réalité et de mener à la délivrance. Le *dharma* est donc soit l'enseignement, soit la réalisation de l'enseignement, binôme dont l'illustration la plus claire et la plus exemplaire se trouve dans la vie même de Shakyamuni. À un second niveau, *dharma* désigne les constituants minimes de la réalité, les éléments ultimes auxquels tous les phénomènes peuvent être réduits. Toutefois, ces facteurs d'existence sont impermanents et existent de manière conditionnée, c'est-à-dire en vertu de leur contact avec d'autres *dharma* ; c'est leur combinaison qui donne naissance aux phénomènes composés et temporaires. Il n'est donc pas possible de connaître « un *dharma* » : nous en expérimentons constamment l'existence conditionnée, dans le tourbillon incessant des apparences phénoménales que nous appelons « réalité ». Au niveau individuel, ce qui est perçu à tort comme le « soi » est le résultat de la combinaison momentanée d'agrégats (physiques, psychiques et mentaux) qui, dans la succession ultra-rapide d'instants dont est constitué le temps, créent l'illusion d'une essence permanente.

Nom
s. *dharma*, p. *dhamma*.

Pour aller plus loin
Ce mot, dont la racine étymologique signifie « soutenir », a de nombreuses significations au sein de la tradition indienne. Dans le brahmanisme, il désigne l'ordre sociocosmique qui règle la vie universelle, la loi commune à tous les hommes et le devoir personnel (*svadharma*) que chaque individu est appelé à accomplir en fonction de sa position sociale et de la période de sa vie.

Iconographie
La Loi (Dharma) énoncée par le Bouddha est évoquée par le symbole de la roue qui, dans certaines représentations, est effleurée par l'Éveillé, suggérant ainsi la mise en mouvement du nouvel ordre cosmique.

Articles en relation
Siddhartha Gautama Shakyamuni ;
Le *sangha* ;
Canon bouddhique ;
Hinayana ;
Les quatre nobles vérités.

« L'homme qui a pour compagne la soif transmigre de vie en vie pendant un temps interminable : il ne dépasse le samsara *ni dans cette vie ni dans une autre » (Iv).*

Samsara

Nom
s. et p. *samsara*, « transmigration ».

Terminologie
Bhavachakra, la « roue (*chakra*) du devenir (*bhava*) » ou « roue de la vie »

Iconographie
L'exemple le plus ancien qui nous soit parvenu de la roue de la vie est une peinture d'Ajanta (Inde), qui figure dans l'antichambre de la grotte 17. L'iconographie de cette œuvre reflète les prescriptions contenues dans certains textes en sanskrit (*Divyavadana* et *Mulasarvastivadavinaya*) et ne diffère guère des représentations tibétaines plus récentes.

Articles en relation
Les trois poisons ; *Karma* et renaissance ; Impermanence ; Origination dépendante ; Nirvana ; Les six destinées ; Les enfers.

C'est le cycle des existences, ou cycle naissance-mort-renaissance qui représente la dimension conditionnée et impermanente de la réalité, le théâtre où l'être humain fait l'expérience de la souffrance dans l'attachement trompeur aux choses, mais où il peut trouver la délivrance. Ce cercle vicieux n'a pas de début, il n'est pas produit par un principe supérieur, ou généré par un créateur. Il a pour base un mécanisme causal, impersonnel, en vertu duquel tout ce qui nous entoure existe en tant que résultat de causes et de conditions contingentes. Dans ce scénario, rien n'existe de manière indépendante, encore moins l'individu, dont l'existence, ou plutôt la série d'existences, est illustrée par le modèle de l'origination dépendante qui opère selon une chaîne constituée de douze maillons interdépendants. Chaque maillon est tout à la fois l'effet, le résultat des conditions représentées par les maillons précédents, et la cause des maillons suivants. Ce mécanisme fonctionne avec le *karma*, ou action intentionnelle, qui repose sur l'ignorance : la vision erronée de la réalité permet à la soif d'agir, de faire peser sur l'individu le poids des formations karmiques, le maintenant enchaîné au *samsara*. Tant que dure son ignorance, il reste dans le *samsara* et il est contraint de renaître dans l'une des cinq ou six « destinées ». Être libéré du *samsara* consiste à apaiser les passions et à éradiquer l'attachement à ce que nous croyons permanent. Une fois éliminé ce qui alimente le *samsara*, l'état de cessation de la souffrance (nirvana) peut être atteint.

► *Shakyamuni indique la voie de la libération*, peinture murale, temple tibétain à Darjeeling (Inde)

La bhavachakra *illustre l'enseignement bouddhique sur l'existence conditionnée et le mécanisme qui régit celle-ci. La tradition qui consiste à représenter la* bhavachakra *dans la véranda des temples, avec une intention didactique évidente, est toujours en vigueur dans le bouddhisme tibétain.*

Le monstre qui tient la roue est Yama, le dieu de la mort, symbole de la nature impermanente du samsara, *dont les deux autres aspects sont l'être conditionné et l'être privé de soi.*

La roue représente le cycle sans commencement des naissances, des morts et des renaissances et suggère l'idée d'un mouvement incessant, la succession frénétique des expériences, des situations et des sentiments soumis au conditionnement causal.

Parfois la figure du Bouddha est placée à l'extérieur du cercle, en général en haut à droite: elle représente la victoire de l'Éveillé qui s'est libéré du lien du samsara *et qui montre une roue à huit rayons, symbole de l'enseignement et de l'octuple sentier qui délivre de l'existence conditionnée.*

▲ *Bhavachakra*, fin du XIXe siècle, Tibet, estampe en couleurs, h. 94 cm
Paris, musée Guimet

« Celui qui se débarrasse de la colère accumulée en lui à la manière de quelqu'un qui, avec des remèdes, élimine le poison répandu dans son corps, celui-là est un bhikkhu *qui abandonne cette rive et la rive opposée » (Sn).*

Les trois poisons

Les images des trois animaux représentés au centre de la roue de la vie (*bhavachakra*) font allusion aux trois poisons, ou trois « racines du mal », qui affectent l'individu et l'emprisonnent dans le *samsara*. Ces émotions négatives, comme on les appelle parfois, sont l'ignorance (le cochon), la haine (le serpent) et le désir (le coq). Dans cette vision, l'ignorance occupe une place prépondérante : elle est la cause logique de la persistance du *samsara*. Les actions accomplies sous l'effet de l'ignorance dans une existence passée déclenchent le mécanisme de la rétribution qui conduit à la formation d'une nouvelle existence à travers une configuration de cinq agrégats (forme, conscience, sensations, perceptions, formations). L'individu ainsi constitué reçoit donc une sorte d'« empreinte » karmique qui conditionne sa nouvelle existence. Les sensations qu'il éprouve, souillées par la mémoire de ses expériences précédentes, peuvent générer la soif de renouveler ce qui est agréable et d'échapper à ce qui est désagréable. D'où l'attachement (ou au contraire l'aversion) pour les choses, les idées, les personnes et l'existence même, qui sont prises pour des réalités permanentes, des points d'appui solides alors qu'elles engendrent la souffrance, précisément à cause de leur nature éphémère. L'apparition de la soif est considérée comme le maillon faible de la chaîne, sur lequel il est possible d'agir pour changer son destin. La soif, maîtrisée par la discipline (*sila*) et reconnue comme une habitude mentale néfaste grâce à la méditation, est éliminée par la connaissance (*vidya*) de la véritable nature des choses.

Pour aller plus loin
Ce sont les pollutions de l'esprit, les penchants qui poussent les individus à agir en créant les conditions d'apparition de la souffrance (s. *duhkha*). Ces poisons sont l'attachement (p. *raga*), la haine (p. *dosa*) et la confusion (p. *moha*) ou ignorance (s. *avidya*). La manière dont ces mécanismes entrent en action s'explique par le processus de l'origination dépendante, qui est utilisé comme outil de méditation pour observer l'origine de la souffrance.

Articles en relation
Samsara;
Karma et renaissance;
Impermanence;
Origination dépendante;
Nirvana;
Les six destinées;
Les enfers.

► Détail de la *Bhavachakra* de la p. 213 : le cochon, le serpent et le coq, fin du XIXe siècle, Tibet, estampe en couleurs, h. 94 cm Paris, musée Guimet

Agir avec des motivations positives entraîne des conséquences positives, mais n'est pas en soi suffisant pour obtenir la transformation de l'esprit, illuminé par la vraie nature de la réalité.

Karma et renaissance

Le mot *karma*, « action », désigne un acte intentionnel, né dans l'esprit de celui qui l'accomplit comme un acte volontaire, déterminé. C'est cette composante intentionnelle, consciente ou non, qui produit des conséquences dont la nature, favorable ou défavorable, dépend de la motivation qui a présidé à l'action. Pour qu'il y ait un effet, il faut que soient présents, outre l'intention, l'objet de l'action (qu'il y ait, par exemple, un destinataire d'une bonne action, ou quelque chose à voler) et l'accomplissement de celle-ci. Les bonnes actions entraînent des conséquences bénéfiques et déterminent des renaissances heureuses dans l'une des trois destinées supérieures ; à l'inverse, les mauvaises actions (polluées par les « poisons »), créent des situations opposées. Quelle que soit la tendance de l'acte intentionnel, l'énergie qu'il produit alimente le *samsara*, qui maintient inéluctablement les êtres prisonniers du cycle des renaissances et de la souffrance. Une fois l'acte accompli, ses fruits parviennent inévitablement à maturation, dans un délai plus ou moins long, à moins que le potentiel karmique ne soit purifié et que ses effets ne se trouvent ainsi annulés. Puisque l'acte naît de l'esprit, c'est à ce niveau qu'il faut intervenir pour apaiser les passions, éviter l'apparition de la « soif » et stabiliser l'esprit, afin de parvenir à voir la réalité dans sa dimension dynamique et insubstantielle.

Nom
s. *karman*, p. *kamma*.

Pour aller plus loin
Bon ou mauvais, le *karma* forme la base de toute existence. Son fonctionnement est illustré par les deux premiers maillons de la chaîne de l'origination dépendante : l'ignorance, déclencheur du mécanisme causal, et le développement des formations karmiques. Leur apparition (les actes corporels, vocaux et mentaux) est semblable à l'activité d'un potier travaillant au tour. Le mouvement (nos actes), une fois amorcé, détermine les conditions de l'incarnation suivante (le troisième maillon).

Articles en relation
Samsara ; Les trois poisons ; Impermanence ; Origination dépendante ; Les six destinées ; Les enfers.

◄ Détail de la *bhavachakra* de la p. 221 : le premier et le deuxième maillon de la chaîne de l'origination dépendante, Bhoutan, peinture murale, *dzong* de Tongsa (Bhoutan)

Le deuxième cercle est divisé en deux : à gauche, les êtres humains montent vers des incarnations heureuses ; à droite, ils se précipitent vers des destins malheureux. Cette image illustre les effets de la rétribution karmique.

La lecture se fait à partir du centre de la roue, où sont figurés les trois poisons, vers les cercles successifs qui soulignent la corrélation causale entre les motivations, les actes intentionnels et les différentes formes d'existence.

Les six secteurs du troisième cercle représentent les six destinées. Dans la moitié supérieure du cercle, de gauche à droite : le monde des hommes, les deva *et les* asura *(qui se battent entre eux) ; dans la moitié inférieure : les animaux, les enfers et les* preta.

À côté de la pratique méditative, il est indispensable de purifier son karma *de sorte que les états mentaux positifs acquis ne soient pas corrompus par la maturation du* karma *négatif précédent, causant une renaissance malheureuse.*

▲ Détail de la *bhavachakra* de la p. 213, fin du XIXe siècle, Tibet, estampe en couleurs, h. 94 cm
Paris, musée Guimet

L'impermanence est la nature de la réalité samsarique, dans laquelle tout est généré par une concomitance de causes et d'états transitoires voués à disparaître en même temps que les effets produits.

Impermanence

Toutes choses sont transitoires, nous en faisons l'expérience avec le monde de la nature, mais surtout dans notre propre vie soumise au changement constant, non seulement physique mais aussi intérieur, à travers le flot des états d'âme, des idées et des désirs qui changent incessamment. Cette condition de sujétion aveugle au changement inexorable est source de souffrance, rendue plus grande encore par la perspective de sa perpétuation dans le cycle des renaissances. À l'époque du Bouddha, cette analyse de la réalité était partagée par d'autres écoles philosophiques, mais la réponse proposée par le bouddhisme diffère profondément de celle du brahmanisme, par exemple. Ainsi, le bouddhisme n'admet pas l'existence d'une substance individuelle permanente (*atman*) et ne considère pas que reconnaître l'identité entre *atman* et *brahman* (le principe universel présent dans la réalité) soit la voie pour se libérer du *samsara*. Au contraire, croire qu'il y ait une partie de soi immuable est une erreur aux conséquences fatales, qui renforce l'aveuglement à l'égard de l'impermanence, augmente l'attachement et accroît la souffrance. S'il est légitime, et inévitable, de se référer à un moi conventionnel, protagoniste de l'existence, il est aussi indispensable de comprendre que, s'il était immuable, il serait maître de son existence et pourrait éviter les perpétuelles expériences douloureuses générées par le changement.

Nom
s. *anitya*, p. *anicca*.

Pour aller plus loin
L'impermanence concerne tous les phénomènes, même ceux apparemment stables. Ce que nous considérons comme un individu est constitué par un flux incessant de processus physiques et mentaux qui changent continuellement. Croire que cet ensemble de facteurs correspond à une substance, à une entité durable, c'est ne pas reconnaître la nature vide et impermanente de la réalité.

Articles en relation
Les quatre nobles vérités; *Samsara*; Les trois poisons; Inexistence du soi; Origination dépendante.

◄ Moine méditant sur la mort, IVe-Ve siècle apr. J.-C., provenant de la grotte 212, Kizil (Chine), peinture murale, h. 56,6 cm Berlin, Museum für Indische Kunst

« “Ces enfants sont miens! Cette richesse est mienne!” : à de telles pensées un sot devient anxieux. En vérité, un soi qui puisse être dit mien n’existe pas, alors comment pourraient être dits miens les enfants et la richesse! » (Dp.)

Inexistence du soi

Nom
s. *anatman*, p. *natta*.

Terminologie
s. *dharmanairatmya*, « insubstantialité des phénomènes ».

Pour aller plus loin
Le lien entre une existence et une autre, en l’absence d’un soi individuel permanent, est expliqué par le Bouddha grâce à l’image d’une flamme qui, après avoir consumé une bougie, en allume une autre: les deux bougies (les deux apparences individuelles) sont différentes, mais l’énergie qui les fait brûler est la même.

Articles en relation
Les quatre nobles vérités; *Samsara*; Les trois poisons; Impermanence; Origination dépendante; Vacuité universelle.

La croyance dans la réalité substantielle d’un « moi », d’un « soi » entendu comme entité individuelle et permanente, est source de souffrance et d’un état qui lie au *samsara*. Éprouver de l’attachement pour un moi personnel conduit à alimenter les passions: immergés dans une perception du monde où les choses et les personnes sont ressenties comme « autre que soi », où le contact avec elles engendre des sentiments relevant de la gamme des nuances comprises entre le désir et la haine, les hommes sont amenés à agir en conséquence et à renforcer leurs fausses croyances par de nouvelles constructions mentales. Pour le bouddhisme, ce qu’on appelle le « moi » est constitué d’une combinaison de cinq agrégats (*skandha)*, réductibles à des facteurs d’existence (*dharma*) qui n’existent que pour de brefs moments et conditionnés par leurs relations réciproques. Cela ne signifie pas que les individus n’existent pas, mais qu’ils existent selon une modalité différente de celle communément perçue (ou conventionnelle). L’individu est donc le produit de l’agrégation de groupes de facteurs-événements d’ordre physique (formes), perceptif (sensations), cognitif (perceptions), volitif (formations). Ils se rassemblent dans le cinquième agrégat de la conscience et sont sans cesse soumis à de nouvelles combinaisons sous l’effet du *karma*, donnant l’illusion de l’existence d’un moi personnel immuable. Mais il n’existe pas de moi permanent ni dans les agrégats pris séparément, ni dans les agrégats pris dans leur ensemble.

► Le miroir, symbole de la vacuité de tous les phénomènes

La couronne à cinq têtes de mort symbolise les cinq passions transformées.

La déesse a une expression farouche et effrayante, soulignée par le troisième œil et par la coiffure rouge qui caractérise les divinités courroucées.

Nairatmya, la « Sans Soi », personnifie le concept clé du Mahayana : l'inexistence d'un « moi » individuel éternel ainsi que d'une permanence des phénomènes. Elle est l'épouse de Hevajra, l'un des principaux yidam *des Sakyapa.*

Elle est assise sur un cadavre pour symboliser la victoire sur l'attachement au « soi ».

Elle tient les attributs caractéristiques des divinités effrayantes : la calotte crânienne dans la main gauche et, entre les derniers doigts de la main droite, le couteau courbe qui sert à trancher les fausses conceptions, les idées erronées qui empêchent de voir les choses dans leur vacuité.

▲ Nairatmya,
seconde moitié du XVIe siècle,
Tibet, laiton doré, h. 23,5 cm
Los Angeles, County Museum of Art

C'est le piège dans lequel l'individu se trouve emprisonné tant qu'il reste dans l'ignorance et l'aveuglement en ce qui concerne la véritable nature de la réalité.

Origination dépendante

Le mécanisme qui préside au surgissement des phénomènes de la réalité samsarique est résumé dans le schéma de l'origination dépendante. Illustrée par les *bhavachakra*, l'origination dépendante explique l'existence des êtres sensibles. Elle est constituée de douze causes interdépendantes qui se manifestent durant trois existences. Les deux premiers maillons de la chaîne se réfèrent à la vie précédente dans laquelle, mû par l'ignorance (premier maillon), l'être agit sans conscience, tel un aveugle, amorçant le processus du *karma* (deuxième). Les cinq relations suivantes se manifestent dans la vie actuelle et illustrent la formation d'une nouvelle existence conditionnée par la précédente : ainsi s'enchaînent l'agrégat de la conscience (troisième) et ceux de l'esprit et du corps (quatrième), karmiquement marqués par les expériences précédentes et qui président à la formation des sens (cinquième). À partir des conditions ainsi établies, en présence d'un objet se fait le contact (septième) puis la sensation, agréable ou neutre (huitième). Les actes consécutifs sont les prémisses de nouvelles formations karmiques : l'expérience de la sensation engendre la soif, l'impulsion à agir pour répéter ou éviter l'expérience (neuvième), induisant l'attachement (dixième). Les fruits de ces actions sont annoncés par les deux derniers maillons, préludes à la future renaissance : la genèse d'une nouvelle vie déterminée par l'attachement (onzième), qui sera à son tour soumise à la naissance, à la vieillesse et à la mort (douzième).

Nom
s. *pratityasamutpada*,
p. *paticcasamuppada*.

Pour aller plus loin
Dite aussi « production conditionnée » ou « origine interdépendante », elle explique le processus du *karma* et la manière dont tous les phénomènes apparaissent et disparaissent dans des relations de cause à effet (*nidana*). Elle n'a pas de cause efficiente et même l'ignorance, qui constitue le premier maillon, est un facteur conditionné. L'élimination de celle-ci comporte également la compréhension du processus tout entier et, par conséquent, sa cessation.

Articles en relation
Samsara ;
Les trois poisons ;
Karma et renaissance ;
Impermanence ;
Les six destinées.

► *Bhavachakra*, gravure moderne

L'ignorance est l'état de confusion de l'esprit qui ne connaît pas sa vraie nature ni la réalité des choses. Elle conditionne la manière d'être et d'agir d'un individu, d'où découlent les formations karmiques qui prennent corps comme un vase d'argile façonné par le mouvement du tour. L'état d'ignorance, entendu comme un état de confusion de l'esprit, est comparé à une personne aveugle qui avance à tâtons.

La conscience façonnée par les formations karmiques est semblable à un singe curieux, qui saute sans cesse d'un objet à un autre. C'est le maillon qui indique comment l'énergie d'une vie précédente passe dans l'existence suivante.

La conséquence de l'attachement est la prolongation de l'existence (la femme enceinte), qui entraîne une nouvelle renaissance (la femme qui accouche) et la fin inévitable (les funérailles célestes).

Le désir (l'homme qui boit) né de la sensation est l'un des maillons faibles, qui peut être rompu afin de ne pas susciter l'attachement (la femme qui ramasse les fruits).

L'organe sensoriel, l'objet et la conscience produisent le contact (le couple enlacé), qui produit à son tour une sensation (la flèche dans l'œil).

Les deux maillons suivants illustrent la formation des agrégats psychiques (les passagers) et physiques (la barque) qui constituent l'individu, et les sens (la maison vide avec des fenêtres).

▲ *Bhavachakra*, Bhoutan, peinture murale, *dzong* de Tongsa (Bhoutan)

« Quand un moine a compris ce qui est manifesté, et n'a plus aucun dési pour cette vie ni pour d'autres, par la disparition de ce qui est manifesté il ne s'expose plus à de nouvelles existences » (Iv).

Nirvana

Nom
s. *nirvana*, p. *nibbana*, ch. *niepan*, j. *nehan*.

Terminologie
Parinirvana
Conclusion et synthèse du chemin spirituel complet de l'Éveillé, le *parinirvana* représente la délivrance définitive du cycle des renaissances. L'image qui l'évoque le mieux est celle du stupa, monument où sont conservées les reliques du Bouddha, symbole de la doctrine et du corps dharmique de l'Éveillé, souvent utilisé comme un substitut de ce dernier dans l'art indien aniconique.

Articles en relation
Vie du Bouddha; Le Bouddha historique; Les *arhat*; Les *bodhisattva*; *Samsara*.

C'est l'état de cessation de la souffrance qui suit la disparition de l'attachement et l'extinction du désir, de la haine et de l'ignorance. Il correspond à l'objectif de l'octuple sentier; c'est un état inconditionné et permanent. Il ne peut en découler ni l'existence ni la non-existence mais seulement la possibilité d'être réalisé. Pour le Theravada, c'est l'état atteint par le Bouddha et par l'*arhat* qui, après la mort, n'est plus obligé de renaître. Aujourd'hui, on distingue le nirvana résiduel atteint par le Bouddha au moment de l'Éveil, et le *parinirvana*, « extinction totale » ou nirvana non résiduel, auquel on parvient avec la mort quand les résidus psychophysiques de l'existence s'éteignent complètement. Dans la perspective du Mahayana, le nirvana de l'*arhat* est dit « statique » (*pratishtanirvana*) et ne correspond pas à l'éveil parfait des bouddhas et des *bodhisattva* supérieurs. Ceux-ci connaissent en effet le nirvana « dynamique » (*apratishtanirvana*) : éveillés par la vision de la vacuité, ils sont au-delà du *samsara* et en même temps ils agissent dans le monde, sans être contaminés par lui, pour le salut des êtres humains. La différence est encore une fois due à la différence de motivation : l'*arhat* cherche son propre salut et, une fois qu'il a atteint l'état de cessation de la souffrance, il y demeure libre de tout lien avec le monde, tandis qu'un *arya bodhisattva* ou un bouddha continuent à intervenir dans le monde avec leurs « moyens habiles »

► *Parinirvana*, XIIe siècle, l. 14 m, Gal Vihara, Pollonaruwa (Sri Lanka)

Maya Devi, la mère du Bouddha, descend du Trayastrimsa et assiste à l'événement. Sa présence dans les scènes du parinirvana *est déjà récurrente dans l'art chinois médiéval.*

Les bodhisattva *observent une attitude recueillie.*

Dans les représentations japonaises, l'accent est mis sur la participation de tout l'univers à la douleur de la disparition du Bouddha. Plus que l'Éveillé, comme c'était le cas dans la formule iconographique inspirée de l'Inde, le centre de la composition est la foule qui l'entoure, composée des disciples, des arhat, *des* bodhisattva, *des divinités et des animaux.*

La présence des animaux est typique de l'iconographie japonaise, où ils commencèrent à apparaître à la fin du XIIIe siècle.

Certains disciples, encore en proie aux passions, s'abandonnent à des manifestations de désespoir.

▲ *Parinirvana*, XVIIIe siècle, Japon, peinture sur papier, h. 131,5 cm Munich, Staatliches Museum für Volkerkunde

« La vacuité – ont dit les Victorieux – est l'élimination de toutes les opinions. Ceux pour qui même la vacuité est une opinion – ont-ils dit – sont inguérissables » (Nagarjuna, Mk).

Vacuité universelle

L'enseignement de la vacuité (*sunyata*) est l'une des clés de la philosophie Mahayana, exposée dans de nombreux *sutra* et érigée en système par Nagarjuna. C'est elle qui permet de dépasser les positions du bouddhisme de l'*Abhidharma*, à travers une réflexion soutenue sur l'insubstantialité de tous les phénomènes (*dharmanairatmya*), selon laquelle non seulement le « soi » mais toutes les choses sont dénuées de nature propre, dans la mesure où elles sont soumises au mécanisme de la « production conditionnée ». En effet, admettre l'existence de phénomènes dotés d'une nature propre signifie les considérer comme inconditionnés et donc permanents. En admettant que tout est sujet au changement, tout ce qui est considéré comme substantiel doit, par la force des choses, cesser d'exister pour que puisse se vérifier un changement. La position intermédiaire entre ces deux extrêmes de l'éternalisme et du nihilisme consiste dans la double vérité défendue par Nagarjuna, clé de la compréhension de la doctrine de la vacuité universelle. Cette doctrine suppose en effet la reconnaissance de deux niveaux de réalité : celui, relatif, de la vérité discursive qui distingue et connaît les phénomènes dans leur dimension apparente, et celui de la vérité absolue qui saisit la vacuité intrinsèque de toute chose et se situe au-delà de tout raisonnement discursif. Ces deux niveaux ne sont pas opposés mais complémentaires ; le plan de la vérité relative reconnaît une existence éphémère aux choses comme instrument indispensable à la connaissance intuitive de la vraie réalité : l'expérience de l'esprit libéré de toutes les catégories de pensée et vide de toute représentation subjective.

Nom
s. *sunyata*.

Terminologie
s. *ghanta*, « clochette rituelle » : elle symbolise la suprême sagesse (*prajna*), c'est-à-dire la vacuité. Sous la forme de la *vajraghanta*, sa poignée représente un *vajra*, l'élément masculin qui, uni à l'élément féminin (*ghanta*), constitue l'union parfaite des deux aspects de l'éveil.

Articles en relation
Les *sutra* du Mahayana ; La Perfection de la Sagesse ; Mahayana ; Madhyamaka ; Yogacara ; *Samsara* ; Les trois poisons ; Impermanence ; Inexistence du soi.

► Clochette rituelle (*vajraghanta*), première moitié du XVe siècle, Chine, cuivre doré et alliage, h. 26 cm
Londres, Galleria Rossi & Rossi

Ce couple constitue l'un des yidam *principaux des Sakyapa et représente, comme c'est souvent le cas dans le tantrisme, un concept ou principe divinisé : l'insubstantialité de la réalité adamantine. Il s'agit de la représentation formelle de l'enseignement du Hevajratantra et elle sert de support de méditation au pratiquant.*

Hevajra a huit visages, quatre jambes et seize bras. Chaque main tient une calotte crânienne contenant des dieux et des animaux.

Le couple foule aux pieds plusieurs corps, symboles des obstructions mentales.

Dans l'union mystique et l'identification au couple divin, le yogi réalise l'union des moyens de salut (l'élément masculin) et de la sagesse (l'élément féminin), qui mène à la félicité suprême, ou nirvana. Le plaisir suprême est suggéré par le symbole de l'union sexuelle sublimée, dans laquelle il n'y a pas d'émission de sperme.

▲ Hevajra et Nairatmya, XVIIe-XVIIIe siècle, Tibet, laiton doré, h. 18,5 cm Paris, musée Guimet

Le chemin vers l'éveil est le fruit de l'exercice des vertus et de la pratique de la sagesse, dans lequel s'engage le bodhisattva *avec pour seul désir d'aider tous les êtres vivants.*

La voie du bodhisattva

Cet itinéraire spirituel comporte une très longue série de renaissances et se déroule suivant cinq sentiers (*marga*) et dix terres ou niveaux spirituels (*bhumi*). Après l'apparition de la *bodhicitta* qui se produit au premier sentier et la compréhension de la vacuité qui correspond au deuxième, le *bodhisattva* acquiert l'état d'*arya bodhisattva* (« noble *bodhisattva* ») et entre dans le troisième (le « chemin de la vision », *darsana marga*), qui coïncide avec la première terre. Dès lors, le *bodhisattva* n'est plus un mortel ordinaire obligé de renaître dans l'une des six destinées, mais il peut choisir la forme et le moment où il se manifestera, là où son intervention est requise. Les dix étapes qui suivent, correspondant aux deux derniers sentiers, constituent la base (les « terres ») du développement des qualités du *bodhisattva* par la pratique des six perfections (*paramita*) et des activités éveillées. La sixième terre coïncide avec l'état d'*arhat* et la possibilité d'entrer dans le nirvana, auquel le *bodhisattva* renonce pour atteindre la bouddhéité parfaite, conformément au vœu qu'il a prononcé. En poursuivant sa voie, il acquiert la perfection des « moyens habiles » et élimine les derniers obscurcissements pour parvenir à la pleine omniscience et, avec celle-ci, à la bouddhéité.

Pour aller plus loin
La « conduite du *bodhisattva* » (*bodhisattvacarya*) est décrite dans différents textes et se caractérise par l'importance accordée à la sagesse transcendante, sans laquelle la compassion ne peut se manifester : l'union des deux coïncide avec l'éveil parfait. En principe, ce chemin est ouvert à chacun, moine ou laïque, et commence par l'apparition de la *bodhicitta* (« la pensée de l'éveil ») qui prend forme dans le vœu (*pranidhana*), prononcé devant un bouddha, d'atteindre l'éveil pour le bien de tous les êtres vivants.

Articles en relation
Vie du Bouddha ; Les *sutra* du Mahayana ; Mahayana ; Les *bodhisattva* ; Les *paramita*.

► Dipamkarajataka, IIe-IIIe siècle apr. J.-C., Gandhara, schiste, h. 40,3 cm
Londres, British Museum

Cette peinture illustre les dix étapes du chemin spirituel par dix assemblées. Les dix stades ne se distinguent pas sur le plan iconographique, puisque chacun présuppose tous les autres. Au cours des six premières étapes, le bodhisattva *pratique les six* paramita, *développant parallèlement d'immenses pouvoirs. Une fois la septième terre atteinte, son état spirituel est irréversible, dans la huitième il devient un* bodhisattva *céleste et dans la dixième il obtient la connaissance parfaite.*

L'image de Manjusri sur le lion et celle de Samantabhadra sur l'éléphant indiquent respectivement le bodhisattva *qui guide au début du chemin Sudhana, modèle de l'aspirant à l'éveil décrit dans le Gandhavyuha, et le* bodhisattva *qui valide l'accomplissement du chemin.*

▲ *Les Dix Terres du bodhisattva*, début du xe siècle, provenant de Dunhuang (Chine), peinture sur soie, h. 286 cm Paris, musée Guimet

« Doté d'un esprit dénué d'influences impures [...] il ne considère pas celui qui offre, ni celui à qui il offre, ni ce qu'il offre, ni, enfin, qui est le "moi" qui offre » (Asp).

Les paramita

Nom
s. et p. *paramita*, « les perfections ».

Pour aller plus loin
Les quatre dernières perfections, réalisées à partir de la septième *bhumi*, correspondent à la perfection des moyens habiles (*upayakausalya paramita*), du don (*pranidhana paramita*), de la force (*bala paramita*) et de la connaissance (*jnana paramita*). Dans les deux dernières terres, chaque action du *bodhisattva* naît de manière spontanée et ce dernier a la capacité de passer continuellement de la vision de la vacuité à celle de la multiplicité de la réalité phénoménale.

Articles en relation
Vie du Bouddha ; Les *sutra* du Mahayana ; Mahayana ; Les *bodhisattva* ; La voie du *bodhisattva*.

L'importance des six perfections remonte au bouddhisme ancien et trouve son illustration dans les *jataka*, dont les récits mettent en évidence l'exercice des vertus que le Bouddha a pratiquées au cours de ses innombrables vies. Dans le Mahayana, la pratique des vertus devient le paradigme de l'excellence du *bodhisattva*, dont l'esprit libéré du dualisme mène à la réalisation de chaque vertu jusqu'à la plus haute « perfection » (*paramita*). Bien loin, donc, d'être simplement de bonnes actions, les perfections du *bodhisattva* sont des actes éveillés par la vision juste qui découle de la sagesse (*prajna*) : le don n'est pas l'exercice de la générosité, mais l'expression de la conscience qu'il n'y a pas de distinction entre la chose donnée, le donateur et le bénéficiaire. La pratique des *paramita* comprend : la perfection du don (*dana*), qui implique l'aide matérielle ou spirituelle ; l'observance des préceptes (*sila*), qui implique de s'abstenir des dix actions non vertueuses, d'agir justement et d'attribuer aux autres les mérites de leurs actions ; la patience (*ksanti*), qui est de supporter l'adversité, ordinaire ou spirituelle ; la persévérance (*virya*), c'est-à-dire la capacité de garder une attitude vigilante, concentrée et constante dans la pratique ; la méditation (*dhyana*), c'est-à-dire la conscience stabilisée ; et la perfection de la sagesse (*prajna*), la dernière, en réalité la base de toutes les autres perfections, qui ne peuvent devenir telles que si elles sont éveillées par la vision de la vacuité absolue.

► Le *bodhisattva* Maitreya, XIIe siècle, Bengale (Inde), argent et pierres semi-précieuses, h. 32,4 cm Cleveland, Cleveland Museum of Art

Un autre exemple de sacrifice extrême est celui du roi des singes, Mahakapi, qui transforme son propre corps en pont pour sauver son peuple.

Les différents récits offrent surtout des exemples de la perfection du don, comme dans l'histoire de Syama, dans laquelle ce bodhisattva, *fils affectueux d'un couple aveugle, est tué par erreur alors qu'il puise de l'eau à la source.*

Sur ce fragment, on reconnaît différents récits, illustrés généralement par des scènes uniques, situées dans des paysages montagneux.

L'exercice des paramita *est représenté de manière paradigmatique par les récits des* jataka, *qui constituaient l'un des sujets favoris de l'art bouddhique depuis les premières représentations indiennes du* IIe *siècle av. J.-C. Dans le complexe rupestre de Kizil, dans l'actuelle Chine de l'Ouest, les illustrations des* jataka *figurent dans des losanges qui recouvrent le plafond voûté des temples-grottes.*

▲ Illustrations de *jataka*, fin du IVe siècle – début du Ve siècle, provenant de la grotte 114, Kizil (Chine), peinture murale, h. 238 cm Berlin, Museum für Indische Kunst

La terre pure n'est pas un paradis de plaisirs, mais un lieu de perfection spirituelle, où n'existent ni désir ni attachement et où la voie qui mène à l'éveil est plus efficace.

Les champs de Bouddha

Nom
s. *Buddhakshetra*;
ch. *jingtu*, « terre pure » ;
j. *jodo*, « terre pure ».

Pour aller plus loin
Certains textes distinguent trois sortes de champs (pur, impur et mixte), ne reconnaissant comme « purs » que les lieux spirituellement parfaits, générés par l'infinie compassion des bouddhas. Notre monde, qui apparemment ne possède pas ces caractéristiques, serait un champ « impur », manifesté par Shakyamuni pour aider les êtres qui se trouvent dans des circonstances défavorables au progrès spirituel. Cependant, d'après un autre texte, même ce monde serait une terre pure et sa perception comme lieu impur dépendrait des contaminations de l'esprit.

Articles en relation
Écoles de la Terre pure ;
Amitabha ;
Les bouddhas cosmiques ;
Trikaya.

Selon la cosmologie Mahayana, dans l'espace il n'existe pas un mais d'innombrables mondes, dans certains desquels est présent un bouddha. L'endroit où un bouddha se manifeste et agit pendant un temps assez long est appelé « champ de Bouddha » ou, dans le bouddhisme extrême-oriental, « terre pure ». Ce champ est « pur » puisqu'il est généré par l'activité méritoire et la pensée pure d'un bouddha qui, au cours de son chemin en tant que *bodhisattva*, accumule les mérites et crée une dimension intacte où les êtres peuvent renaître et bénéficier de circonstances particulièrement favorables à l'éveil. Les caractéristiques de chaque terre et les conditions pour l'atteindre dépendent des vœux prononcés au début de leur chemin par les bouddhas qui siègent dans ces terres. Malgré les différences, les terres pures possèdent des qualités communes, décrites dans les *sutra* : le *dharma* y est omniprésent, rien n'est désagréable, laid ou douloureux et il n'existe aucun attachement, ni séduction des sens. La littérature célèbre les terres d'Aksobhya, de Bhaisajyaguru et d'Amitabha. Entre toutes, la plus célèbre et la plus recherchée est la Terre pure d'Amitabha, car elle offre une possibilité de salut immédiat grâce à la présence de ce bouddha qui dispense son enseignement à tous ceux qui y renaissent. La limitation de l'attente à une seule renaissance et l'universalité de son message rendirent le culte de la Terre pure d'Amitabha plus populaire que l'espoir de renaître dans le royaume céleste de Maitreya ou celui de renaître à l'époque de la descente sur terre de ce dernier.

La représentation de la Terre pure d'Amitabha est l'un des sujets récurrents des peintures murales qui ornent les grottes de Dunhuang. À côté de celles-ci, il existe aussi de nombreuses peintures mobiles qui présentent les mêmes caractéristiques iconographiques que les peintures murales.

Le bouddha Amitabha accomplit le geste du double vitarkamudra, *typique de nombreuses représentations japonaises, qui caractérise les scènes situées dans la Terre pure. La renaissance dans la Sukhavati est le résultat du pouvoir des vœux d'Amitabha et le salut, surtout en des temps obscurs, quand il est difficile de l'atteindre par ses propres efforts, est possible en vertu de la « force de l'autre » (ch.* tali, *j.* tariki*; par opposition à la « force intérieure », ch.* zili, *j.* jiriki*).*

*Une plate-forme articulée repose sur l'étang aux lotus où, sur certaines fleurs déjà écloses, plusieurs âmes dont la renaissance s'est faite dans la Terre pure font le geste de l'*anjalimudra.

► *Amitabha dans la Sukhavati*, début du Xe siècle, provenant de Dunhuang (Chine), peinture sur soie, Paris, musée Guimet.

◄ *Aksobhya dans l'Abhirati*, vers 1200, peinture murale, temple Sumtsek d'Alchi, Ladakh (Inde).

Le registre du bas illustre les treize techniques de méditation enseignées par Amitabha à la reine Vaidehi, qui permettent de se visualiser comme des âmes nées à nouveau dans la Sukhavati.

Au Japon, à partir du début du XIe siècle, on construisit de nombreuses salles consacrées à Amida, ouvertes vers l'est, dans lesquelles étaient placées neuf statues de ce bouddha. Elles représentent les neuf degrés de salut possibles en fonction du niveau spirituel du défunt.

L'approche du début du mappo *(1052) favorisa également la construction de temples dont le dessin traduisait les descriptions de la « Terre de béatitude » d'Amida et qui étaient disposés autour d'un lac artificiel reproduisant l'étang aux lotus.*

▲ Hoodo du Byodoin, 1053, Uji, Kyoto (Japon)

La plus célèbre de ces constructions est le Hoodo (le « Pavillon du phénix ») du Byodoin à Uji, près de Kyoto. Demeure aristocratique transformée en temple privé, il traduit sur le plan architectural la vision de la Sukhavati qui devait aider et préparer le propriétaire, au moment de sa mort, à rencontrer Amida. Le pavillon est ouvert à l'est et les deux ailes latérales qui le flanquent avancent avec légèreté vers le lac. L'intérieur, dominé par la monumentale statue en bois d'Amida, escortée par de petites statues de bodhisattva, *installés chacun sur un nuage, qui ornent les murs, évoque la vision mystique de la descente d'Amida à la rencontre des fidèles.*

« Celui qui demeure avec vigilance dans le Dharma et dans la discipline quittera le cycle des renaissances et mettra fin à la souffrance » (Mps).

Éveil

Nom
s. et p. *bodhi*, ch. *puti*, j. *budai*.

Terminologie
ch. *wu*, j. *satori*, « compréhension », « vision ».

Pour aller plus loin
Au-delà des différentes voies et des diverses représentations destinées à exprimer l'état de celui qui est parvenu à l'éveil, certains aspects de celui-ci sont reconnus par toutes les traditions. Il s'agit de l'action spontanée, qui surgit de la vision de la vacuité (Mahayana et Vajrayana), ou du fond de l'esprit pur (Chan et Zen). Avec l'éveil, on fait en même temps l'expérience absolue de la vacuité et l'expérience relative de la multiplicité des phénomènes, et l'on se trouve libéré de l'attachement.

Articles en relation
Chan; Zen.

L'éveil (*bodhi*, souvent traduit improprement par « illumination ») désigne l'état atteint par celui qui s'est libéré des obscurcissements passionnels et cognitifs, qui connaît la nature impermanente de la réalité et fait l'expérience de l'état de tranquillité, grâce à l'extinction des passions et à l'élimination de leurs causes. Selon les traditions, ce mot prend diverses significations, qui divergent sur la voie menant à l'éveil. Dans le Theravada, l'éveil est l'état atteint par les *arhat* qui ont suivi le chemin du Bouddha et obtenu le même résultat (le nirvana), tout en n'égalant pas l'éveil parfait du Bouddha et en ne possédant pas le pouvoir de son enseignement. Les *shravaka* (disciples), parvenus à la compréhension intuitive et immédiate des quatre nobles vérités, prennent le chemin de « l'entrée dans le courant », où ils ne sont soumis qu'à sept renaissances, de l'« unique retour » (une seule renaissance), du « sans retour » (renaissances dans les seuls mondes de la forme et de l'absence de forme), jusqu'à l'état d'*arhat*. Pour le Mahayana, l'éveil des *arhat* est encore imparfait, car dicté par le désir d'une libération individuelle. Seule la voie du *bodhisattva* mène à l'état de bouddha parfait (*samyaksambuddha*). Au départ, la pratique de ces deux voies ne diffère pas: toutes deux prônent en effet l'apaisement des passions, l'observation des préceptes et la pratique de la méditation qui transforme l'esprit. Mais, pour le Mahayana, seule la leçon de la vacuité absolue laisse le champ totalement libre pour parvenir à l'expérience suprême de la compassion et de la sagesse transcendante.

► Reliquaire en forme de stupa, 1150-1200, provenant de Dedigama (Sri Lanka), h. 8 cm
Colombo, Musée national

Le cercle (j. enso*) est le symbole utilisé par certains maîtres Zen pour évoquer l'éveil, l'état de perfection qui coïncide avec la vacuité et avec la véritable nature de la réalité. Le cercle est en effet l'un des symboles les plus efficaces pour traduire l'état de perfection originelle et de pureté qui correspond à l'éveil.*

Le cercle est le signe de la perfection absolue, qui n'a ni début ni fin; de la vacuité, semblable à la surface d'un miroir, qui reflète toutes choses mais est indifférenciée; de l'éveil lui-même, suggéré par la forme parfaite qui surgit à l'improviste du fond blanc.

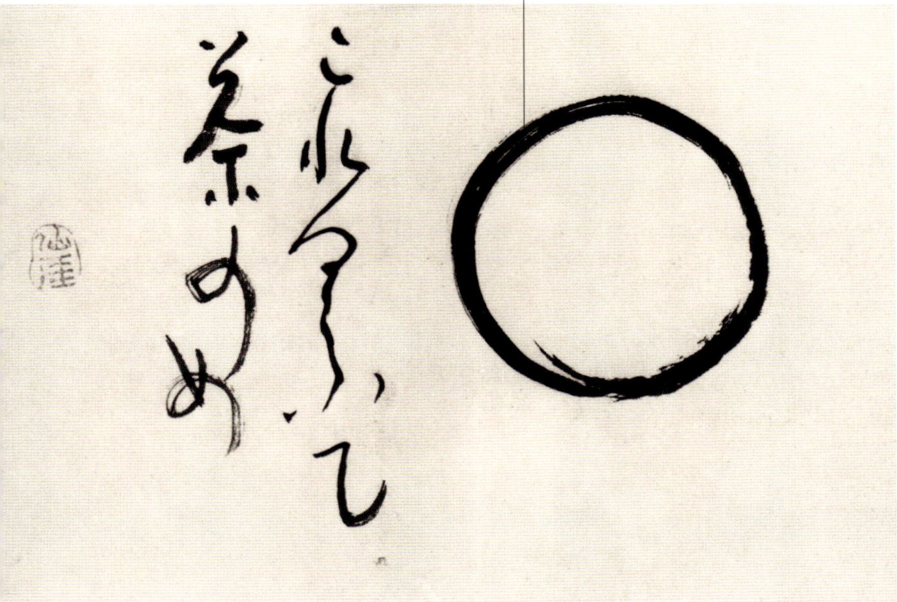

Tracé avec l'instantanéité propre à la calligraphie, le cercle exprime l'essence de la réalité qui surgit spontanément de l'esprit originel, une fois que l'esprit ordinaire, discursif, demeure immobile.

▲ *Enso* de Sengai (1750-1837), Japon, encre sur papier, h. 26 cm Tokyo, musée Idemitsu

Dans le bouddhisme tantrique, certains sons, gestes et images ont une grande efficacité rituelle car ce sont des instruments permettant d'accéder à la réalité absolue. Un exemple en est la syllabe-germe (s. bija*), c'est-à-dire un son considéré comme correspondant à une divinité. La récitation de certains* mantra *a le pouvoir de manifester la divinité associée à ces sons. De la même manière, la représentation d'une syllabe dans une peinture évoque symboliquement la divinité et peut être utilisée comme support de méditation.*

À la différence des images qui représentent les divinités dans leur dimension corporelle, les syllabes possèdent une efficacité symbolique beaucoup plus puissante, puisqu'elles évoquent sans médiation l'essence des divinités: plus grand est le degré d'abstraction, moins important est le travail d'interprétation de l'esprit et plus rapide le contact avec la dimension absolue illustrée par le symbole.

◄ Syllabe-germe de Vairocana, XIVe siècle, Japon, peinture sur soie, h. 85,3 cm, Tokyo, Musée national

« Alors, en cet instant, de la touffe de poils blancs entre les sourcils du Bienheureux, jaillit un rayon de lumière qui se répandit sur dix-huit mille champs de Bouddha à l'orient » (Sps.)

Les mille bouddhas

Pour les écoles du bouddhisme ancien, comme le Theravada, chaque ère est marquée par la présence d'un seul bouddha, dont l'enseignement dure un certain temps avant de disparaître et d'être renouvelé par le bouddha de l'époque suivante. Avant son éveil, chaque bouddha est un *bodhisattva* qui a entrepris l'itinéraire en présence d'un autre éveillé (dont il reçoit la prophétie de son éveil futur) et qui parcourt ce chemin pendant un très grand nombre d'existences, au cours desquelles il se soumet à d'immenses sacrifices et pratique les vertus, renonçant à l'état d'*arhat* afin d'atteindre à la bouddhéité et de renouveler le *dharma* pour le bien de tous les êtres. Selon le Mahayana, dans l'univers infini il existe d'innombrables *buddhakshetra* (« champs de Bouddha ») où les éveillés exposent continuellement leur doctrine. Le culte rendu à ces bouddhas et à leurs enseignements est l'une des caractéristiques du Mahayana et se fonde sur les pratiques visant à atteindre les champs purifiés. Ces techniques comprennent la remémoration du bouddha (*buddhanusmrti*), c'est-à-dire la visualisation, pendant la méditation, d'un bouddha (ou, mieux, de son *sambhogakaya*), comme si le dévot se trouvait en sa présence. Cette pratique connaît un développement ultérieur au sein des écoles de la Terre pure de Chine et du Japon, prenant la signification de « récitation du nom du bouddha » (*nianfo/nenbutsu*), grâce à laquelle il est possible de renaître dans le champ d'un bouddha et, en recevant directement les enseignements de celui-ci, d'accélérer et de raccourcir le chemin vers le salut.

Iconographie
Les images de bouddhas assis, reproduites en série sur les murs des monastères bouddhiques, sur les stèles ou les peintures de nombreux pays d'Asie, évoquent l'idée des mondes infinis de l'espace illimité dans lesquels les bouddhas se manifestent et dispensent leur enseignement au profit des êtres sensibles.

Articles en relation
Les champs de Bouddha ; *Trikaya*.

◄ Les mille bouddhas, fin du ve siècle apr. J.-C., peinture murale, grotte 2, Ajanta (Inde)

La manifestation terrestre d'un bouddha est une sorte de transforma tion magique de sa nature supramondaine inscrite dans l'espace et le temp. pour le bénéfice de tous les êtres humains.

Trikaya

Nom
« Trois corps »,
« triple corps ».

Terminologie
Nirmanakaya
Le corps d'apparition, ou corps illusoire, peut être de trois sortes : suprême, quand il correspond au corps avec lequel se manifestent les bouddhas comme Shakyamuni pour se rendre visibles aux êtres humains et dispenser leur enseignement ; d'émanation, quand il s'agit de la manifestation de maîtres ou d'animaux ou de tout objet permettant de rapprocher les personnes du *dharma* ; et artistique, c'est-à-dire soit l'œuvre d'art qui représente un bouddha, un *bodhisattva* ou toute autre chose évoquant l'éveil, soit l'artiste créateur.

Articles en relation
Le Bouddha historique ; Les bouddhas cosmiques ; Le bouddha primordial ; Cosmologie ; L'image du Bouddha ; Les *tulku*.

► *L'Adibuddha Samantabhadra*, détail du tableau des visions du *Bardo* (p. 152), fin du XIXe siècle, Tibet, *tempera* sur coton Paris, musée Guimet

Selon la doctrine du *trikaya*, la véritable dimension d'un bouddha cor respond au *dharmakaya*, le « corps du *dharma* » entendu comme l'en semble des qualités propres d'un bouddha et comme l'expression d son enseignement (*dharma*). Celui-ci étant compris comme ensei gnement de la vacuité absolue, le *dharmakaya* finit par être assimil à la vacuité elle-même et présenté comme le reflet cosmique de la vrai nature de la réalité (*tathata*). Le *dharmakaya* est le résultat de l'évei qu'atteignent les bouddhas dans l'Akanistha, le niveau le plus élev du Rupadhatu, et il est imperceptible. Le *sambhogakaya* (« corps d jouissance ») procède du premier par l'effet de l'infinie compassior des bouddhas et consiste dans la manifestation visible du *dharma-kaya* doté des signes particuliers (*laksana*) d'un être suprême (*maha-purusa*). C'est sous cette forme que les bouddhas cosmiques appa-raissent aux *bodhisattva* et à ceux qui parviennent, par la méditatior ou la renaissance, aux *buddhakshetra* où les éveillés enseignent l *dharma*. Enfin, le *nirmanakaya*, ou « corps d'apparition », est le résul-tat des moyens habiles des bouddhas qui se manifestent sur la terr dans les limites spatio-temporelles de la dimension humaine, sous l'as-pect et dans les conditions intelligibles pour les êtres humains.

Les bouddhas cosmiques, tel Vairocana, se manifestent dans le sambhogakaya, *le corps glorieux doté de 32 caractéristiques (*laksana*) principales et 80 secondaires, qui évoque l'état de perfection des éveillés.*

La supériorité du bouddha se traduit par les attributs royaux tels que la couronne, les colliers, les bracelets et les boucles d'oreilles.

L'idée d'une distinction entre la dimension physique du Bouddha et sa nature supramondaine est déjà présente dans le bouddhisme ancien, mais se trouve pleinement développée dans le Mahayana, parallèlement à un changement dans la perception de la figure de l'Éveillé. Ce concept fait son chemin surtout dans les spéculations du Yogacara et prend forme dans la doctrine dite du trikaya *(« triple corps ») qui concerne les trois types de corps d'un bouddha.*

▲ Vairocana, XIVe siècle, Tibet, laiton avec incrustations de cuivre et d'argent, h. 25,4 cm Londres, Victoria and Albert Museum

L'enseignement tantrique vise la réalisation de l'absolu dans le relatif, en purifiant l'esprit de ce qui empêche le rayonnement de la claire lumière de la connaissance.

Tantra

Le mot *tantra* signifie « trame » et désigne la trace invisible du principe (le continuum de la conscience, le *tathagatagarbha*) qui imprègne toute chose et constitue la nature adamantine de la réalité, se déployant dans la multiplicité des phénomènes. Cette trame magique qui soustend la dimension macro et microcosmique peut se dévoiler grâce à des pratiques appropriées dans lesquelles le corps, la parole et l'esprit de l'adepte deviennent des instruments de transformation et d'accès à des niveaux de conscience toujours plus subtils. Ces pratiques visent la connaissance des énergies (*prana*) présentes dans l'individu, souvent représentées comme des puissances divines, afin de les maîtriser et de les unifier, réalisant ainsi la pleine conscience de l'unité et de la vacuité de tous les phénomènes. Dans la psychophysiologie tantrique, le corps humain est constitué de canaux qui traversent les centres énergétiques (*chakra*), semblables à des portes qui peuvent s'ouvrir à différents niveaux de perception et de conscience. La méthode utilise donc divers outils qui comprennent la récitation de *mantra* (sons dotés du pouvoir d'évoquer les divinités), la visualisation des divinités et l'utilisation de mandalas grâce auxquels l'adepte se transforme en la divinité et, ainsi renforcé, expérimente par la pratique l'état d'éveil.

Pour aller plus loin
Le tantrisme, compris comme l'ensemble des pratiques et enseignements contenus dans les textes appelés *tantra*, s'est développé en Inde et a influencé la phase plus tardive du bouddhisme indien, auquel il a fourni de nouveaux outils de pratique spirituelle. Il constitue une composante fondamentale du Vajrayana et imprègne aussi la doctrine de l'école Shingon du bouddhisme japonais. Il existe différentes classifications des textes tantriques. La classification canonique les subdivise en quatre catégories : *tantra* de l'action (*kriya*), de l'accomplissement (*carya*), du yoga et du yoga suprême (*anuttarayogatantra*).

Articles en relation
Vajrayana ; Bouddhisme tibétain ; Méditation ; Initiation ; Mandala et autres supports de méditation.

◄ Ganthapa et sa parèdre, seconde moitié du XVIe siècle – début du XVIIe siècle, Tibet, bronze doré, h. 22,7 cm Londres, Victoria and Albert Museum

La liturgie tantrique se base sur une relation étroite entre l'univers et l'homme, entre les forces actives dans le cosmos et celles qui agissent à l'intérieur de l'individu. Ces dernières, considérées comme des forces divines qui habitent le corps humain, peuvent être maîtrisées et utilisées pour la réintégration de l'individu dans sa vraie dimension adamantine.

Correctement guidée et canalisée, l'énergie circule le long du canal central, de bas en haut, de la multiplicité (le corps) à l'unité (le sommet du crâne), en traversant les six chakras qui correspondent aux organes sexuels, au nombril, au cœur, à la gorge, au front et à la tête, révélant la nature lumineuse de l'esprit (« claire lumière »).

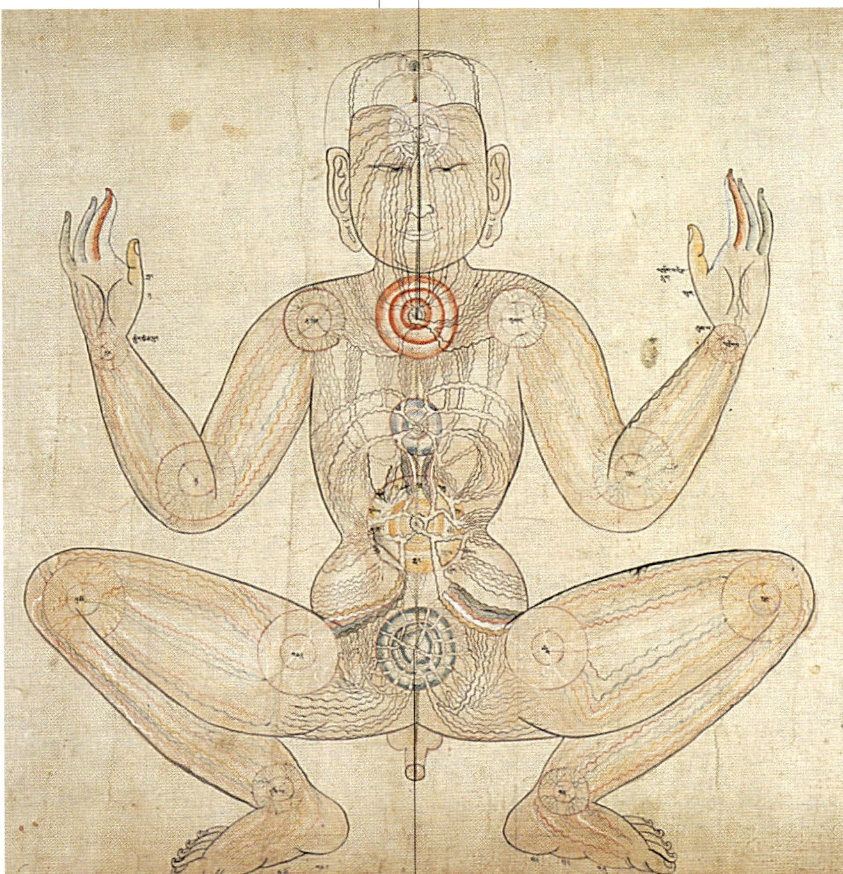

En vertu de ces correspondances entre macro et microcosme, le corps devient l'instrument qui permet de réaliser l'expérience transformatrice de la félicité de l'éveil, en faisant circuler l'énergie vitale (prana) *depuis les canaux* (nadi) *secondaires vers les canaux principaux.*

▲ *Le Système bouddhique des chakras dans le corps humain*, XVIe siècle, Tibet, peinture, h. 182 cm Londres, collection privée

Le troisième œil représente la vision spirituelle qui transcende la vision ordinaire, duelle, de la réalité.

Sur la base de l'analogie entre univers (mandala extérieur) et corps (mandala intérieur, corps subtil), l'expérience transformatrice peut être réalisée grâce à de nombreuses techniques de méditation, dont certaines utilisent le mandala comme support privilégié.

Plongé dans la félicité de la vacuité, Samvara, avec ses nombreux visages tournés dans toutes les directions, fait en même temps l'expérience de la multiplicité du monde des phénomènes.

L'absolu a la forme de Samvara et Vajravarahi en union mystique (dite aussi yab-yum, *littéralement « père-mère »). Chaque aspect de l'image contient son opposé, pour symboliser le degré plus avancé de l'unité parfaite.*

Les différents chakras du corps humain sont vus comme des mandalas à travers lesquels les éléments (et niveaux de conscience) correspondants sont purifiés de leurs imperfections.

▲ *Paramarasukha-Chakrasamvara mandala*, vers 1100, Népal, peinture sur coton, h. 68,2 cm
New York, Metropolitan Museum of Art

La transmission de l'enseignement est représentée par les bouddhas et les bodhisattva *de la famille du* vajra, *symbole de l'état primordial que le pratiquant doit retrouver.*

Dzogchen

L'origine du Dzogchen remonte à Samantabhadra, le bouddha primordial des Nyingmapa qui représente la dimension de perfection originelle de la réalité, l'esprit dans son état non souillé et vide, l'état d'éveil parfaitement pur et non obscurci par l'ignorance. La transmission de l'enseignement se fait de Samantabhadra à ses émanations sous l'aspect de *sambhogakaya*, Vajrasattva ou les bouddhas des cinq familles; de ceux-ci aux *vidyadhara* (« porteurs de connaissance », êtres transcendants parfaitement réalisés, semblables aux *bodhisattva* supérieurs); et enfin aux hommes, par l'intermédiaire de *nirmanakaya* comme Padmasambhava. La particularité du Dzogchen réside dans la conception de l'éveil immanent, qui est montrée par le maître au disciple au moyen d'une révélation d'esprit à esprit impliquant la suspension de toute activité de la pensée. Il s'agit de la vision de l'état naturel (*rigpa*) et spontané de l'esprit en condition de concentration. L'apparition des souillures et l'éloignement de l'état de pureté s'expliquent en termes de processus de manifestation de l'esprit, c'est-à-dire dans le passage à l'état conscient. La pureté primordiale ne peut être maintenue qu'en demeurant dans un état de présence et de concentration, même dans la dimension dynamique et multiple de la manifestation, sans se perdre dans les apparences ni se précipiter dans la vision duelle de l'esprit ordinaire.

Nom
« Grande perfection ». Ce terme désigne soit l'état primordial de pureté parfaite de tous les phénomènes (équivalant au *dharmadhatu* ou au *tathagatagarbha*) du point de vue de l'esprit éveillé, soit l'enseignement suprême de l'école Nyingmapa.

Articles en relation
Vajrayana; Bouddhisme tibétain; Nyingmapa; Les bouddhas cosmiques; Le bouddha primordial.

◄ *Vajra*, XIIe-XIIIe siècle, Tibet, fer et alliage de cuivre, l. 21 cm
Londres, Galleria Rossi & Rossi

« Dans ce corps [...] doué de connaissance et d'esprit, j'affirme qu'il y a le monde, l'origine du monde, la cessation du monde et le chemin qui mène à la cessation du monde » (Rs).

Cosmologie

Selon la cosmologie bouddhique, l'univers est infini, et constitué de nombreux systèmes de mondes. La structure de chaque système s'organise autour du Meru, mont axial mythique, entouré de sept chaînes montagneuses concentriques séparées par sept mers. Tout autour, l'océan extérieur lèche les quatre îles-continents situées aux quatre points cardinaux, l'île méridionale, nommée Jambudvipa (le « continent du jambosier »), étant la demeure des êtres humains et le lieu où se manifestent les bouddhas. Entre la base du mont Meru, qui baigne dans l'océan, et son sommet qui touche le ciel, s'étagent plusieurs niveaux où habitent, en partant du bas, les *asura* (démons, non-dieux), les *naga* (serpents gardiens des trésors), les *yaksa* et les *yaksi* (génies de la nature) et les semi-divinités célestes (*gandharva* et *apsara*). Dans les régions souterraines, sous le Jambudvipa, se trouvent les enfers, tandis que, au sommet du Meru, se situent les six demeures des dieux du monde du désir (*kamadhatu*). Au-dessus du *kamadhatu*, le monde de la forme (*rupadhatu*) comporte seize niveaux dont les cinq supérieurs constituent les « demeures pures » d'où il est impossible de redescendre et où l'on est proche du nirvana. Au-delà se situe le monde sans forme (*arupadhatu*) constitué de quatre étages.

Les différents étages du *rupadhatu* sont habités par les *brahma*, une catégorie de dieux aux niveaux de conscience toujours plus subtils; on peut accéder à leurs demeures grâce à des pratiques de méditation qui comportent la renaissance à l'étage correspondant.

Iconographie
Les descriptions cosmologiques sont présentes dans différents textes en pali et en sanskrit. Dans le monde tibétain, les deux plus répandues sont illustrées dans les peintures murales des vérandas des temples: celle inspirée de l'*Abhidharmakosa* et celle décrite dans le *Kalachakratantra*. Ces deux modèles, bien qu'ils présentent une structure semblable, diffèrent par certains détails et par les implications qu'ont ces images sur la relation entre la structure de l'univers et celle du corps humain, mise particulièrement en évidence dans le modèle du *Kalachakratantra*.

Articles en relation
Samsara;
Karma et renaissance;
Méditation.

► Mandala votif, XVIIIe siècle, Chine, laiton doré, h. 37,5 cm
Paris, musée Guimet

Au-dessus de la citadelle d'Indra se déploient les quatre cieux du kamadhatu.

Au sommet du mont se trouve le Trayastrimsa, le ciel des trente-trois dieux avec, à leur tête, Indra.

Cette peinture murale illustre le système cosmique conforme à la description donnée par l'Abhidharmakosa. Le grand océan extérieur est subdivisé en quatre secteurs, orientés selon les quatre points cardinaux et contenant chacun trois îles-continents. L'océan et ses continents sont vus à plat.

Sept îles-montagnes concentriques entourent le mont Meru, situé au centre et vu de profil.

La base de la montagne cosmique est formée de quatre terrasses : sur la première vivent les naga *et autres créatures aquatiques, tandis que la quatrième est habitée par les quatre gardiens de l'espace.*

Le continent du jambosier (Jambudvipa) émerge des eaux méridionales ; c'est là que vivent les êtres humains.

▲ Représentation cosmologique, peinture murale, *dzong* de Tongsa (Bhoutan)

Le dhyana *est une technique de méditation qui comporte quatre stades. Sa pratique conduit aux renaissances dans les différents niveaux des mondes du* rupadhatu *et de l'*arupadhatu.

Le quatrième stade correspond aux niveaux supérieurs du rupadhatu, *le dernier étant l'Akanistha, la demeure pure où il est possible de parvenir à l'éveil. C'est là que les bouddhas atteignent l'éveil et prennent les aspects sous lesquels ils se manifestent aux êtres humains.*

Le fait de cultiver des états d'âme positifs et la pratique de la méditation conduisent à expérimenter une existence sur des plans plus élevés dans le monde des brahma. *Inversement, selon Gethin, quand un individu agit sous l'impulsion d'émotions négatives, c'est comme s'il se trouvait momentanément dans l'un des niveaux correspondant à cet état d'âme (l'un des mondes des enfers). La répétition d'habitudes mentales néfastes détermine à la fin la renaissance dans l'un des enfers.*

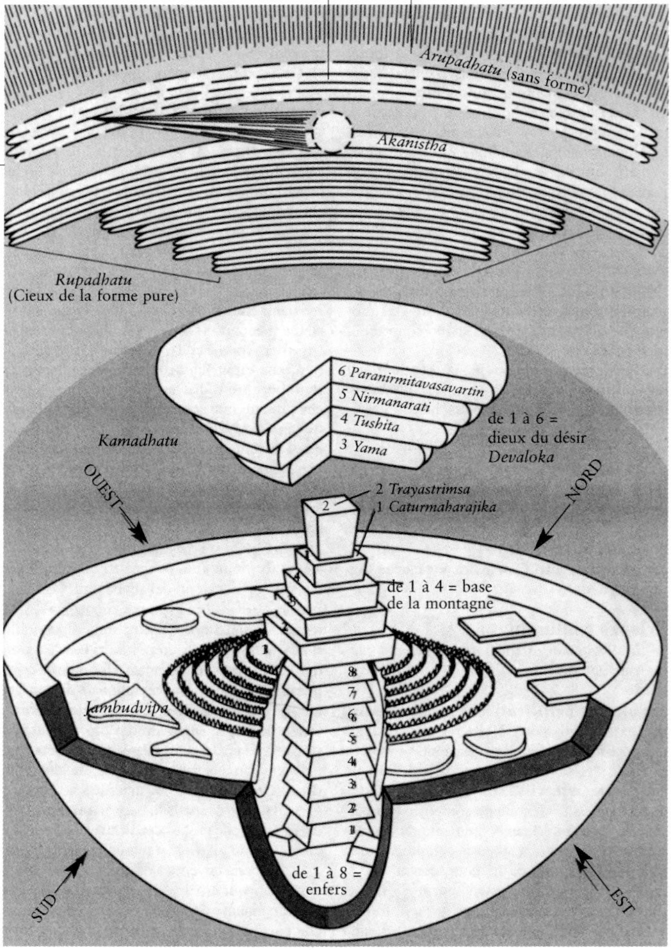

▲ Représentation du cosmos bouddhique

« Le sot est enchaîné dans les diverses destinées [du processus] de la transmigration, parce qu'il se cramponne à l'existence » (Ls).

Les six destinées

Les six voies ou destinées appartiennent au *kamadhatu*, où tous les êtres vivent une existence sur le plan sensoriel et sont conditionnés par les sens. Au-delà du *kamadhatu* on ne peut renaître que comme *deva* d'un niveau élevé : comme *brahma* du *rupadhatu*, dieux dotés de conscience et de deux sens seulement, qui expérimentent différents états méditatifs, ou *brahma* de l'*arupadhatu*, dieux de pure conscience plongée dans la méditation. Comme l'a souligné Gethin, la signification de cette subdivision réside dans le principe de symétrie entre cosmologie et psychologie : un être humain qui agit avec un esprit contaminé par l'ignorance renaîtra dans le règne animal et sera guidé par l'instinct. En d'autres termes, on devient l'état mental que l'on expérimente. Par conséquent, agir correctement en éliminant l'ignorance, le désir et la haine, conduit à des renaissances heureuses, mais encore liées à la sphère sensorielle, tandis que pratiquer la méditation et expérimenter des états de calme et de concentration profonde conduit à renaître en tant que *brahma* et à « exister » dans une forme plus pure. Même si ces niveaux correspondent à des états de félicité intense, ils ne représentent cependant pas le but, mais l'occasion d'aller plus loin. L'accès au nirvana peut se produire à n'importe quel niveau à partir de la dimension humaine et n'implique pas de passer par tous les niveaux supérieurs : renaître sous une forme humaine est déjà un résultat qui attend d'être perfectionné.

Nom
s. et p. *sad gati*, ch. *liudao*, j. *rokudo*.

Pour aller plus loin
Ce sont les six conditions possibles de renaissance dans le *samsara*, déterminées par le *karma* : trois sont heureuses (être humain, *deva* et *asura*) et trois sont malheureuses (animal, *preta* et condamné aux enfers). Malgré cette distinction, fondée sur les divers degrés de souffrance/ignorance, toutes les renaissances sont négatives dans la mesure où elles impliquent d'errer continuellement dans le *samsara* tant que durent les effets du *karma*.

Articles en relation
Ksitigarbha ; Cosmologie ; Les enfers.

◄ Détail de la *Bhavachakra* de la p. 213 : la renaissance dans le monde des hommes, fin du XIXe siècle, Tibet, estampe en couleurs, h. 94 cm
Paris, musée Guimet

Les six destinées sont symbolisées chacune par une image figurée sur un nuage; de haut en bas: deva, asura, *être humain, animal,* preta, *et condamné aux enfers.*

L'iconographie de l'au-delà qui s'est développée en Chine à partir du Xe *siècle imagine les tribunaux des enfers sur le modèle des cours de justice terrestres. Après avoir traversé les dix étapes du jugement, le défunt reçoit la sentence concernant le type de renaissance qui l'attend.*

En Chine, la possibilité, prévue par la doctrine bouddhique, d'intervenir en faveur du défunt en lui dédiant les mérites acquis (par la lecture des sutra *et l'offrande d'images et de textes sacrés), à l'occasion des dates établies pour les jugements, s'est greffée sur le culte traditionnel des ancêtres et la pratique de la piété filiale.*

▲ *Le Jugement sur la renaissance*, fin du IXe siècle – début du Xe siècle, provenant de Dunhuang (Chine), rouleau illustré, h. 27,8 cm
Londres, British Museum

« Ceux qui sont attachés aux deux, au corps, sans soi, vide, et à la vie, dénuée de pouvoir et pareille à un rêve, après leur mort vont aux purgatoires » (Srs).

Les enfers

Selon la cosmologie bouddhique, le royaume infernal se compose de huit enfers chauds et huit enfers froids, étagés sur plusieurs plans qui s'enfoncent progressivement dans les entrailles de la terre. Les actes mus par la haine et la colère entraînent des renaissances aux enfers, où les êtres souffrent proportionnellement à la profondeur du niveau dans lequel s'est effectuée leur renaissance. Comme tous les états samsariques, le séjour aux enfers est lui aussi temporaire et se termine avec la fin de l'effet karmique. Avec sa doctrine sotériologique de portée universelle, le Mahayana ne pouvait pas ignorer les êtres plongés dans les vies les plus malheureuses et les abandonner à la perspective d'une souffrance, non pas éternelle mais sûrement angoissante, puisque l'existence dans les enfers est de toutes la plus éloignée de la lumière salvatrice du *dharma*. La délivrance par la purification du *karma*, philosophiquement possible par le biais de la pratique du transfert des mérites, est renforcée par la figure de Ksitigarbha, véhicule de la dédicace de mérites à l'intention du condamné, et occasion pour ce dernier d'être irradié par l'énergie bénéfique du *bodhisattva*. En Chine, le culte de Ksitigarbha a joui à partir du VIIIe siècle d'une grande popularité, attestée par les peintures votives qui le représentent comme le voyageur des enfers et le seigneur des six destinées.

Nom
s. et p. *naraka*, ch. *diyu*, j. *jigoku*, « enfer », « purgatoire ».

Iconographie
Les représentations des tourments infernaux sont répandues un peu partout; les variations de cette iconographie sont liées aux sensibilités traditions locales. Les reliefs de la base cachée du temple de Borobudur illustrent en détail les causes des six renaissances et les divers supplices infernaux. Ceux qui maltraitent les animaux et les serviteurs sont condamnés à renaître aux enfers où ils sont piétinés par des éléphants ou jetés dans les flammes.

Articles en relation
Ksitigarbha; Cosmologie; Les six destinées.

◄ Mauvais traitements aux animaux et aux hommes, début du IXe siècle, relief de la base cachée, Borobudur (Java)

En Chine, la circulation du texte apocryphe du Sutra des dix rois *(Xe siècle) suscita la création de nouvelles images, dans lesquelles les idées du bouddhisme sur les renaissances et la rétribution des actions, et les concepts chinois sur l'au-delà et le culte des ancêtres furent formulés en une synthèse originale (Teiser).*

Selon la doctrine indienne, le défunt passe par un état intermédiaire qui, au bout de 49 jours, conduit à une nouvelle renaissance en fonction du jugement prononcé par Yama, le juge des morts.

Dans l'interprétation chinoise, le défunt devait passer par dix étapes de jugement émanant des juges des enfers. Le défunt rencontrait les sept premiers juges à intervalles de sept jours chacun, le huitième le centième jour, le neuvième un an après sa mort, et le dixième trois ans après sa mort. Ces dates étaient considérées comme particulièrement propices pour la famille qui pouvait dédier les mérites acquis en faveur des morts et intervenir sur leur future renaissance.

▲ *Le Tribunal des enfers des dix rois*, fin du IXe siècle – début du Xe siècle, provenant de Dunhuang (Chine), *sutra* illustré, h. 29,5 cm
Paris, musée Guimet

L'image des juges des tribunaux des enfers ʼut insérée dans les représentations chinoises de Ksitigarbha à la suite de la diffusion du sutra *apocryphe des dix rois des enfers. À partir du* X*e siècle, ce fut l'une des iconographies les plus populaires et l'une des images votives le plus souvent ʼrtes en faveur du salut spirituel des défunts.*

Le bodhisattva *porte une coiffure semblable au turban des voyageurs et tient les attributs du* khakkhara *dans la main droite et du* cintamani *dans la main gauche.*

ʼCette image résume le ʼarcours bureaucratique ʼévoqué par les dix juges ʼque le défunt doit ʼaffronter en passant ʼd'un tribunal à l'autre, ʼaux jours fixés, ʼet le pouvoir salvateur ʼde Ksitigarbha qui règne ʼsur les cours des enfers.

ʼChaque juge est figuré ʼcomme un fonctionnaire ʼassis à son bureau.

Un homme est amené ʼpar un gardien devant ʼun miroir karmique ʼqui reflète les mauvaises ʼactions commises durant ʼsa vie (il a tué un animal) ʼet utilisées comme ʼpreuves par le tribunal ʼdes enfers.

▲ *Ksitigarbha et les dix rois des enfers*, milieu du Xe siècle, provenant de Dunhuang (Chine), peinture sur soie Londres, British Museum

*Gestes (*mudra*), postures assises (*asana*) et placements du corps (*bhanga*) forment un code qui précise la signification des images et clarifie la nature de l'activité divine.*

Mudra et postures

Le terme *mudra* fait référence aux gestes symboliques, effectués avec les mains, qui caractérisent les représentations du Bouddha et qui, dans certains cas, sont partagés aussi par les *bodhisattva*. Très probablement empruntés à la danse indienne, ces gestes furent introduits par les premières écoles de sculpture de l'Inde et devinrent de plus en plus fréquents, formant un vocabulaire symbolique très riche. Ils se réfèrent souvent, mais pas exclusivement, à certains événements fondamentaux de la vie du Bouddha (comme le *dharmachakramudra*, le geste de la mise en mouvement de la roue de la Loi, allusion au premier sermon de Bénarès, ou le *bhumisparshamudra*, le geste de la prise de la Terre à témoin au moment de l'Éveil) et ils expriment les qualités du Bouddha ou des aspects particuliers de son enseignement. Les plus courants sont l'*abhayamudra* (geste de l'apaisement), le *varamudra* ou *varadamudra* (geste du don) et le *dhyanamudra* (geste de la méditation). Les postures du corps suggèrent elles aussi des préceptes doctrinaux. Unies aux gestes des mains, elles précisent les significations données par l'image : par exemple, la figure du Bouddha assis jambes croisées, plantes des pieds tournées vers le haut (*padmasana* ou *vajraparyankasana*), évoque l'état méditatif propre aux éveillés parfaits ; la posture du délassement royal (*lalitasana*, *maharajalilasana*), qui comporte de nombreuses variantes, avec une jambe repliée et le buste souplement incliné, est celle d'un grand nombre de *bodhisattva*, dont elle traduit l'attitude souveraine.

Nom
s. *mudra*, ch. *yin*, j. *in*, « sceau ».

Pour aller plus loin
Dans le Vijrayana, les gestes codifiés sont très nombreux. Outre leur présence sur les images des divinités, leur exécution fait partie intégrante de la pratique rituelle. Ils sont alors accomplis de manière dynamique, en même temps que la récitation des *mantra*, représentant ainsi l'union du corps, de la parole et de l'esprit.

Article en relation
L'image du Bouddha.

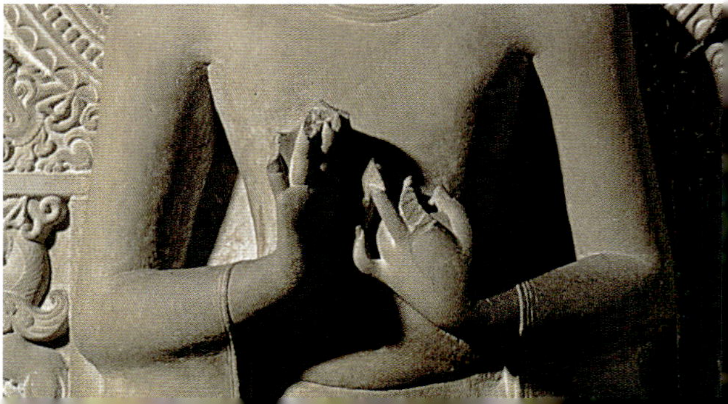

► *Dharmachakramudra*, détail du Bouddha de Sarnath, fin du Ve siècle apr. J.-C., Inde, grès
Sarnath, Musée archéologique

Les empreintes sacrées évoquent la diffusion de la doctrine, témoignent de la présence de l'Éveillé et, symbolisant son passage, confirment la sacralité d'un lieu.

Les empreintes sacrées

Symboles de la présence du Bouddha Shakyamuni dans les représentations aniconiques les plus anciennes de l'art bouddhique indien, les empreintes sacrées devinrent un objet de culte indépendant dans les pays de tradition Theravada. Dans les reliefs aniconiques de Bharhut, Amaravati et Sanci, leur représentation apparaît, par exemple, dans des contextes qui peuvent faire référence à des épisodes biograhiques (l'éveil, la descente du Trayastrimsa, la traversée du Nairanjana), même si la signification de ces images ne se réduit pas à une lecture narrative. Parfois, en revanche, les empreintes, associées à d'autres symboles (pilier, roue) soulignent la dimension cosmique de l'Éveillé, annonçant un thème très important dans la pensée Mahayana. Le symbolisme cosmologique est implicite également dans les représentations, souvent de grandes dimensions, répandues dans les pays du Sud-Est asiatique, sous forme de peintures à l'intérieur des temples (Birmanie), ou de sculptures indépendantes (Thaïlande, Cambodge). Cette tradition semble issue de la tradition cinghalaise, selon laquelle le Bouddha aurait laissé ses empreintes sur le pic d'Adam (Samanalakande, Sri Lanka) après s'y être rendu en volant. Ornées de 108 signes de bon augure, les empreintes réunissent tous les éléments constituant l'univers, symboliquement contenus dans la figure du Bouddha.

Nom
s. *buddhapada.*

Iconographie
Les images des empreintes apparaissent dans l'art bouddhique indien aniconique, comme objets de dévotion, à Amaravati au Ier siècle av. J.-C. De l'art du Gandhara proviennent certains exemples de représentations « avec empreintes », dans lesquelles l'idée de la présence effective du Bouddha dans ces régions semble suggérée plus explicitement que dans la représentation des empreintes en relief. Dans différents pays d'Asie sont vénérées les empreintes « naturelles », dans la terre, témoignage du passage de l'Éveillé.

Articles en relation
Theravada;
Les huit symboles de bon augure;
L'image du Bouddha.

◄ Empreintes du Bouddha, Birmanie

Deux petits svastika *participent du même symbolisme solaire que le* chakra *(la roue) et la fleur de lotus épanouie.*

Le talon porte le signe du triratna*, le symbole des trois joyaux, associé au lotus épanoui.*

Les empreintes sont représentées en relief et décorées de nombreux signes de bon augure, parmi lesquels se détachent les grandes dharmachakra*, elles aussi en relief.*

Une tige part du nombril d'un yaksa *pansu et enserre dans ses volutes des bijoux, des guirlandes et des fleurs de lotus.*

Des images liées au monde végétal et aquatique, symboles de vie, d'abondance et de prospérité, décorent la bordure : une longue tige de lotus surgit de la gueule d'un makara *et serpente sur trois côtés.*

Les bouts des orteils sont, eux aussi, ornés de svastikas et de triratna *alternés.*

▲ *Buddhapada*, Ier siècle av. J.-C., provenant d'Amaravati (Inde), calcaire, h. 67,5 cm Londres, British Museum

L'épisode de l'éveil du Bouddha est évoqué par l'arbre de la bodhi *(un figuier pipal), aux feuilles caractéristiques en forme de cœur, reproduit au centre de la scène.*

L'ombrelle, dans l'axe du tronc de l'arbre, souligne la royauté du Bouddha et, avec le trône et les empreintes, reconstitue symboliquement l'image de l'Éveillé, vénéré par les personnages aux mains jointes, agenouillés autour du siège.

L'arbre, le trône et les empreintes forment ensemble le bodhimanda, *le « lieu de l'éveil », et font référence à l'événement historique de l'éveil du Bouddha à Bodhgaya. Dans le langage plurisémantique de l'art aniconique, il s'agit aussi d'un symbole pour évoquer l'éveil en général.*

60

Devant l'arbre se trouve un trône vide : le vajrasana, *« trône de diamant », où Siddhartha a atteint l'éveil. Les empreintes, au bas de ce trône, suggèrent la présence du Bouddha.*

▲ L'éveil, Ier siècle av. J.-C., provenant d'Amaravati (Inde), calcaire, h. 124,3 cm Londres, British Museum

Marque du pouvoir du souverain universel, le chakra *est, par extension, le symbole du pouvoir spirituel du Bouddha et la représentation du* dharma *lui-même.*

Les sept joyaux du chakravartin

Nom
s. *saptaratna.*

Iconographie
Dans l'art tibétain, les sept joyaux peuvent être représentés de manière synthétique par sept symboles, probablement empruntés à la tradition chinoise et souvent figurés alors qu'ils émergent des eaux de l'océan extérieur dans les représentations cosmologiques. Ce sont : une corne de rhinocéros (cheval), une paire de boucles d'oreilles carrées et entrelacées (ministre), une branche de corail (roue), une paire de boucles d'oreilles rondes entrelacées (épouse), un médaillon (général), une paire de défenses d'éléphant (éléphant), une pierre précieuse (joyau).

Articles en relation
Les huit symboles de bon augure.

Emblèmes de royauté et de prestige, selon les sources canoniques indiennes, les sept joyaux reviennent à un monarque universel (*chakravartin*). Équivalent mondain du Bouddha, le *chakravartin* (« celui qui fait tourner la roue ») exerce sa fonction de souverain temporel, incarne les principes de justice et d'ordre et, comme l'Éveillé, est doté de 32 signes particuliers qui confirment son caractère exceptionnel parmi les hommes. L'épithète, souvent utilisée pour le Bouddha, souligne la souveraineté spirituelle de l'Éveillé sur l'univers entier, en vertu de la mise en mouvement de la roue de la Loi. Les sept trésors, dérivés de la tradition hindouiste, sont représentés par la roue (*chakra*), l'éléphant (*hastin*), le cheval (*asva*), le joyau qui exauce les désirs (*mani*), l'épouse (*sri*), le ministre (*parinayaka*) et le général (*senapati*). Bien qu'elles ne soient pas particulièrement fréquentes, on connaît des représentations des sept joyaux provenant d'Amaravati, d'Asie centrale, de Chine et, d'après des découvertes récentes, également du Gandhara.

◄ *Chakravartin,*
Ier siècle av. J.-C., provenant de Jaggayyapeta (Inde), calcaire, h. 130 cm
Madras, Government Museum

Les joyaux sont divisés en deux groupes et apparaissent dans les airs, sur des nuages multicolores. Le groupe du haut comprend le général, l'épouse, la roue et le joyau qui exauce les désirs contenus dans le coffre.

En Chine, les rares représentations des sept joyaux sont en général associées aux épisodes du cycle de la naissance de Shakyamuni, qui sont ici illustrés par des images du bain rituel et des sept pas, figurés dans la partie inférieure de la bannière (non visibles).

Le cheval, l'éléphant et le ministre complètent la série.

▲ *Les Sept Joyaux du chakravatin* (détail), IXe siècle apr. J.-C., peinture sur soie, h. 65,5 cm
Londres, British Museum

Les astamangala *sont une sorte de talisman puissant, dont les représentations figurent souvent sur les autels des temples tibétains en hommage renouvelé aux statues du Bouddha.*

Les huit symboles de bon augure

Nom
s. *astamangala.*

Pour aller plus loin
Ce sont les représentations les plus fréquentes dans le monde tibétain, où ils sont utilisés comme motifs décoratifs sur les objets sacrés mais également quotidiens, ou sur les tissus qui ornent les cours et les entrées des temples.

Articles en relation
Les empreintes sacrées; Les sept joyaux du *chakravartin.*

Marques de la dignité royale, appartenant à la tradition indienne prébouddhique, les huit symboles de bon augure correspondent aux offrandes qui étaient faites à un souverain au moment de son investiture. Avec les sept joyaux du *chakravartin*, ils constituent l'appareil royal qui apparaît fréquemment sur les images tibétaines du Bouddha, mais aussi d'autres figures du panthéon bouddhique, en signe de bon augure. Les huit symboles sont figurés par : l'ombrelle (*chattra*), en Inde signe traditionnel de la dignité royale ; le couple de poissons dorés (*matsya*), allusion aux deux cours d'eau sacrés de la géographie indienne et, par analogie, aux canaux du corps humain où circule l'énergie vitale ; le vase aux trésors (*kalasha*), symbole d'abondance, de prospérité et de richesse ; la fleur de lotus (*padma*), emblème de pureté puisque la tige s'élève au-dessus de la boue d'où est née la plante ; la conque dextrogyre (*sankha*), arme des dieux et des héros de l'hindouisme, attribuée au Bouddha en signe de supériorité spirituelle ; le nœud sans fin (*srivista*), symbole de bon augure de la tradition hindouiste ; l'étendard de la victoire (*dhvaja*), insigne du souverain victorieux ; et la roue (*chakra*), antique symbole solaire de la tradition indienne qui, dans le bouddhisme, représente la roue de la Loi enseignée par le Bouddha.

► Les huit symboles, Tibet, métal repoussé

Selon la tradition bouddhique tibétaine, ces symboles représentent les offrandes faites à Shakyamuni par Brahma et Indra au moment de son éveil, en signe de reconnaissance de sa suprématie spirituelle. Le don de la roue de la part du premier et de la conque de la part du second illustrent le transfert des fonctions de ces deux divinités brahmaniques au Bouddha.

Dans les images des empreintes du Bouddha du Sud-Est asiatique, les astamangala *apparaissent avec d'autres symboles cosmogoniques, pour former un total de 108 signes de bon augure.*

▲ Les huit symboles de bon augure du bouddhisme tibétain

Les bodhisattva *figurent parfois sur des montures spéciales (*vahana*) représentées par des animaux réels ou fantastiques qui symbolisent un de leurs aspects ou une de leurs qualités en particulier.*

Animaux sacrés

Articles en relation
Siddhartha Gautama Shakyamuni;
Vie du Bouddha;
Animaux mythiques.

▼ Chapiteau des lions, milieu du IIIe siècle av. J.-C., provenant de Sarnath (Inde), grès poli, h. 213,5 cm
Sarnath, Musée archéologique

La tradition bouddhiste accorde une importance particulière à certains animaux qui, déjà vénérés dans le monde indien prébouddhique, occupent une place de choix dans la biographie de l'Éveillé. L'un des principaux est le lion (*simha*), animal totémique des Shakya, clan auquel appartenait Shakyamuni, et symbole de royauté. Il existe de nombreuses correspondances dans la littérature entre l'animal et le Bouddha, depuis l'épithète Shakyasimha (le « lion des Shakya ») jusqu'à l'analogie entre la voix de Siddhartha et le rugissement du lion, et à son inquiétude spirituelle comparée à l'état du lion blessé. L'éléphant blanc, dont la vue est aujourd'hui encore le présage d'événements heureux dans les pays de tradition Theravada, est associé à la conception du Bouddha. Dans cet épisode, raconté dans le récit du rêve de Maya Devi, un éléphant blanc à six défenses pénètre dans le flanc droit de la future mère. Le cheval Kanthaka est le protagoniste de la fuite de Siddhartha, la nuit où ce dernier décide de quitter pour toujours le palais paternel, et de la douloureuse séparation d'avec son maître. Les gazelles, enfin, devenues le symbole qui couronne toutes les salles de prière des monastères tibétains, évoquent l'épisode du premier sermon, quand le Bouddha expose pour la première fois le *dharma* à ses cinq disciples réunis dans le parc des Gazelles à Sarnath. Certains animaux sont non seulement représentés dans l'art narratif, mais figurent aussi en tant que symboles indépendants, en association avec les images de l'Éveillé: symboles de son statut royal et se référant à sa tribu d'origine, les lions gardiens sont souvent présents aux angles des trônes sur lesquels est assis le Bouddha.

Figure ancienne dans la culture indienne, l'éléphant est associé à la fécondité, à la prospérité et, traditionnellement, il appartient aux souverains. Dans l'art bouddhique, il apparaît fréquemment sur les monuments, soit en dehors de tout contexte narratif, soit dans des scènes de la vie du Bouddha. Outre l'épisode de la conception, l'éléphant est également présent à un autre moment de la vie de l'Éveillé, quand Devadatta, son cousin envieux, tente de l'attaquer en lançant contre lui l'irascible éléphant Nalagiri. La seule présence du Bouddha calme l'animal, qui s'arrête net devant lui.

L'adieu du cheval Kanthaka à son maître est raconté dans différentes versions, dont l'une décrit le déchirement de l'animal au moment de la séparation, sa mort juste après l'adieu de Siddhartha, et sa renaissance ultérieure, méritée, dans le ciel des dieux.

▲ L'adieu de Kanthaka,
IIe-IIIe siècle apr. J.-C.,
schiste, h. 23,4 cm
Berlin, Museum für Indische Kunst

▲ Éléphant, vers 100 av. J.-C.,
grès, stupa 2, Sanci (Inde)

Ils font partie des créatures qui peuplent le trimonde et symbolisent la subordination des forces surnaturelles à la souveraineté du Bouddha.

Animaux mythiques

Dans la cosmologie bouddhique, il existe différentes catégories d'animaux mythiques hérités de l'antique tradition prébouddhique indienne. Malgré leur nature ambiguë, ces créatures sont en général conquises à la cause bouddhiste et remplissent la fonction de gardiens protecteurs. En l'absence de séparation nette entre les différents niveaux qui constituent l'univers, la communication, ou l'interférence, entre le monde des humains et celui des êtres semi-divins est un fait naturel qui apparaît en tant que tel dans de nombreux récits. Certains de ces animaux mythiques font partie des êtres surnaturels cités dans le *Saddharmapundarikasutra* et classés en huit catégories par le bouddhisme sino-japonais: *deva* (dieux d'aspect humain), *asura* (non-dieux d'aspect humain), *naga* (serpents qui prennent parfois une apparence humaine, totale ou partielle), *garuda* (créatures avec un corps humain et une tête d'oiseau), *yaksa* (divinités de la nature, représentées sous une forme humaine), *gandharva* (musiciens célestes), *kimnara* (hommes-oiseaux) et *mahoraga* (hommes-serpents). Le *makara*, qui n'entre pas dans les catégories citées, apparaît fréquemment dans l'art bouddhique. Son aspect est celui d'un animal composite, généralement constitué d'un corps de crocodile, d'une trompe d'éléphant, de défenses et d'oreilles de sanglier, avec des écailles de poisson sur le dos et une queue de paon.

Nom
s. *naga*, ch. *long*, j. *ryu*;
s. *garuda*, ch. *jinchiniao*, j. *karura*;
s. *mahoraga*, ch. *mangshen*, j. *magoraka*;
s. *kimnara*, ch. *jinnaluo*, j. *kinnara*.

Articles en relation
Siddhartha Gautama Shakyamuni;
Vie du Bouddha;
Animaux sacrés.

► *Naga*,
IIe siècle apr. J.-C., provenant d'Amaravati (Inde), calcaire, h. 145 cm
Londres, British Museum

Les animaux mythiques sont souvent représentés sur le dossier des trônes indiens, pour symboliser l'union des forces naturelles et surnaturelles soumises à celui qui est assis sur le siège. En tant que symbole de pouvoir, le trône est en général associé au chakravartin et aux souverains spirituels comme le Bouddha, les bodhisattva *et les maîtres. Cette image du trône s'est répandue dans les pays himalayens et au Tibet, où elle apparaît aussi bien dans la peinture que dans la sculpture.*

Près du sommet, le végétal rampant se transforme en naga *retenus par un* garuda *(qui a ici l'aspect du* khyung *tibétain).*

Les extrémités de l'arc reposent sur deux makara *dont les queues se prolongent en volutes végétales.*

Le vyalaka *est un animal avec un corps de lion, des cornes de bélier, et dont la gueule déverse souvent des guirlandes de bijoux.*

La série d'animaux superposés comporte diverses combinaisons possibles, mais la base est généralement formée par un éléphant.

▲ Animaux mythiques :
détail d'une peinture représentant un abbé, vers 1350, Tibet, *tempera* sur coton, h. 77 cm
New York, Metropolitan Museum of Art

PRATIQUES

Pratiques spirituelles et cérémonies religieuses

Méditation

Sadhana

Mérite

Prière

Pèlerinage

Le refuge dans les trois joyaux

Ordination monastique

Initiation

Rites funèbres

Instruments rituels et objets de culte

Mandala et autres supports de méditation

L'image du Bouddha

Objets rituels du bouddhisme tibétain

Les possessions du moine

Fêtes

Fêtes bouddhiques

Cham

Thongdol

Figures de la vie religieuse

Le maître spirituel

Dalaï-lama et panchen-lama

Les tulku

Monachisme masculin

Monachisme féminin

Lieux de culte

Stupa

Monastère

◄ Drapeaux de prières bouddhiques, provenant de Darjeeling (Inde)

« Si une personne parle ou agit avec un esprit calme, la félicité la suit comme une ombre qui jamais ne s'éloigne » (Dp).

Méditation

Nom
s. et p. *bhavana.*

Terminologie
Dhyana, « absorption méditative ».
Avant de pouvoir « utiliser » l'esprit, il est indispensable d'en connaître le fonctionnement et d'être en mesure de le maîtriser.
Le bouddhisme emploie à cette fin diverses techniques en partie dérivées de la tradition indienne et en partie développées de manière originale. Les exercices servent à porter la concentration (*samadhi*) à un niveau bien supérieur à celui que l'on atteint dans l'expérience ordinaire.

Pour aller plus loin
La méditation est le cœur de la pratique, l'outil principal pour réaliser la transformation de l'esprit qui permet d'atteindre la vision libératrice.

Articles en relation
Tantra;
Mandala et autres supports de méditation;
L'image du Bouddha.

La pratique de la méditation (*bhavana*) s'inscrit dans le cadre plus large d'un chemin préparatoire fondé sur l'éthique (*sila*) et sur les mérites, et elle n'est pas réservée à la vie monastique. Les différentes traditions bouddhiques ont élaboré des techniques spécifiques et organisé diversement le processus méditatif. Il comprend en général deux phases : le développement du calme (*samatha*) et le développement de la vision (s. *vipasyana*, p. *vipassana*), dont l'objectif est d'atteindre des états de concentration profonde (*samadhi*) et de développer la sagesse transcendante. Le *samatha* permet de calmer et d'arrêter l'activité mentale et s'appuie sur un objet ou un thème de méditation. L'état de concentration et la lucidité ainsi obtenus sont utilisés dans le *vipassana*, ou vision intuitive, qui permet de pénétrer la véritable nature des choses et des événements et de parvenir à la *prajna*. La concentration profonde acquise par le pratiquant lors de ces deux phases le conduit à des états d'absorption méditative (*dhyana*) qui n'appartiennent plus au domaine des expériences ordinaires, mais à une dimension transcendante. Elle culmine avec l'absorption méditative équanime, méditation sans objet, conscience pure de la cessation de tous les phénomènes (ou vision de la vacuité).

Toutes les traditions reconnaissent l'importance d'un guide de méditation pour apprendre les techniques au pratiquant et aider ce dernier dans les difficultés de la pratique. Dans le Theravada, c'est le kalyanamitta, *l'« ami-de-bien », le guide spirituel qui l'accompagne le long du chemin.*

*Dans le Theravada, sont considérés aussi comme « objets » de méditation les aspects positifs de l'esprit (*brahmavihara, *les « demeures divines »), tels que la bienveillance, la compassion, la joie et l'équanimité.*

Dans le Mahayana et le Vajrayana, les pratiques de visualisation font partie des techniques particulières élaborées pour intensifier la méditation. Elles utilisent des outils tels que mantra, mudra *et* mandala. *Autre thème de méditation important : celui du caractère transitoire des choses, à partir de l'expérience de la vie humaine.*

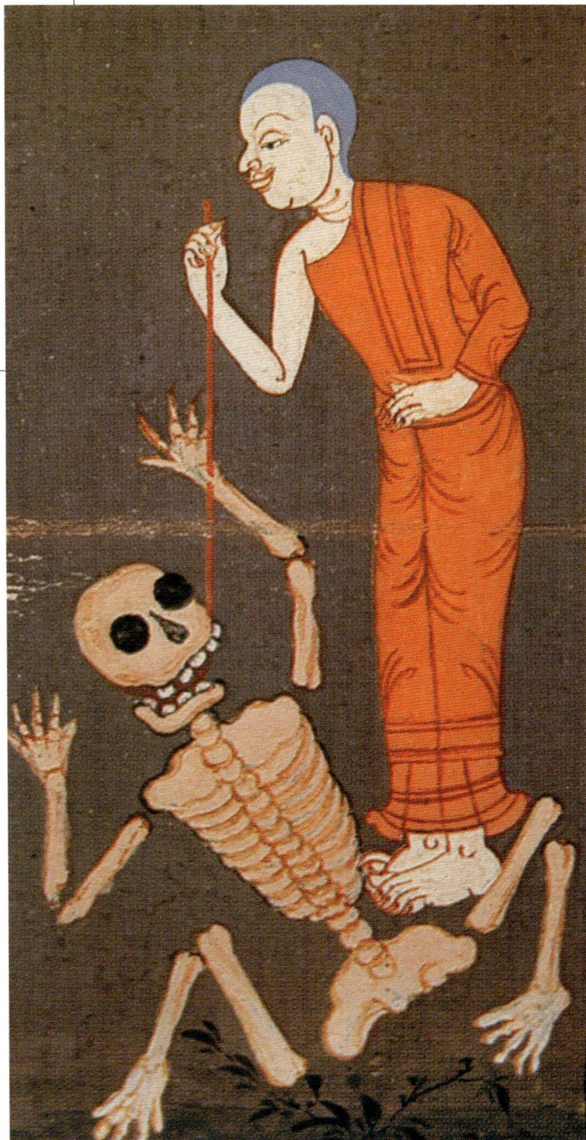

► Illustration d'un manuel de méditation, XIXe siècle, Thaïlande, manuscrit illustré Londres, British Library

◄ Femme en méditation au coucher du soleil, près de la pagode de Shwedagon à Rangoon (Birmanie)

Dans le Zen, la méditation ne présente pas les caractéristiques du parcours graduel, mais correspond plutôt à l'expérience même de l'esprit qui a la pleine conscience du présent.

Le zazen, *« méditation assise », ne se réfère pas seulement à l'aspect technique, c'est-à-dire à la posture, mais c'est l'état du « juste s'asseoir » (j.* shikantaza*) qui doit accompagner toute activité et qui désigne l'attention constante, l'observation sans effort du pratiquant.*

*Dans la tradition Soto, on médite face au mur, tandis que dans la tradition Rinzai le corps est tourné vers le centre de la salle de méditation (*zendo*).*

▲ Session de méditation dans un monastère Zen Rinzai, Japon

Les sadhana *sont les « moyens de réalisation » ou d'« accomplissement » qui constituent la partie pratique du contenu philosophe des* tantra.

Sadhana

Ce terme se réfère aux textes qui décrivent les méthodes et outils permettant d'accomplir les pratiques tantriques, ou au mode de pratique lui-même. Dès lors que la liturgie tantrique implique l'individu dans sa totalité psychophysique (corps, parole et esprit) et vise à sa transfiguration dans l'essence divine choisie, les *sadhana* peuvent être considérés comme l'instrument de méditation le plus puissant, dans lequel le calme de l'esprit et la vision intuitive sont indissolublement liés. En effet, les *mantra*, *mudra* et mandalas sont autant d'outils qui concourent à la concentration de l'esprit et à l'émergence des énergies latentes nécessaires à la vision de la divinité. Le processus s'appuie sur la relation entre les dimensions physique et psychique ; l'émission de sons particuliers et une gestuelle spécifique permettent d'entrer en contact avec la divinité et, parallèlement, avec le niveau d'énergie correspondant, d'accéder à des plans de conscience de plus en plus élevés. Extérieurement, ces rituels ressemblent à des actes de dévotion aux divinités ; le pratiquant leur rend hommage par des invocations et des offrandes. Comme pour d'autres aspects de la pratique bouddhiste, les méthodes sotériologiques prévoient un large spectre de niveaux d'expérience. Le rite peut alors prendre l'aspect d'un acte de dévotion à l'égard des bouddhas et des *bodhisattva* vers lesquels on se tourne d'une manière fidéiste, ou peut être un acte contemplatif utilisé comme moyen pour la transformation de soi dans la pleine conscience de la nature illusoire et instrumentale de tout ce qui est accompli.

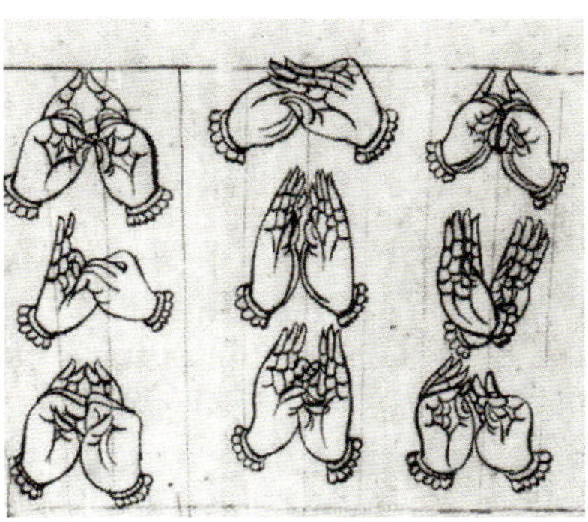

Pour aller plus loin
En général, les *sadhana* comportent trois phases. Dans la phase préliminaire, le pratiquant prépare intérieurement et extérieurement le lieu de la célébration, prend refuge, développe la *bodhicitta* (la pensée de l'éveil), accomplit l'offrande du mandala et invoque le maître. Dans la phase suivante, il invoque la divinité et s'identifie à elle, en visualisant l'espace environnant comme le mandala des divinités. Dans la phase finale, la vision se dissout dans la vacuité et le pratiquant offre les mérites acquis pour l'éveil de tous les êtres sensibles.

Articles en relation
Vajrayana ; Bouddhisme tibétain ; Les *yidam* ; *Tantra*.

◄ Répertoire de *mudra*, fin du IXe siècle apr. J.-C., provenant de Dunhuang (Chine), dessin à l'encre, h. 15,4 cm
Londres, British Museum

La générosité est la principale source de mérite et la première perfection du bodhisattva. *Avec l'observance des préceptes et la pratique de la méditation, elle constitue le fondement de la vie religieuse.*

Mérite

Nom
s. *punya*, p. *punna*, ch. *gongde*, t. *sonam*.

Pour aller plus loin
Le transfert des mérites est une pratique déjà connue du bouddhisme ancien; elle consiste en la possibilité de dédier les mérites acquis à une autre personne, par exemple aux défunts de sa propre famille ou, selon la formule caractéristique du Mahayana, à tous les êtres sensibles.

Articles en relation
Prière; Pèlerinage; Le refuge dans les trois joyaux.

Le mérite est le potentiel positif qui découle d'une action méritoire, c'est-à-dire d'une action salutaire ou « karmiquement bénéfique ». L'énergie positive ainsi dégagée se transmet dans l'existence future, préparant les conditions optimales pour le chemin spirituel, et donc la libération. Les sources de mérite sont les actes de générosité, la récitation des *sutra*, l'attitude moralement juste et la méditation. Pour les laïques, inévitablement moins concentrés sur l'abstention des comportements nocifs et la méditation, le don à la communauté monastique est l'expression principale de la pratique religieuse et l'outil privilégié pour l'acquisition de mérites. Le bouddhisme conçoit les mérites en fonction de la pureté de l'intention et du destinataire de l'acte: plus le degré de pureté spirituelle de ce dernier est élevé, plus grand sera l'effet produit. Les meilleurs champs de mérites sont donc le *dharma*, le Bouddha et le *sangha*, auxquels sont destinés la construction de stupas, l'offrande d'images, la copie de textes ou les dons aux religieux. Quant aux moines, ils restituent le don sous forme de *dharma*: en se consacrant à la vie religieuse, en enseignant et en servant d'exemple aux laïques, et en rendant possible à ces derniers la pratique de leurs actes méritoires. Dans le Mahayana, l'action méritoire se doit d'être inspirée et accomplie au bénéfice de tous les êtres sensibles. Par conséquent, le mérite de chaque action salutaire, de chaque pratique, de chaque vertu, est transféré aux autres; les cérémonies se concluent toujours par la formule de l'offrande au bénéfice de toutes les créatures.

◄ *Pradaksinapatha* («sentier de la circumambulation»), IIIe siècle av. J.-C.– Ier siècle apr. J.-C., stupa 1, Sanci (Inde)

Accomplir une action méritoire ne génère pas seulement une satisfaction immédiate, mais crée également la propension à répéter une action tout aussi positive dans la vie future.

Le mandala de riz est constitué d'une série de récipients métalliques circulaires que l'on remplit de grains de riz et que l'on dispose de façon concentrique l'un au-dessus de l'autre pour former un mandala en trois dimensions. La composition de l'univers en forme de mandala de riz est un acte d'offrande dont le destinataire est en général le maître du pratiquant.

Dans les temples tibétains, les moines accomplissent le rite de la construction et de l'offrande d'un mandala en échange d'un petit don d'argent. Le lien entre mandala extérieur (l'univers) et mandala intérieur (l'homme) explique la signification plus profonde de l'offrande, qui n'est pas simplement le don d'un objet rituel, mais le don complet et absolu de soi.

▲ Offrande du mandala de riz, monastère de Ganden, Tibet

Les règles de la vie monastique et leur rigueur varient beaucoup d'un pays à l'autre. Par exemple, la quête de nourriture n'est observée que dans certains pays du Sud-Est asiatique, où les moines sortent du monastère tôt le matin pour recueillir les offrandes de nourriture déposées dans leurs bols. En Birmanie et en Thaïlande, les laïques offrent et servent souvent les repas à toute la communauté d'un monastère. Au Tibet, en Chine et au Japon (sauf dans certaines écoles Zen), la quête de nourriture n'a jamais été une règle du sangha.

▲ *Le Bouddha reçoit les offrandes*, XIXe siècle, Birmanie, manuscrit illustré
Londres, British Museum

Le monastère et les moines sont depuis toujours considérés comme des « champs de mérites » privilégiés, en vertu de leur pureté. Observant une conduite austère, renonçant aux plaisirs, se consacrant à la vie spirituelle, les moines sont les meilleurs destinataires des actions vertueuses des laïques.

*L'offrande d'eau qui, avec l'encens, les écharpes blanches (*khata*) et le beurre pour les lampes, constitue l'un des dons les plus fréquents, est aussi l'un des plus méritoires puisque, étant le moins coûteux, il implique moins d'attachement (et donc une plus grande pureté de l'action) de la part du donateur.*

Sur les autels des temples tibétains sont exposés différents types d'offrandes qui comprennent les mandalas de riz, les torma *(sorte de gâteaux rituels, faits d'une pâte de farine d'orge et de beurre, la* tsampa, *colorés et façonnés en des formes diverses), ainsi que de petits récipients contenant de l'eau.*

Les récipients remplis d'eau sont en général sept (ou huit) et symbolisent les sept ou huit dons qui sont présentés au maître (ou à la divinité) au début de chaque sadhana.

▲ Autel avec des tasses d'eau en offrande, Tibet

Quoique théoriquement étrangère à la philosophie bouddhiste, la prière est présente sous diverses formes et peut comporter différents niveaux de sens.

Prière

Nom
Adhisthana
(p. *adhitthana*).
Signifie « détermination » et indique la disposition ferme et résolue dans la pratique spirituelle. Se réfère aussi à la force tirée d'une source extérieure qui active les qualités potentielles de l'esprit. La prière est un exercice qui contribue à générer cette énergie.

Articles en relation
Mérite;
Pèlerinage;
Le refuge dans les trois joyaux.

Selon l'enseignement des quatre nobles vérités, le salut dépend exclusivement de l'engagement personnel et rien ne peut intervenir de l'extérieur pour améliorer la situation spirituelle de quelqu'un. La prière comme supplication ou demande d'aide est donc vaine, et étrangère au bouddhisme ancien. Comprise comme célébration des qualités d'un bouddha, d'un *bodhisattva* ou d'un enseignement, elle constitue l'une des formes de dévotion par laquelle s'exprime la foi dans les trois joyaux. Elle permet de renforcer l'engagement dans le perfectionnement spirituel et d'obtenir la protection contre les dangers (extérieurs et intérieurs). Connue sous ce dernier aspect surtout du bouddhisme Mahayana et Vajrayana, la prière peut, comme les autres « moyens habiles », être entendue dans le sens d'invocation d'une entité extérieure (par exemple Avalokiteshvara ou Amitabha), ou être intériorisée pour réveiller les forces intérieures du pratiquant – elle est alors assimilable à une forme de méditation. La lecture et la récitation de *sutra*, qui peuvent protéger mais surtout apporter des mérites, sont aussi des formes de prière; cela explique les différents types de prières rituelles des laïques dans le bouddhisme himalayen. La pratique de l'invocation du nom du Bouddha (*nianfo/nenbutsu*) clé des enseignements des écoles de la Terre pure peut être considérée comme une forme de prière, interprétable de deux manières: instrument salvateur, ou pratique contemplative pour la discipline de l'esprit et du cœur.

◄ Femme avec un moulin à prières, Bhoutan

L'usage du moulin à prières manuel est caractéristique de la tradition tibétaine. Une bande de papier sur laquelle est inscrite une prière est enroulée autour du manche à l'intérieur d'un cylindre auquel sont suspendus des poids. La rotation du cylindre fait circuler l'énergie de la prière inscrite, générant du mérite pour le dévot.

Dans le Mahayana, la prière a toujours une finalité altruiste, évidente dans la formule qui l'accompagne toujours et demande que le bénéfice soit étendu à tous les êtres sensibles.

Pour les laïques, la prière est l'invocation (du Bouddha, du bodhisattva, *du maître spirituel, selon les traditions) pour recevoir protection. C'est un acte de dévotion et un exercice autoéducatif, puisque la récitation d'un texte prépare bien l'esprit et engendre un courant positif qui a un effet immédiat sur la réalité.*

▲ Moine psalmodiant avec cloche et tambour vertical, monastère de Samye, Tibet

« Et celui qui viendrait à mourir avec un cœur fidèle durant le pèlerinage à ces sanctuaires, lors de la disparition du corps après la mort, celui-là ira dans le monde céleste » (Mps).

Pèlerinage

Pour aller plus loin
Le pèlerinage est l'une des pratiques de dévotion les plus anciennes du bouddhisme et l'une des plus méritoires. Dans la tradition tibétaine, il constitue un moment fondamental dans la vie de chaque individu et il est vécu avec une intensité et une finalité variables par les laïques, les moines ou les yogis itinérants. Certains d'entre eux transforment leur vie en un pèlerinage perpétuel et parcourent le paysage comme si celui-ci était un mandala à réaliser à l'intérieur de soi.

Articles en relation
Mérite;
Prière;
Cham;
Tongdol.

Le pèlerinage est l'un des moyens d'acquérir des mérites. Le fondement de cette pratique réside dans les paroles du Bouddha lui-même, qui prescrivit la visite des quatre lieux saints où eurent lieu les événements les plus importants de sa vie: Lumbini (naissance), Bodhgaya (éveil), Sarnath (premier sermon) et Kushinagara (*parinirvana*). Ces quatre lieux furent les premiers buts de pèlerinage, auxquels s'ajoutèrent ensuite les quatre localités où le Bouddha avait accompli des miracles. Les endroits où s'élèvent les stupas sont aussi d'importants lieux de pèlerinage: certains sont liés à la vie du Bouddha, d'autres doivent leur célébrité aux reliques de l'Éveillé qu'ils contiennent, témoignages de sa présence qui répand une énergie bénéfique sur ceux qui s'en approchent avec dévotion. Mais la géographie sacrée du bouddhisme dépassa vite les limites de la région du Gange, où s'était déroulée la vie de l'Éveillé, pour s'étendre à l'Inde entière et à tous les pays où le *dharma* se propagea.

En Asie il existe d'innombrables lieux de pèlerinage liés au Bouddha historique (le pic d'Adam à Anuradhapura, Sri Lanka), à la présence de ses reliques (pagode Shwedagon à Rangoon, Birmanie), à la vie de saints ou de maîtres (Kukai au Koyasan, Japon), ou aux manifestations des *bodhisattva* (Manjusri au Wutaishan, Chine).

► Des pèlerins accomplissent la circumambulation du monastère de Tashilunpo, Tibet

Le pèlerinage est une forme de méditation en mouvement. Il se déroule en direction des lieux de pouvoir, c'est-à-dire des lieux où la présence divine est manifeste, et l'énergie spirituelle, concentrée. Le but de pèlerinage peut être entendu soit dans un sens extérieur, comme lieu sacré à atteindre physiquement, soit comme espace intérieur, comme centre énergétique à activer à l'intérieur de soi par la méditation.

Dans bien des cas, il s'agit de lieux déjà vénérés par les traditions autochtones, que le bouddhisme a assimilés en les reconnaissant comme lieux de résidence de divinités locales converties au dharma, *ou demeures de* bodhisattva, *ou encore, comme cela se produit au Tibet, lieux de découverte de trésors spirituels (*terma*).*

Le pèlerinage peut correspondre à la circumambulation dans le sens des aiguilles d'une montre (s. pradaksina, *t.* kora*) d'un lieu sacré, comme par exemple le mont sacré Kailasa, en Inde, dans l'Himalaya; ou bien il peut comporter, à l'intérieur du parcours personnel, la circumambulation d'un monument (un temple très vénéré, une statue, un stupa). Le chemin est souvent scandé par une forme d'hommage qui consiste à joindre les mains à hauteur du front, puis de la gorge, puis du cœur, et à se prosterner à plat ventre, avec la totalité du corps en contact avec le sol.*

▲ Pèlerins se prosternant devant le monastère de Labrang, Xiahe (Chine)

« Je prends refuge dans le Bouddha,
« Je prends refuge dans le Dharma,
« Je prends refuge dans le Sangha. »

Le refuge dans les trois joyaux

Nom
Triratna.

Terminologie
s. *sarana*, « refuge ».

Pour aller plus loin
L'acte de foi qui sanctionne l'engagement du pratiquant est la prise de refuge dans les trois joyaux (*triratna*) – le Bouddha, le *dharma* et le *sangha* – désignée formellement par la récitation de la triple formule (« Je prends refuge... »). Suivre la voie du Bouddha est une décision personnelle qui n'exige pas une profession de foi, mais la conscience de la souffrance qui imprègne la vie humaine, le désir d'en sortir et la confiance dans les trois refuges en tant qu'outils de libération.

Articles en relation
Ordination monastique; Monachisme masculin; Monachisme féminin.

► Le symbole du *triratna*, Ier siècle av. J.-C.– Ier siècle apr. J.-C., provenant d'Amaravati (Inde), calcaire, h. 67,5 cm Londres, British Museum

Adhérer à chaque joyau, c'est-à-dire aux trois principes, est un acte que partagent initialement le laïque (*upasaka*) et le moine (*bhiksu*), qui se différencient ensuite par leur vie et leur pratique religieuse. Celle-ci préconise en effet que le laïque, homme ou femme, observe cinq préceptes : ne nuire à aucun être vivant ; ne pas voler ; ne pas avoir de comportement sexuel incorrect ; ne pas mentir ; ne pas consommer de substances intoxicantes. Sujets à diverses nuances de sens, les cinq préceptes ont pour objectif d'éradiquer les mauvaises habitudes mentales et de développer les actes vertueux du corps, de la parole et de l'esprit. La prise de vœux, individuelle et facultative, est considérée comme un acte important : le mérite qu'une personne peut acquérir découle de son observance. Les laïques peuvent prendre ces vœux dans des circonstances particulières, de manière partielle et pour des périodes limitées ; les modalités de l'engagement varient selon les traditions. Sous certaines conditions, surtout dans les pays de tradition Theravada, les laïques peuvent observer huit préceptes, destinés à favoriser une plus grande concentration et présence à soi, et à se rapprocher en quelque sorte de la vie monastique. Les trois préceptes supplémentaires sont : ne pas manger de nourriture solide après midi ; ne pas participer à des fêtes avec musique et danse, ne pas porter de vêtements élégants ni d'ornements ; et ne pas dormir sur un lit haut.

« Le sage, comprenant le danger inhérent aux jouissances des objets du désir, qu'il abandonne tous les objets du désir, soit divins, soit humains ! » (Iv).

Ordination monastique

Il existe deux degrés d'ordination au sein de la communauté monastique : l'ordination mineure, *pravrajya* (qui marque l'« abandon » de la vie laïque), qui confère le statut de novice (*sramanera*) ; l'ordination complète, *upasampada* (« admission »), qui confère le statut de moine (*bhiksu*). L'entrée dans le *sangha* peut se faire à sept ou huit ans. Les actes qui marquent la cérémonie sont le rasage du crâne, la récitation de la formule du refuge et l'engagement à respecter les dix principes. Le novice est alors suivi par un moine plus âgé, responsable de son instruction pendant toute la période de formation. À vingt ans, et s'il n'y a pas d'empêchements (crime, maladie ou consentement forcé), il peut prendre l'ordination complète, lors d'une cérémonie face à au moins cinq moines pleinement ordonnés. À cette occasion, le moine reçoit l'habit monastique (orange ou jaune dans le bouddhisme du Sud, rouge foncé dans le bouddhisme tibétain, gris en Chine et en Corée, noir au Japon) et s'engage à respecter toutes les règles du *pratimoksa*, qui sont au nombre de 200 pour les trois traditions du *vinaya*. Malgré les variantes, le système des deux niveaux d'ordination existe dans toutes les formes du bouddhisme. Dans les pays du Sud-Est asiatique est également répandue l'ordination temporaire, qui permet à un jeune garçon de passer une période plus ou moins longue au sein d'un monastère.

◄ Adolescent pendant la cérémonie de l'ordination temporaire, Birmanie

Pour aller plus loin
En Birmanie et en Thaïlande, au début de la saison des pluies (mai-juin) a lieu une cérémonie solennelle au cours de laquelle les jeunes garçons reçoivent l'ordination temporaire, deviennent novices (p. *samana*) et vivent au monastère pendant une période limitée. La cérémonie évoque le renoncement de Siddhartha à la vie mondaine, c'est pourquoi les jeunes gens sont habillés comme des princes et vont au monastère à cheval (ou portés sur les épaules de leur père). Au Sri Lanka, l'ordination temporaire ne se pratique pas.

Articles en relation
Le refuge dans les trois joyaux ; Les possessions du moine ; Monachisme masculin ; Monachisme féminin ; Monastère.

La cérémonie du noviciat consiste dans la récitation de la formule du triple refuge et des trente-six vœux mineurs. Ensuite, on rase le crâne du novice et on lui remet les vêtements monastiques, le bol à aumônes et les objets qu'un moine est autorisé à garder avec lui. À cette occasion, les laïques offrent le trousseau et les instruments indispensables aux jeunes novices.

Pendant son séjour au monastère, le novice reçoit une instruction religieuse et scolaire. Il n'est tenu de suivre que certains préceptes et les règles mineures. S'il ne poursuit pas sa formation religieuse et ne reçoit pas l'ordination complète, son retour à la vie séculière n'exclut pas la possibilité de passer d'autres périodes au monastère, au cours de sa vie, et son expérience est considérée comme hautement méritoire.

▲ Cérémonie d'ordination des novices, Wat Benchamabophit, Bangkok

C'est la consécration indispensable pour accéder aux pratiques du Vajrayana. Elle est conférée de maître à disciple.

Initiation

L'initiation est le rite par lequel le maître transmet à son disciple les enseignements et la pratique tantrique. Il ne s'agit pas d'une instruction ordinaire, mais d'une authentique consécration par laquelle le maître spirituel active les forces intérieures de son disciple en le libérant des obstacles présents et en lui permettant d'entrer dans la pratique du Vajrayana. La relation entre maître spirituel, ou *vajracharya*, et disciple est donc d'une grande importance. Elle suppose une confiance réciproque totale et l'engagement du disciple à suivre tous les enseignements de son maître. Ce dernier est en effet l'instrument au moyen duquel se transmettent les enseignements qui remontent au bouddha primordial. En vertu de ses qualités spirituelles, le maître est capable d'éliminer les obstacles intérieurs et d'activer les potentialités latentes de l'esprit du disciple : il sert donc de guide afin que le disciple reconnaisse la nature éveillée de son propre esprit et sa similarité avec l'esprit de sagesse du maître. Les types d'initiation dépendent des *tantra* que l'on entend pratiquer : dans le bouddhisme tibétain sont en général conférées quatre grandes initiations qui se réfèrent surtout aux *tantra* internes. En principe, l'initiation a un caractère individuel et strictement ésotérique, même si elle peut être célébrée pour un petit groupe de disciples. Les cérémonies d'initiation collective ne sont pas vraiment complètes et il s'agit plutôt de bénédictions. Elles requièrent cependant que les pratiquants aient déjà connaissance de la pratique.

Nom
s. *abhiseka.*

Pour aller plus loin
La cérémonie se déroule dans un espace consacré où est réalisé le mandala des divinités. Le maître demande à la divinité l'autorisation de conférer l'initiation et accomplit le rite d'identification avec la divinité, puis le disciple prend part à la cérémonie et l'initiation proprement dite commence : le maître conduit le disciple vers le mandala des divinités et célèbre les quatre pouvoirs, après quoi le disciple est autorisé à pratiquer. La cérémonie se conclut par l'offrande d'un mandala et la dédicace des mérites à tous les êtres sensibles.

Articles en relation
Vajrayana ;
Tantra ;
Le maître spirituel.

◄ Couronne rituelle du *vajracharya*, XIIe siècle, Népal, cuivre doré et pierres semi-précieuses, h. 28 cm
Los Angeles, County Museum of Art

La mort est présente dans chaque événement et la fin de la vie n'en est que la forme macroscopique. C'est l'ignorance de la loi de l'impermanence qui fait croire à l'existence immuable des choses.

Rites funèbres

Pour aller plus loin
Sauf au Tibet, où sont encore pratiquées, en dehors des villes, les funérailles célestes (le démembrement rituel du corps du défunt offert en pâture aux vautours), dans l'ensemble du monde bouddhiste on procède à la crémation des morts.

Articles en relation
Impermanence; Méditation; *Thongdol.*

La mort occupe une place importante dans le bouddhisme. Des rites spéciaux sont réservés à cet événement que tous les êtres ont déjà connu plusieurs fois au cours de leurs innombrables existences. La mort, en effet, n'est pas seulement la conclusion de la vie, mais le prélude, si les causes de la renaissance n'ont pas été éliminées, à une nouvelle existence. Dans la perspective du monde laïque, la pratique religieuse est tournée essentiellement vers l'acquisition de mérites pouvant mener à une renaissance heureuse, c'est-à-dire en tant qu'êtres humains et dans les meilleures conditions pour pratiquer la voie spirituelle. Toutes les traditions bouddhistes accordent une signification particulière au moment de la mort. Les rites sont célébrés pour que le passage s'effectue dans un état de tranquillité et de conscience du mourant. Dans la tradition Theravada, les moines reçoivent des dons et récitent des passages de l'*Abhidhamma*; les mérites sont dédiés au défunt pour qu'il obtienne une renaissance favorable. Dans le bouddhisme tibétain, les rites funéraires durent quarante-neuf jours, période au cours de laquelle les moines récitent le *Bardo Thödol* (le « Livre des Morts tibétain », littéralement « libération par l'écoute pendant l'état intermédiaire ») afin de guider le défunt dans l'expérience de l'« état intermédiaire » (t. *bardo*) de la mort qui, comme d'autres états de modification de conscience (sommeil, rêve, méditation), permet de connaître la claire lumière de la vacuité, s'il est bien vécu.

► Les visions du *Bardo*, détail de la p. 152, fin du XIXe siècle, Tibet, *tempera* sur coton, h. 60 cm
Paris, musée Guimet

« L'esprit tremblant, en perpétuel mouvement, difficile à protéger, difficile à réfréner, le sage l'aligne, comme l'archer la flèche » (Dp).

Mandala et autres supports de méditation

Les traditions bouddhistes accordent depuis toujours une grande importance aux techniques visant à développer la concentration et l'attention indispensables à la méditation. Leur objectif est d'atteindre un état d'unité psychophysique de l'individu, c'est-à-dire de faire en sorte que corps, parole et esprit soient unifiés dans la concentration tranquille et l'attention profonde qui permet de connaître la nature ultime de l'esprit libéré des conditionnements. Corps et parole sont donc éduqués au calme et à la stabilité par le maintien d'une posture assise, jambes croisées, dos droit, et par le contrôle de la respiration. L'esprit, lui, est guidé au moyen de différents supports extérieurs, qui varient suivant les traditions. Dans le Theravada, des disques colorés, ou des dessins de fleurs de lotus stylisées, ou de récipients pleins d'eau servent à fixer l'attention sur le support choisi jusqu'à visualiser mentalement l'objet et à utiliser la concentration pour débarrasser l'esprit des empêchements liés aux sens (désir, aversion, paresse, inquiétude et peur). À ce stade, l'esprit est prêt à faire l'expérience de l'objet de méditation dans des états d'absorption méditative, sur un plan complètement différent du domaine sensoriel.

Terminologie
Mandala, « cercle ». C'est une représentation géométrique de l'univers perçu par l'esprit éveillé et purifié. On le définit aussi comme un psychocosmogramme, puisqu'il est un instrument qui mène à la découverte de l'essence lumineuse de l'individu et de son identification avec la nature du Bouddha qui s'étend à l'univers entier.

Articles en relation
Tantra; Méditation; *Sadhana*.

◄ *Mandala-yantra*, vers 1800, Tibet, *tempera* sur coton, h. 71 cm Londres, collection privée

Le mandala se présente comme un espace sacré délimité par un cercle à l'intérieur duquel s'élève le palais de la divinité, représenté par l'enceinte carrée avec quatre entrées situées aux points cardinaux. La divinité principale, l'essence du mandala, est placée au centre et, tout autour, sont disposés les êtres divins qui forment sa suite, selon les descriptions du tantra *utilisé.*

▲ Moines exécutant un mandala de sable

Dans le Mahayana et le Vajrayana, les supports de méditation peuvent êtres constitués d'images divines sculptées ou peintes, ou de mandalas. Dans les pratiques des tantra *supérieurs, ils sont employés pour visualiser l'image choisie, s'identifier à elle et finalement la dissoudre : phases qui correspondent à la purification de l'esprit, au dépassement de tout dualisme, et à l'expérience de la vacuité absolue dans laquelle l'esprit demeure.*

La réalisation d'un mandala, matériel ou mental, est un acte de recréation de l'univers et, en même temps, de réintégration de l'individu dans l'absolu. Lors de la longue construction d'un mandala de sable, les poudres colorées sont versées à l'aide d'un cône de métal.

Au Ier siècle av. J.-C. l'image anthropomorphe du Bouddha fait son apparition en Inde du Nord, conséquence de la rencontre des deux centres artistiques de l'empire des Kushana : Mathura et le Gandhara.

L'image du Bouddha

Pour aller plus loin
Par tradition, le corps du Bouddha porte 32 *laksana* principaux et 80 secondaires, signes physiques qui distinguent l'homme cosmique (*mahapurusa*). Les plus importants sont l'*usnisa* et l'*urna*, les deux protubérances situées respectivement au sommet de la tête et entre les sourcils, correspondant aux centres énergétiques supérieurs à travers lesquels le *prana* sort du corps. Seuls quelques signes ont été représentés, tandis que d'autres ont été abandonnés en raison de l'impossibilité de leur donner forme (la voix mélodieuse), et que d'autres encore ont bénéficié d'un développement iconographique particulier.

Articles en relation
Siddhartha Gautama Shakyamuni ;
Vie du Bouddha ;
Biographies du Bouddha.

L'image créée à Mathura souligne les aspects royaux propres au souverain universel (*chakravartin*) et puise dans la tradition figurative indienne. Celle du Gandhara, un peu plus tardive, qui eut une influence plus grande dans le développement iconographique de la figure de l'Éveillé, donne forme, en revanche, dans un style fortement marqué par l'hellénisme mais toujours indien et bouddhique dans son inspiration, à la réalisation spirituelle et à l'aspect méditatif du Bouddha. Ces deux créations sont le fruit de la tentative des artistes pour traduire la nature supérieure de l'Éveillé, c'est-à-dire pour évoquer la perfection spirituelle à travers un corps humain transfiguré par un code (*laksana*). Les signes particuliers qui ornent le corps du Bouddha constituent le langage symbolique élaboré par l'art indien pour traduire l'état spirituel atteint. Détail après détail, ils amènent le dévot au-delà des formes, le long d'un chemin de connaissance dont l'image est le support. Cette iconographie peut faire penser à une production plate et peu diversifiée dans le temps, aussi est-il bon de souligner que le respect de ce langage codifié n'est pas synonyme de monotonie stylistique. À des époques et dans des pays divers, l'image du Bouddha a été plus d'une fois renouvelée par des artistes qui ont évoqué la grandeur sublime de l'Éveillé en enrichissant l'iconographie de détails originaux et puissants, reflets de leurs visions nées de la méditation.

► Bouddha assis sur le trône aux lions, IIe-IIIe siècle apr. J.-C., provenant de Takht-i-Bahi (Pakistan), schiste, h. 52 cm Berlin, Museum für Indische Kunst

*L'image élaborée à Mathura est connue sous le nom de Bouddha kapardin, en raison de la forme particulière de l'*usnisa *(ou, selon certains, de la coiffure assimilée ensuite à la protubérance crânienne), qui prend ici un mouvement de spirale, semblable à un coquillage (*kaparda*).*

La posture est solennelle et le regard vigilant, contrairement aux images gandhariennes dans lesquelles l'état d'absorption et les paupières mi-closes indiquent que l'attention est tournée vers l'intérieur.

*Sur la paume de la main droite et sur les plantes des pieds sont représentés les chakras, l'un des signes distinctifs (*laksana*) du Bouddha. La grande auréole derrière l'Éveillé est le* prabhamandala, *le cercle de lumière qui symbolise la transcendance. Le Bouddha porte l'habit monastique mais aucun ornement, témoignage de son renoncement à la vie mondaine et de son engagement dans la vie ascétique.*

*Par rapport au Bouddha kapardin, dans celui du Gandhara l'*usnisa *est surmonté de cheveux ondulés, selon l'influence hellénistique qui imprègne une grande partie de la production artistique. Un trou, dans l'*usnisa *de certaines statues gandhariennes, évoque le point d'émergence de l'énergie qui irradie du corps des yogis (Taddei).*

▲ Bouddha assis sur le trône aux lions, 110 apr. J.-C., Mathura (Inde), grès rose moucheté, h. 72,5 cm Delhi, National Museum, Central Asian Arts Collection

Le visage a une expression absorbée et la tête est couverte de boucles dextrogyres (direction de bon augure).

L'image du Bouddha de l'époque Gupta (IVe-VIe siècle) représente la synthèse des expériences précédentes, parmi lesquelles domine le type élaboré au Gandhara, qui réunit les détails et les particularités inspirés des autres écoles artistiques de l'Inde. Le type Gupta exercera une profonde influence sur le développement ultérieur de l'art bouddhique en Inde et ailleurs.

L'habit monastique couvre les épaules et tombe le long du corps en formant des plis légers et en soulignant les volumes pleins et souples. L'apparence asexuée, le thorax puissant, les épaules larges et les doigts allongés constituent d'autres signes de la nature extraordinaire du Bouddha.

◄ Bouddha debout, fin du VIe – début du VIIe siècle, Inde, bronze doré, h. 49,5 cm New York, Metropolitan Museum of Art

La flamme qui surgit de l'usnisa fait allusion à la lumière qui irradie du Bouddha; elle est la marque distinctive de l'art de Sukhothai.

Figuré sous la forme d'un bijou semblable à un bouton de lotus par d'autres écoles qui en accentuent le caractère ornemental, ce signe a son origine en Inde, mais cette forme précise est typique du Sud-Est asiatique.

À Sukhothai, les artistes élaborent une image d'une beauté inégalée, qui ne cherche pas la vraisemblance mais célèbre plutôt l'état unifié et pacifié atteint par Shakyamuni.

La marque du style de Sukhothai, visible surtout dans les images du Bouddha marchant, semble pouvoir se résumer dans la répétition de la ligne courbe, portée à l'extrême limite de son application, pour traduire l'état de calme et de sérénité de l'Éveillé, maître de l'énergie qui circule de manière ininterrompue dans son corps.

▲ Bouddha assis, XIVe siècle, Thaïlande, bronze laqué et doré, h. 68 cm
Bangkok, Musée national

Dans l'image laotienne du Bouddha avec les attributs royaux, la couronne s'ajoute à la longue flamme qui sort de la tête, créant une sorte de flèche travaillée, semblable à un bijou.

L'iconographie du Bouddha paré des insignes royaux se développe dans le nord-ouest de l'Inde et, de là, se répand dans le Sud-Est asiatique, où elle est diversement interprétée et déclinée.

▲ Statues du Bouddha debout paré des insignes royaux, XVIIIe siècle, bois laqué et doré, Laos

La transcendance s'exprime par un langage linéaire dépourvu de toute recherche volumétrique et proche de la bidimensionnalité. L'allongement surréel des corps, accentué par les bras placés symétriquement et souples comme des lianes, suggère une souveraineté supraterrestre.

La caractéristique principale de ces images consiste dans les grandes décorations ajourées qui pointent comme des ailes de part et d'autre de la couronne.

La présence du myrobolan et du bol de remèdes fait allusion aux pouvoirs de guérison du Bouddha.

Selon la tradition rapportée par les sources littéraires, Jambupati était un souverain sceptique à qui le Bouddha apparut avec toutes les caractéristiques du monarque universel.

Un aspect particulier du Bouddha paré des insignes royaux est connu en Birmanie sous le nom de Jambupati. Ce type iconographique représente le Bouddha toujours assis, faisant en général le geste du bhumisparsamudra *ou, comme ici, offrant de la main droite un fruit de myrobolan.*

▲ Bouddha paré des insignes royaux, XVIIIe-XIXe siècle, Birmanie, bronze, h. 53 cm Londres, British Museum

L'Amida du Byodoin d'Uji, œuvre de Jocho, l'un des principaux artistes de la période de Heian, est une sculpture monumentale qui représente le bouddha de la Terre pure de l'Ouest.

Malgré ses grandes dimensions, cette sculpture en bois est harmonieuse et gracieuse, avec son modelé au relief peu marqué et sa surface lisse, qui contrastent avec la décoration ajourée de l'auréole.

▲ Jocho, *Amida*, XIe siècle, bois laqué et doré, h. 279 cm, Hoodo du Byodoin, Uji, Kyoto (Japon)

Cette sculpture de Jocho est l'expression d'une sensibilité profondément japonaise, dépouillée des préciosités héritées des modèles chinois et empreinte d'une intensité propre à une conception essentielle de la figure, caractéristique de l'esthétique japonaise qui, à partir de cette époque, apparaît de plus en plus nettement dans les œuvres d'art bouddhiques.

Lames et poignards, crânes et ossements humains symbolisent le sacrifice de soi, le renoncement à la manière d'être ordinaire pour se préparer à la rencontre transformatrice avec la divinité.

Objets rituels du bouddhisme tibétain

La liturgie tantrique emploie de nombreux instruments, d'un aspect parfois inquiétant et qui figurent parmi les attributs des divinités terrifiantes. Leur signification s'explique à la lumière du symbolisme de la transformation inhérent au rite même. Une partie de ces objets provient du matériel rituel des pratiquants du bouddhisme tantrique de l'Inde, qui l'introduisirent au Tibet, mais le symbolisme et l'utilisation rituelle de beaucoup d'entre eux demeurent inconnus. *Vajra* et *ghanta* sont les plus importants et les plus utilisés par les officiants dans toutes les cérémonies. Le couteau à lame incurvée symbolise la destruction de l'ignorance, l'élimination des obscurcissements et, avec la calotte crânienne (s. *kapala*), coupe à offrandes remplie de sang, il évoque l'union de la sagesse et de la méthode. La dague (s. *kila*, t. *phurbu*) à triple lame est employée lors des exorcismes contre les démons. Son origine, ancienne, est probablement liée aux piquets utilisés pour consacrer la terre et immobiliser les puissances souterraines avant de construire un temple ou un autel. Beaucoup d'instruments sont taillés dans des ossements humains ou animaux, comme la trompe façonnée à partir d'un fémur (t. *kangling*). Les ornements formés de plaques et de grains sont utilisés au cours des danses rituelles (*cham*) et de certaines cérémonies. D'autres objets figurent sur les autels: lampes à beurre, tasses pour l'offrande d'eau et mandala de riz.

Pour aller plus loin
La liturgie s'accompagne de la lecture de textes et de musique. Les principaux instruments employés sont différents types de trompes – télescopiques, en bois avec des ornements de métal ou entièrement en métal –, conques, tambours verticaux et tambours-sabliers, grandes et petites cymbales.

Articles en relation
Méditation; *Sadhana*.

◄ Coupe crânienne, seconde moitié du XVIIIe siècle, Chine, bronze et jade Paris, musée Guimet

Toutes les armes brandies par les divinités tantriques sont symboliquement dirigées contre les forces du mal, personnification des ennemis intérieurs qui sont autant d'obstacles sur le chemin du pratiquant.

Le phurbu *est une dague ouvragée utilisée pour transpercer les démons. Selon la tradition, son usage rituel fut introduit au Tibet par Padmasambhava pour pacifier le sol où était l'on construisait le monastère de Samye. Elle est encore employée au cours des danses rituelles.*

Dans les temples des dieux protecteurs se trouvent parfois des autels spéciaux consacrés, avec 108 phurbu *qui forment une sorte de protection magique contre les forces ennemies. L'un de ces lieux est la grotte souterraine de Taktsang Lhakhang, près de Paro au Bhoutan, l'un des principaux sites liés à la littérature hagiographique concernant Padmasambhava.*

▲ Couteau à lame courbe,
XVe siècle, Tibet,
fer, or et argent, h. 19 cm
Londres, Galleria Rossi & Rossi

▲ Dague rituelle (*phurbu*),
XVIIe siècle, Tibet,
fer, or et argent, h. 35 cm
Londres, Galleria Rossi & Rossi

« Celui qui s'est débarrassé des impuretés, qui est fermement établi dans les vertus, qui est doté de modération et de vérité, celui-là est digne de l'habit jaune » (*Dp*).

Les possessions du moine

La liste des biens personnels qu'un moine pouvait posséder était conforme à l'idéal du renonçant. Si elle servait surtout à limiter l'attachement aux objets et à éviter que le religieux ne s'abandonne au confort et aux plaisirs, le moine n'était lié par aucun vœu de pauvreté et pouvait disposer de richesses personnelles. Les huit biens personnels traditionnels étaient : le bol à aumônes, trois vêtements (pagne, robe et manteau), une ceinture, un rasoir pour se raser le crâne tous les deux mois (sans miroir), un filtre à eau et une aiguille pour coudre les vêtements. S'y ajoutèrent ultérieurement une ombrelle pour se protéger du soleil (elle fait partie aujourd'hui encore du trousseau des moines birmans), un bâtonnet de bois pour se nettoyer les dents, un éventail, une paire de sandales, un bâton et un chapelet. Dans les pays autres que l'Inde, d'autres objets s'y ajoutèrent encore, ou bien certains furent modifiés en fonction des conditions climatiques (par exemple les chaussures, qui sont au Tibet des bottes de feutre). L'habit monastique, à l'origine une robe teinte en ocre jaune (la couleur des renonçants), a connu par la suite une série de transformations dans les divers pays bouddhistes. Il présente des couleurs différentes, notamment entre la tradition du nord et celle du sud.

Pour aller plus loin
À l'origine, pour se conformer aux exigences d'une vie pure et non portée sur les plaisirs, les moines étaient obligés de se nourrir exclusivement des aliments qu'ils mendiaient, de s'habiller de vêtements fabriqués avec de vieilles étoffes, de dormir au pied d'un arbre et de se soigner avec de l'urine de vache. Avec le temps, ce modèle se modifia, surtout à la suite de la transformation de la communauté monastique qui, d'itinérante, devint sédentaire ; nourriture, vêtements neufs et médicaments devinrent alors partie intégrante des dons des laïques aux moines.

Articles en relation
Le refuge dans les trois joyaux ; Ordination monastique ; Monachisme masculin.

◄ *Les Biens du moine*, peinture murale d'un monastère du Ladakh (Inde)

Outre le Vesakh, commun à toutes les traditions, de nombreuses fêtes liées à des épisodes de la vie du Bouddha sont célébrées, selon un calendrier et des modalités propres à chaque pays.

Fêtes bouddhiques

Pour aller plus loin
Selon le calendrier bouddhique, l'Éveil eut lieu une nuit de pleine lune du mois de Vaisakha (avril-mai, p. Vesakha). Célébré à des dates différentes dans les diverses traditions bouddhiques, le Vesakh désigne principalement les célébrations qui commémorent la naissance du Bouddha.

Articles en relation
Vie du Bouddha; Le Bouddha historique; Pèlerinage; Ordination monastique; *Cham.*

Dans les pays de tradition Theravada, vers le mois de mai-juin sont commémorés le premier sermon et le début de la saison des pluies, qui marquait autrefois le moment de la retraite des moines: ils cessaient d'être itinérants pendant la période de la mousson. C'est à cette époque qu'ont lieu les cérémonies des ordinations temporaires et que certains laïques se consacrent avec un zèle particulier à l'observance des préceptes. Ces préceptes peuvent être observés toute l'année les jours de pleine lune et de nouvelle lune, mais aux alentours des fêtes ils acquièrent une valeur méritoire plus grande. Les pays de tradition bouddhiste tibétaine fêtent, eux aussi, les principaux événements de la vie du Bouddha, auxquels s'ajoutent les commémorations de la naissance et de la mort des fondateurs des ordres religieux et des saints, et ils organisent aussi des festivités en l'honneur des protecteurs locaux. Au Tibet, la fête de Monlam Chenmo, instituée par Tsongkhapa en 1409, commémore, pendant quinze jours (le premier mois de l'année tibétaine), les miracles accomplis par le Bouddha à Sravasti. Dans le bouddhisme extrême-oriental, le calendrier des fêtes est plus réduit et un grand nombre de célébrations reflètent la rencontre de traditions bouddhiques et de coutumes locales.

► Célébration du Vesakh à Borobudur, Java

Dans de nombreux pays, dont la Chine et le Japon, on célèbre la fête en versant, à l'aide d'une sorte de louche, de l'eau parfumée ou du thé sur une statuette de l'Éveillé placée dans une cuvette.

Parmi toutes les fêtes bouddhiques, celle de Vesakh est certainement la plus importante. Dans les pays de tradition Theravada, elle est célébrée le jour de la pleine lune du mois d'avril-mai et elle coïncide avec les principaux événements de la vie du Bouddha (naissance, éveil et parinirvana*), tandis que dans les pays de tradition Mahayana elle est célébrée le 8 avril.*

Le rite de la vaisakhapuja *évoque l'épisode de l'*abhiseka *(consécration), qui eut lieu après la naissance du Bouddha, quand celui-ci fut aspergé avec l'eau versée par les dieux.*

▲ Les dévots versent du thé sur la statuette du Bouddha à l'occasion de l'anniversaire de sa naissance, Tokyo

C'est la représentation sacrée du bouddhisme tibétain, sous la forme d'une danse exécutée par les moines, qui accompagne les fêtes religieuses.

Cham

Pour aller plus loin
Des acteurs portant haillons et masques grotesques participent aux danses religieuses et lancent des plaisanteries et des blagues salaces aux spectateurs. Ce sont les *atsara* (s. *acharya*, « maître »), clowns qui parodient les maîtres de la doctrine et à qui sont permises toutes les transgressions, jusqu'à faire des grimaces aux danseurs en mimant maladroitement leurs évolutions dans leur dos. La liberté dont ils jouissent est justifiée par la signification de leur présence dans le *cham*: rappeler que même les représentations les plus sacrées ne sont jamais que des supports et non la vérité en soi, des instruments utiles mais auxquels il est bon de ne pas s'attacher.

Articles en relation
Sadhana; Mérite; Mandala et autres supports de méditation; *Thongdol*.

Cette danse rituelle, exécutée dans les monastères par des moines expérimentés, représente les divinités évoquées pendant la méditation, en les rendant manifestes au public laïque qui y assiste. Le *cham* est une sorte d'exorcisme destiné à chasser les forces hostiles de la communauté des participants qui, en contribuant financièrement à l'accomplissement de la cérémonie et en y assistant, acquièrent des bénéfices spirituels. Les danses sacrées célèbrent la manifestation des dieux protecteurs, mimés par les acteurs qui portent des masques et des costumes reproduisant l'apparence des divinités. Avec des mouvements rythmiques, des figures et des gestes théâtraux scandés par la musique, les acteurs mettent en scène la victoire sur le démon hostile et son élimination grâce à la divinité tutélaire ou à un officiant, le seul (avec ses aides) qui opère à visage découvert. Chaque ordre religieux et chaque monastère ayant ses propres divinités tutélaires, l'identité des protecteurs peut varier d'un lieu à l'autre. La durée et la fréquence des danses dépendent des usages locaux et du calendrier liturgique: elles durent généralement au moins un jour ou deux et, à l'occasion de rites publics plus complexes, elles clôturent la série des célébrations. À côté des danses à but purificatoire (comme celle de Yamantaka ou de Mahakala), le programme des festivités peut comporter aussi d'autres danses à caractère didactique ou narratif. Le *cham* est célébré dans tous les pays où s'est répandu le bouddhisme tibétain (Tibet, Ladakh, Bhoutan et Mongolie).

► Clown pendant les danses, monastère d'Ura, Bhoutan

Au Bhoutan, des festivités ont lieu tous les mois, même si les fêtes principales se célèbrent entre octobre et décembre. Dans la cour principale du dzong *la foule assiste à la mise en scène des exploits des dieux protecteurs ou des saints bouddhistes, qui prennent forme avec les pas rythmés des danseurs évoluant au son de la musique.*

Alors que la compréhension de la signification profonde du cham, *représentation ritualisée de la méditation, échappe aux non-initiés (la majorité), les danses offrent à la population l'occasion de participer à une fête collective solennelle et joyeuse. À côté des bénéfices didactiques et spirituels que l'on acquiert en assistant aux cérémonies, la fête est aussi une occasion de rencontres pour les personnes qui viennent de localités éloignées et qui mettent parfois plusieurs jours pour arriver au monastère.*

▲ Danses sacrées au *dzong* de Wangdi Phodrang, Bhoutan

Parmi les formes de dévotion venues du monde indien et adaptées au bouddhisme tibétain, l'une des plus spectaculaires est l'exposition des grandes images des déités à la vue des dévots.

Thongdol

Pour aller plus loin
Il existe aussi des techniques de libération qui recourent à d'autres facultés sensorielles : un exemple est la « libération par l'écoute pendant l'état intermédiaire », décrite dans le célèbre *Bardo Thödol* (traduit de façon impropre par « Livre des Morts tibétain »). Ce texte est récité par les moines durant 49 jours à partir de la mort d'une personne, de façon à guider le défunt vers la compréhension juste des expériences et des visions qui se présentent à lui durant cet « état intermédiaire » (t. *bardo*) entre une existence et une autre.

Articles en relation
Rites funèbres ; Mandala et autres supports de méditation ; *Cham*.

► Transport d'un grand *thangka*, monastère de Labrang, Xiahe (Chine)

Ce mot tibétain signifie littéralement « libération par la vision (des divinités) ». Il fait référence aux diverses pratiques rituelles du Vajrayana utilisées pour favoriser la rencontre avec la déité qui, évoquée rituellement, se manifeste dans un support extérieur (peinture ou sculpture). Alors que ces caractéristiques sont propres à tous les rituels tantriques, leur pratique est réservée exclusivement aux initiés c'est-à-dire à ceux qui, ayant reçu l'instruction et l'autorisation, sont capables d'atteindre la vision divine pendant la méditation. Grâce à la méditation des officiants (et aux capacités des participants), certains rites peuvent cependant se transformer en expériences même pour les gens ordinaires, qui peuvent ainsi jouir d'un immense bénéfice spirituel. Les danses rituelles, qui permettent au public d'assister à la méditation vécue et traduite visuellement par les danseurs, tout comme l'exposition de *thangka* de grande taille lors de fêtes annuelles spéciales, en sont des exemples. Ces œuvres d'art, généralement brodées, sont déroulées le long de la façade du pavillon principal du monastère, ou sur un plan incliné spécialement installé aux alentours. L'exposition de l'image s'accompagne de chants et d'offrandes, après quoi les dévots peuvent s'approcher pour toucher l'image sacrée et recevoir ainsi l'énergie bénéfique de la divinité présente dans le morceau de tissu.

Comme pour les danses rituelles, qui se déroulent au cours de la même cérémonie religieuse, l'exposition du thangka *attire aussi beaucoup de gens, qui viennent souvent de très loin. La participation à ces festivités revêt donc l'aspect d'un pèlerinage dont le but est la vision de la divinité et les effets bénéfiques qui y sont liés.*

L'image représentée dépend de la tradition locale. Elle peut figurer Shakyamuni, un autre bouddha ou un bodhisattva. *Au Bhoutan, c'est l'image de Padmasambhava qui est le plus fréquemment exposée; en son honneur on célèbre le* tsechu, *une cérémonie religieuse spéciale qui comprend différentes danses dédiées au «précieux maître».*

▲ Exposition d'un grand *thangka*, Tibet

« Rares sont parmi les hommes ceux qui rejoignent l'autre rive. La majeure partie des gens se limite à courir le long de la berge » (Dp).

Le maître spirituel

Nom
s. *kalyanamitra*,
p. *kalyanamitta*,
« ami-de-bien »,
« ami spirituel ».

Articles en relation
Bouddhisme tibétain;
Chan;
Zen;
Initiation.

L'importance du maître spirituel est soulignée par toutes les traditions dans lesquelles cette figure revêt des connotations particulières et, avec elle, la relation entre maître et disciple. Dans le Theravada, il est l'« ami-de-bien », définition qui se réfère en général aux compagnons de chemin dotés de qualités morales et spirituelles, source d'inspiration pour les autres. Plus spécifiquement, c'est le maître spirituel, habituellement un moine âgé, expert dans la doctrine, qui connaît la nature de son disciple, qui est capable de le guider dans la pratique et de le soutenir dans les difficultés. Son enseignement reste toutefois limité à la parole du Bouddha. Dans le Mahayana, le maître (s. *guru*) est celui qui a compris et réalisé la vérité, et qui est capable de la transmettre. Sa fonction est celle d'un intermédiaire, d'un guide spirituel qui indique au disciple la voie et les moyens de la libération. Le Vajrayana, le Chan et le Zen insistent sur cet aspect et reconnaissent dans le maître le dépositaire de la tradition authentique, le maillon d'une chaîne de transmission de l'enseignement qui remonte jusqu'au Bouddha. Dans le Chan et le Zen, le devoir du maître est de libérer l'esprit du disciple des mécanismes habituels et de reconnaître l'authenticité de l'expérience de l'éveil. Dans le Vajrayana, le lien entre le maître (*vajracharya*) qui confère l'initiation et le disciple est marqué par un engagement formel (*samaya*) qui consiste à promettre confiance absolue, dévouement et respect au maître jusqu'au terme de la pratique.

◄ Tête de moine, XVIIIe siècle, Tibet, bronze doré, h. 37 cm
Berlin, Museum für Indische Kunst

Dans le bouddhisme tibétain, il est fréquent qu'un élève soit instruit par des maîtres de divers ordres et soit initié à des pratiques différentes. Les dalaï-lamas eux-mêmes en sont un exemple, eux dont la formation Gelugpa a toujours été complétée par les enseignements des maîtres Sakyapa, Kagyupa et Nyingmapa.

Dans le Vajrayana, le maître d'initiation, ou lama-racine (s. mulaguru*), est la voie d'accès à l'éveil. Il est celui qui communique au disciple les enseignements transmis oralement et le protège du risque de s'adonner prématurément aux pratiques. Vénérer la divinité revient alors à vénérer le maître, puisque toutes les déités émanent du guru.*

▲ Lama en méditation, Ladakh (Inde)

Dans toutes les traditions monastiques règne un principe d'égalité, même s'il existe une préséance basée sur l'ancienneté, non pas celle de l'âge (bien que les deux aillent souvent de pair), mais celle qui correspond au nombre d'années passées en religion depuis l'ordination. Dans les monastères tibétains, les pièces les plus confortables sont réservées aux moines les plus âgés et, dans les salles de prière, ces derniers s'assoient dans la partie centrale du temple, à côté du siège de l'abbé, tandis que les jeunes moines se tiennent plus près de l'entrée.

Dans le bouddhisme Theravada, les moines ordonnés depuis dix ans au moins sont appelés thera, *« anciens », et* mahathera, *« grands anciens », après vingt ans. Le monastère est dirigé par un abbé généralement désigné par les moines ou par le moine le plus âgé.*

▲ Moines Theravada en rang pour le repas communautaire, monastère de Kalawya Tawya, Rangoon (Birmanie)

« En tant que moine bouddhiste, je crois que le bouddhisme est la religion qui me convient le mieux, mais cela ne veut pas dire que le bouddhisme soit la meilleure chose pour tout le monde » (Dalaï-Lama).

Dalaï-lama et panchen-lama

Le titre de dalaï-lama fut conféré pour la première fois en 1578 par le souverain mongol Altan Khan à Sonam Gyatso, maître Gelugpa, abbé de Drepung et troisième incarnation de l'autorité spirituelle de l'ordre. Ce titre fut attribué rétrospectivement à ses prédécesseurs et transmis depuis lors à ses réincarnations suivantes. Le pouvoir temporel sur le Tibet ayant été conféré en 1642 au cinquième dalaï-lama, entraînant le début de la suprématie politique et religieuse des Gelugpa, ce titre revêt donc aussi une connotation politique. Tendzin Gyatso, quatrième et actuel dalaï-lama, est exilé en Inde depuis 1959. Depuis le XVIIe siècle, le titre de panchen-lama revient aux réincarnations des abbés de Tashilunpo, monastère Gelugpa fondé en 1447 par le premier dalaï-lama. L'institution du lignage fut l'œuvre du cinquième dalaï-lama qui reconnut son propre maître comme étant une émanation du bouddha Amitabha et la réincarnation d'un disciple de Tsongkhapa. Par tradition, le panchen-lama est le précepteur du dalaï-lama et réside au monastère de Tashilunpo à Shigatse. Cette figure est aujourd'hui instrumentalisée par le gouvernement chinois, qui a remplacé le panchen-lama reconnu par le Dalaï-Lama par un candidat qui agrée à Pékin.

Nom
Dalaï-lama, « Océan de sagesse », « maître (de la sagesse) océanique ». Du mongol *dalai*, en tibétain *gyatso*, « océan ».

Panchen-lama, « grand érudit supérieur ». Du sanskrit *pandita* (abrégé en *pan*), « érudit », et du tibétain *chen*, « grand ».

Articles en relation
Tibet; Bouddhisme tibétain; Gelugpa; Les *tulku*.

◄ Monastère de Tashilunpo, Shigatse (Tibet)

La mort d'un réalisé est un événement remarquable : l'essence spirituelle du défunt est momentanément absente, avant de revenir bientôt sous des formes et dans des circonstances plus propices.

Les tulku

Nom
s. *nirmanakaya*, t. *tulku*, « corps d'émanation ». Les *tulku* reçoivent en général le titre de *rinpoche*, « précieux ».

Pour aller plus loin
Karmapa est le titre de l'une des autorités spirituelles des Karma Kagyu, qui se transmet par le système des réincarnations successives et dont l'institution remonte précisément à cette branche des Kagyupa. Le dix-septième et actuel *karmapa* réside en Inde, où il s'est réfugié après avoir fui le Tibet en 2000.

Article en relation
Dalaï-lama

Ce sont les réincarnations de grands maîtres (ou même de bouddhas et de *bodhisattva*), c'est-à-dire d'êtres éveillés qui continuent à être présents dans le monde, pour le bien de tous les êtres vivants, avec des corps d'apparition ou d'émanation. L'idée qu'un éveillé puisse se manifester sur terre est bien connue du bouddhisme avec la doctrine du *trikaya*, mais la coutume qui consiste à reconnaître les réincarnations de maîtres spirituels dans des enfants qui manifestent des signes ou des facultés particulières est caractéristique du bouddhisme tibétain, et le cas le plus emblématique est celui du lignage des dalaï-lamas. La naissance et la mort d'un *tulku* ne sont sujettes à aucun conditionnement, mais sont des événements maîtrisés par ces lamas non soumis aux lois de la vie ordinaire. À la différence des hommes du commun, au moment de sa mort le *tulku* n'est pas à la merci des forces karmiques, dont il s'est affranchi, et il peut choisir les conditions de sa future existence. Certains maîtres laissent des indications avant de mourir, pour aider à trouver leur manifestation suivante. L'identification est un processus complexe, qui s'accompagne de prophéties, de signes surnaturels et d'épreuves auxquelles est soumis l'enfant choisi : elle est sanctionnée par la reconnaissance formelle de la part d'un lama incarné. En accord avec l'enseignement bouddhique, ce qui se manifeste une nouvelle fois – et donc ne se « réincarne » pas – est le principe spirituel, l'esprit de sagesse acquis par un maître ou l'essence réalisée par un *bodhisattva*.

► Orgyen Trinley Dorje, 17e *karmapa*

« C'est chose difficile, hélas, pour un homme qui vit dans le monde de pratiquer pleinement la vie religieuse [...] Allons... endossons la robe jaune et retirons-nous du monde ! » (Mts).

Monachisme masculin

Désignée par le Bouddha comme condition idéale pour la pratique spirituelle, la vie monastique, éloignée des séductions du monde, soumise à des règles de conduite précises et au célibat, représente, surtout dans le Theravada, le but vers lequel tous les bouddhistes devraient tendre. L'histoire et les caractéristiques du *sangha* dans les pays bouddhistes ne présentent cependant aucune unité. Les cas sont fréquents de disparition de la communauté religieuse (Népal), de coexistence de maîtres laïques aux côtés des moines (bouddhisme tibétain), ou encore de formes de bouddhisme sécularisé (Japon). Celui qui s'engage dans la vie monastique est tenu, après l'ordination complète, de respecter les vœux du moine (plus de 200 dans les trois traditions du *vinaya*). S'y ajoutent, dans le bouddhisme extrême-oriental, les 58 vœux du *bodhisattva*, qui coïncident en partie avec les vœux monastiques, et sont en partie plus spécifiquement imprégnés de l'éthique Mahayana. Le manquement aux règles, selon sa gravité, entraîne une réprimande, une mesure disciplinaire, voire un éloignement temporaire ou définitif de la communauté. En principe, l'état de moine est considéré comme un engagement pour la vie entière, mais il n'est pas irrévocable. Cependant, quitter le monastère est mal vu dans certains pays, au point d'être découragé par des sanctions financières pour le moine décidé à revenir à la vie séculière (Bhoutan).

► Moine, XIXe siècle, Birmanie, bois laqué et doré, h. 13,5 cm
Londres, British Museum

Terminologie
Moine : s. *bhiksu* (p. *bhikku*), littéralement « mendiant ».
Uposadha (p. *uposatha*) : c'est le rite communautaire qui se déroule à l'occasion de chaque nouvelle lune et pleine lune, et au cours duquel les moines se réunissent pour réciter les règles du *pratimoksa* et confesser les infractions commises.

Pour aller plus loin
L'état de moine est le seul qui peut mener au salut, et une renaissance qui favorise le début de la vie monastique est on ne peut plus souhaitable. Le modèle de la pratique religieuse reflète la vie du Bouddha. Il comporte le renoncement au monde, à ses plaisirs et à ses activités, pour se consacrer à la pratique de l'octuple sentier.

Articles en relation
Le refuge dans les trois joyaux ; Ordination monastique ; Monachisme féminin.

« "Bienheureux, comment devrions-nous nous comporter vis-à-vis des femmes ?" "Ne les voyez pas, Ananda."... "Mais si elles nous parlent ?"... "Pratiquez la conscience, Ananda" » (Mps).

Monachisme féminin

Terminologie
Nonne : s. *bhiksuni*, p. *bhikkuni*.

Pour aller plus loin
Selon la tradition, les origines du monachisme féminin remonteraient à Mahaprajapati, sœur de la mère du Bouddha et mère adoptive de ce dernier, qui demanda à Shakyamuni d'autoriser également les femmes à entrer dans la communauté. La réticence initiale du Bouddha fut surmontée grâce à l'intervention d'Ananda et les femmes eurent la possibilité d'embrasser la vie monastique. L'Éveillé prédit alors que cet événement aurait pour conséquence la diminution de la durée de la Loi dans le monde.

Articles en relation
Le refuge dans les trois joyaux ;
Ordination monastique ;
Monachisme masculin.

Les règles énoncées pour la vie monastique féminine sont similaires à celles des moines, mais plus nombreuses. Huit préceptes sanctionnent la subordination des nonnes à la supériorité spirituelle et à l'autorité disciplinaire des moines. Les préceptes sont des marques de respect que la nonne doit manifester envers les moines : honorer un moine même s'il est ordonné depuis peu ; pendant la retraite saisonnière, ne pas résider dans un endroit où il n'y a pas une communauté de moines ; le jour de l'observance (*uposadha*) est fixé par l'ordre de moines dont les nonnes dépendent aussi pour l'instruction religieuse ; à la fin de la retraite de la saison des pluies, les nonnes doivent confesser leurs infractions à la discipline devant la communauté des nonnes et celle des moines ; les pénitences sont données par les deux ordres ; deux années de noviciat sont nécessaires avant l'ordination complète ; une nonne ne doit pas offenser un moine ; et, enfin, une nonne ne peut réprimander un moine, mais lui peut le faire. Le lignage des ordinations féminines Theravada s'est éteint au XIe siècle et n'a plus été rétabli ; il existe cependant des communautés de nonnes qui suivent les huit préceptes mais ne reçoivent pas l'ordination complète. La lignée de transmission des ordinations s'est maintenue, en revanche, dans la tradition extrême-orientale.

► Nonne en prière au pied d'une statue du Bouddha, Sukhothai (Thaïlande)

*C'est par excellence le symbole du Bouddha, de l'extinction de son corps physique (*parinirvana*) et de son enseignement spirituel.*

Stupa

Le stupa est le monument bouddhique par antonomase, auquel les dévots rendent hommage en accomplissant une *pradaksina*. À l'origine tumulus destiné à contenir les cendres de l'Éveillé, par la suite monument commémoratif du Bouddha et de sa doctrine, le stupa, dans sa forme la plus ancienne, se compose de trois parties : une base circulaire ou carrée sur laquelle s'élève son corps (*anda*) hémisphérique, surmonté d'un élément cubique (*harmika*) d'où émerge une hampe de parasols (*chattravali*). Au cours des siècles, cette structure principale se modifia, tout en gardant son organisation tripartite : base, corps et couronnement. Un autre mot pour définir le stupa est *dhatugarbha* (« reliquaire-réceptacle »), qui précise sa fonction de réceptacle des reliques de l'Éveillé. La présence, à l'intérieur du stupa, des cendres du Bouddha (ou d'un substitut des reliques) confère du pouvoir au monument et le transforme en une sorte de talisman capable de communiquer sa force bénéfique à quiconque s'en approche et le vénère. Cette efficacité s'explique à la lumière de la conviction que les reliques du Bouddha, mais aussi celles des grands saints du bouddhisme, évoquent la présence immanente du Maître et sont donc porteuses de bénéfices spirituels et matériels. Dans les différents pays d'Asie, cet édifice a pris des formes diverses, tout en conservant sa fonction de reliquaire.

Nom
s. *stupa*, p. *thupa*, ch. *ta* (« pagode »), j. *to* (« pagode »), t. *chorten*. Un autre terme pour désigner le stupa est *caitya* (p. *cetiya*), d'où vient *chedi* (utilisé en Thaïlande pour indiquer différentes sortes de reliquaires).

Pour aller plus loin
Selon le *Mahaparinibbanasutta*, c'est Shakyamuni lui-même qui aurait indiqué à Ananda le type de sépulture adéquat pour conserver ses restes mortels : « De la même façon, ô Ananda, que sont traités les restes d'un monarque universel, ainsi devrait être traité le corps du Tathagata. Un *thupa* devrait être érigé à un croisement pour le Tathagata. »

Articles en relation
Vie du Bouddha ; Nirvana ; Pèlerinage ; L'image du Bouddha.

◄ Reliquaire en forme de sarcophage, 741 apr. J.-C., du monastère de Qingshan, Shanxi (Chine), or, argent et cuivre, h. 12 cm Taiyuan, Musée provincial du Shanxl

*Les quatre portes monumentales (*torana*) sont constituées de trois linteaux superposés soutenus par des piliers; tous ces éléments sont décorés de scènes des vies antérieures et de la dernière existence terrestre du Bouddha. Avec les reliefs sculptés de la balustrade du stupa de Bharhut, partiellement conservée à l'Indian Museum de Calcutta, et ceux d'Amaravati antérieurs au* IIe *siècle apr. J.-C., les images sculptées sur les* torana *de Sanci sont les principaux témoignages de l'art bouddhique indien le plus ancien. Sur tous ces reliefs, le Bouddha est représenté de manière aniconique et sa présence est évoquée par des signes symboliques, comme, par exemple, un trône vide, les empreintes de pieds, un parasol, un arbre ou un stupa.*

Le mahastupa *(« grand stupa ») est le plus grand monument de l'aire de Sanci et l'exemple le plus complet conservé sur le sol indien. Son noyau le plus ancien, qui remonte à l'époque d'Ashoka, a été préservé à l'intérieur de la structure reconstruite au* Ier *siècle av. J.-C. La dévotion s'exprime par la circumambulation qui s'effectue à l'intérieur de l'espace sacré, le long du* pradaksinapatha*. Le stupa est en effet une construction pleine, et non un monument dans lequel on pénètre.*

▲ Stupa 1 de Sanci,
IIIe siècle av. J.-C. – Ier siècle apr. J.-C.,
Madhya Pradesh (Inde)

*Un escalier double permet de monter sur la base du stupa pour déambuler autour du corps (*anda*) proprement dit du monument.*

*La balustrade (*vedika*) en pierre imite les anciennes barrières de bois et délimite l'espace consacré.*

De tous les pays du Sud-Est asiatique, c'est surtout en Birmanie que la construction de stupas est considérée comme un acte hautement méritoire, supérieur à la restauration des stupas anciens. Voilà pourquoi on élève souvent de nouveaux monuments autour des stupas particulièrement vénérés.

Une autre caractéristique des stupas birmans est le hti, *ornement de métal ouvragé qui couronne la flèche: symbole lumineux semblable à la flamme qui surgit de l'*usnisa *du Bouddha.*

*La typologie des stupas birmans est très variée, mais l'une des formes les plus caractéristiques est celle en cloche. Comme dans le reste du Sud-Est asiatique, le corps (*anda*) des stupas est très réduit par rapport aux proportions de la base et de la flèche. La base est haute et comporte plusieurs étages dentelés et superposés.*

▲ Stupa sur une île du lac Inle, Birmanie

Dans les stupas de tradition népalaise, dont il existe quelques exemples également au Bhoutan, la structure en forme de mandala du monument est soulignée par la scansion ordonnée des terrasses superposées formant la base sur laquelle repose le corps hémisphérique couronné d'une flèche.

Selon l'interprétation de certains spécialistes, ce type de monument, avec les stupas tibétains, met en évidence la correspondance symbolique entre le stupa et le corps du Bouddha.

Les longues bannières verticales qui flottent sur les mâts sont les drapeaux de prières typiques du Tibet, appelés lungta *(« chevaux de vent »), qui peuvent aussi avoir une forme carrée ou rectangulaire et sur lesquels est imprimé le dessin d'un cheval au galop orné d'un joyau scintillant sur la croupe, avec le* mantra *inscrit autour.*

▲ Stupa de Chendebji, Bhoutan

Par rapport au stupa indien, dont elle conserve la fonction de reliquaire, la pagode a une forme tout à fait différente, inspirée d'une construction de l'architecture civile chinoise: l'ancienne tour de garde à deux ou trois étages.

La forme de la pagode se fonde sur la répétition d'un élément de base qui va en diminuant vers le haut: la structure cubique, dans le cas des pagodes à plan carré (comme, par exemple, la Grande Pagode de l'oie sauvage de Xi'an), ou une forme de toit, dans le cas des constructions à plan polygonal (comme ici).

▲ Pagode en brique du monastère de Songyue, 523 apr. J.-C., Henan (Chine)

Comme le stupa, la pagode est l'une des constructions qui se dressent à l'intérieur de l'enceinte du monastère, mais elle peut être aussi un monument indépendant. En Chine, en Corée et au Japon, la pagode a été utilisée également comme reliquaire pour les cendres des monarques importants.

« Le moine cherche un lieu de repos à l'écart : un bois, le pied d'un arbre, une montagne, une grotte, une caverne dans la montagne, un cimetière [...], une couche de paille » (Mrs).

Monastère

Le *vihara*, la « demeure », était à l'origine un lieu où la communauté monastique, interrompant pour quelques mois sa vie itinérante, se retirait pendant la saison des pluies. Au début, ces « demeures » étaient creusées à l'intérieur de grottes artificielles et agencées à la manière des constructions en bois, pour servir de salle de culte (*caityagrha*) et de résidence (*vihara*). À partir des premiers siècles de notre ère, des monastères proprement dits furent édifiés à côté. Ils surgirent un peu partout, surtout à proximité des routes commerciales, non loin de la communauté laïque, source de subsistance pour la communauté monastique. Certains centres furent plus importants et plus durables que d'autres et devinrent des lieux d'études prestigieux, tel le *mahavihara* de Nalanda, complexe monastico-universitaire du nord-ouest de l'Inde. La tradition des monastères dépassa les frontières de l'Inde et se propagea rapidement dans l'ensemble du monde bouddhiste. Selon les régions, on constate des différences concernant : la forme architecturale, souvent inspirée de l'architecture locale et adaptée aux exigences du monachisme bouddhique ; l'organisation de la vie monastique, qui dépend des diverses traditions du *vinaya* ; la structure des salles de culte, en accord avec les pratiques et les nécessités liturgiques des diverses écoles. On peut néanmoins reconnaître, dans chaque monastère, l'ancienne séparation entre les quartiers des moines – dortoir, réfectoire, cuisine, lavabos – et l'espace réservé au culte.

Nom
s. et p. *vihara*,
ch. *si* (« temple »),
j. *ji* (« temple », « monastère »),
t. *gompa*.

Articles en relation
Le *Sangha* ;
Bouddhisme en Asie.

▼ Le monastère en bois de Yaunghwe, Birmanie

Le complexe rupestre d'Ajanta est l'un des nombreux sites bouddhiques de l'État indien du Maharashtra. Les salles sculptées sont disposées le long d'une paroi rocheuse en forme de fer à cheval, au pied de laquelle coule la rivière Waghora.

▲ Vue des grottes d'Ajanta, IIe siècle av. J.-C.-fin du Ve siècle apr. J.-C., Inde

Les grottes les plus anciennes datent de la première phase d'activité (IIe siècle av. J.-C. – Ier siècle apr. J.-C.) et comportent deux catyagrha *(« maison du* caitya *»), la salle de culte qui abrite le stupa, et plusieurs* vihara, *salles quadrangulaires avec des cellules ouvertes le long des murs et destinées aux moines. Mais les plus beaux monuments datent de l'époque où le site connut son apogée (dernier quart du Ve siècle apr. J.-C.). Les grottes furent alors richement décorées de sculptures et de magnifiques peintures murales, et une transformation du* vihara *en temple à colonnes fut opérée, dans lequel les cellules se partageaient l'espace avec plusieurs chapelles.*

L'architecture bouddhique ancienne sculptée dans la roche, visible à Ajanta et dans d'autres sites rupestres, comprend deux types de salles, le caityargha *et le* vihara, *dont les fonctions correspondaient aux deux activités principales des moines. La première était destinée au culte, qui consistait en une circumambulation du stupa, et la seconde accueillait les cellules à plan carré où les moines logeaient et méditaient. De la même manière, dans les monastères construits au cours des premiers siècles de notre ère, l'espace est en général divisé en une cour, où s'élève le stupa principal, et une partie d'habitation qui comporte un espace de plan quadrangulaire où se font face les cellules des moines et les autres pièces destinées à la vie communautaire.*

Le caityagrha *consiste en une longue salle de plan absidal au fond de laquelle se trouve le stupa (ou* caitya*), qui est au cœur de la dévotion bouddhique. Une ouverture formant un arc en accolade encadre la façade, comme c'est le cas dans d'autres sites de la région.*

Une rangée de colonnes disposées sur tout le périmètre de la salle délimite le couloir de circumambulation et permet de tourner autour du stupa placé dans l'abside. Les chapiteaux sont formés de lotus retournés en forme de cloche sur lesquels reposent des couples assis sur des éléphants.

▲ Salle du stupa, début du IIe siècle apr. J.-C., Karli (Inde)

Ce plan représente, au centre, le Potala, la résidence du dalaï-lama, et les principaux monuments de Lhassa (avec le Jokhang et le Ramoche) et des alentours (Sera, Drepung et Ganden).

Au Tibet, les monastères les plus riches et les plus importants atteignirent des dimensions colossales, prenant l'aspect de petites cités accueillant des milliers de moines. Nombre de ces monastères étaient de prestigieux lieux d'études, où des étudiants d'autres pays passaient plusieurs années pour mener à bien leur formation.

▲ *Le Potala et les principaux monastères du Tibet*, XIXe siècle, Tibet, *tempera* sur coton, h. 98,5 cm Paris, musée Guimet

Le monastère comprenait: les quartiers des moines, qui pouvaient être divisés en fonction des nationalités des résidents; les collèges tantriques; les cuisines et les réserves; les salles de prière et les chapelles. De nombreux monastères possédaient des terres dont la culture constituait une source de revenus.

Le modèle du monastère chinois se caractérise par un plan rectangulaire dans lequel les salles de culte sont disposées les unes à la suite des autres le long de l'axe central du complexe. Sur les côtés sont disposées les cellules des moines. Ce plan, qui a son origine dans les demeures aristocratiques chinoises traditionnelles, s'est exporté en Corée et au Japon. C'est au Japon que subsistent les plus anciens exemples de monastères de la tradition extrême-orientale.

Dans les monastères, la vie des moines est partagée entre les moments d'étude et de méditation, avec une prédominance de l'une ou de l'autre selon les écoles, et la vie communautaire. C'est dans le partage des idéaux et des règles, le travail au sein du monastère et la participation aux cérémonies quotidiennes, que la vie monastique, ici comme ailleurs, perpétue la tradition, se renforce perpétuellement et continue de représenter le cœur du monde bouddhiste.

▲ Un moine appelle à la prière en frappant sur le tambour de cérémonie, monastère de Haein, Corée du Sud

ANNEXES

Carte de la diffusion géographique du bouddhisme

Musées

Index analytique

Index général

Bibliographie

Liste des abréviations

◄ Feuillet illustré d'un manuscrit
de la *Prajnaparamita* (détail),
XIIe-XIIIe siècle, Tibet,
encre et *tempera* sur papier,
21,5 × 62 cm
Paris, musée Guimet

Carte de la diffusion géographique du bouddhisme

Lieux de la vie du Bouddha

Voies d'expansion du bouddhisme

Sites et monuments bouddhiques (temples, *stupa*, monastères)

Villes

Route de la soie

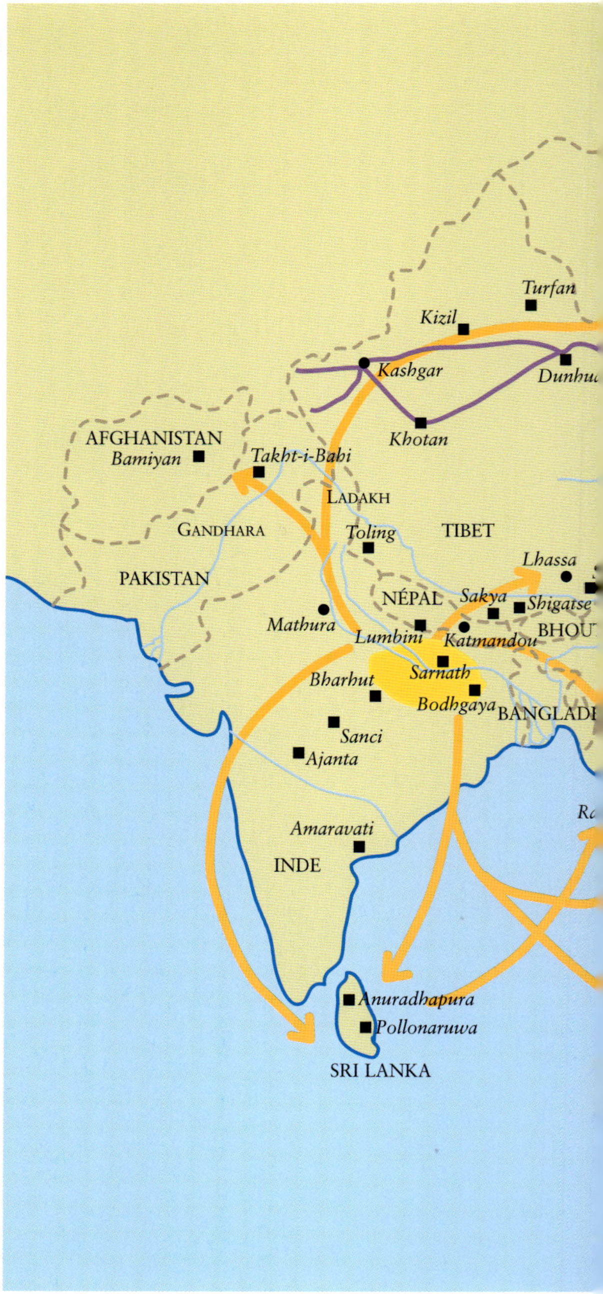

Oulan Bator
GOLIE
Yungang
Datong
Wutaishan
Luoyang
Longmen
Xi'an
CHINE
CORÉE
DU NORD
Sokkuram
CORÉE
DU SUD
JAPON
Kamakura
Kyoto
Nara
LAOS
Luang
Prabang
khothai
THAILANDE
Ayuthya
Angkor
CAMBODGE
VIETNAM
SUMATRA
JAVA
Borobudur

Musées

La liste proposée ici comprend une sélection des principaux musées qui possèdent des collections ou des œuvres d'art bouddhique particulièrement importantes.

Archaeological Museum, Anuradhapura (Sri Lanka)
Archaeological Museum, Nalanda (Inde)
Archaeological Museum, Pagan, Birmanie
Archaeological Museum, Sarnath (Inde)
Asian Art Museum of San Francisco, San Francisco
British Museum, Londres
Cleveland Museum of Art, Cleveland
Ermitage, Saint-Pétersbourg
Ferenc Hopp Múzeum, Budapest
Freer Gallery of Art, Washington
Galerie des trésors du Horyuji (Nara), musée national de Tokyo
Government Museum, Madras (Inde)
Government Museum, Mathura (Inde)
Harvard University, Arthur M. Sackler Museum, Boston
Indian Museum, Calcutta
Lahore Museum, Lahore (Pakistan)
Los Angeles County Museum of Art, Los Angeles
Metropolitan Museum of Art, New York
Musée des Beaux-Arts, Oulan Bator (Mongolie)
Musée du Palais Royal, Luang Prabang (Laos)
Musée du Tibet, Lhassa
Musée Miho, Shigaraki (Japon)
Musée-monastère du Choijin Lama, Oulan Bator (Mongolie)
Musée national, Jakarta (Indonésie)
Musée national, Phnom Penh (Cambodge)
Musée national de Birmanie, Rangoon
Musée national de Corée, Séoul
Musée national de Kyoto (Japon)
Musée national de Nara (Japon)
Musée national de Tokyo
Musée national des Arts asiatiques – Guimet, Paris
Musée Rietberg, Zurich
Museo Nazionale d'Arte Orientale, Rome
Museum für Indische Kunst, Berlin
Museum für Ostasiatische Kunst, Cologne
Museum of Fine Arts, Boston
National Museum, Bangkok
National Museum, Central Asian Arts Collection, Delhi
National Museum, Colombo (Sri Lanka)
National Museum, Katmandou (Népal)
National Museum of Pakistan, Karachi
Nelson-Atkins Museum of Art, Kansas City
Newark Museum, Newark (États-Unis)
Östasiatiska Museet, Stockholm (Suède)
Pacific Asia Museum, Pasadena
Patan Museum, Patan (Népal)
Peshawar Museum, Peshawar (Pakistan)
Philadelphia Museum of Art, Philadelphie
Rijksmuseum, Amsterdam
Royal Ontario Museum, Toronto
Staatliches Museum für Völkerkunde, Munich
State Museum, Lucknow (Inde)
University of Pennsylvania, Museum of Archaeology & Anthropology, Philadephie
Victoria and Albert Museum, Londres
Walters Art Museum, Baltimore
Wat Phra Keo, Vientiane (Laos)

Index analytique

Sont indiqués ci-après les termes techniques, les noms propres de personnes, de figures divines et de lieux en sanskrit et pali (transcrits avec les signes diacritiques conventionnels), tibétain, chinois et japonais. Le chiffre renvoie à la page où le terme est expliqué. Le ś et le ṣ sont transcrits par sh, le c par ch.

Sanskrit et pali

Tibétain

Chinois

Japonais

Index général

Bibliographie

ASURA, R., *Vers la Terre Pure. Œuvres classiques du bouddhisme japonais*, Paris, L'Harmattan, 1993.

BAREAU, A., *Bouddha*, Paris, Seghers, 1972.

—, *En suivant Bouddha*, Paris, Kiron-Lebaud, 2000.

—, *La Voix du Bouddha*, Paris, Kiron-Lebaud, 2001.

BAUTZE-PICRON, C., *The Buddhist Murals of Pagan*, Bangkok, Orchid Press, 2003.

BECHERT, H. (dir.), *The Dating of the Historical Buddha*, Göttingen, 1991-1992.

—, et GOMBRICH, R. (dir.), *Le Monde du bouddhisme*, Paris, Bordas, 1984.

BEER, R., *Les Symboles du bouddhisme tibétain*, trad. Anne Benson, Paris, Albin Michel, 2006.

BÉGUIN, G. (dir.), *Dieux et démons de l'Himalaya*, Paris, RMN, 1977.

BERGER, P., et Tse Bartholomew, T., *Mongolia: Legacy of Chingghis Khan*, Londres – New York, Thames and Hudson, 1995.

BHATTACHARYYA, B., *The Indian Buddhist Iconography*, Calcutta, 1958.

BOISSELIER, J., *Asie du Sud-Est – Cambodge*, Fribourg, Office du livre, 1978.

—, *La Sagesse du Bouddha*, Paris, Gallimard, « Découvertes », 1993.

BOTTO, O., *Buddha e il buddhismo*, Milan, Mondadori, 1984.

BRAUEN, M., *Mandala, cercle sacré du bouddhisme tibétain*, trad. J.-D. Pellet, Lausanne, Favre, 2004.

BROWN, R. L., « God on Earth: The Walking Buddha in the Art of South and Southeast Asia », dans *Artibus Asiae*, t. L, 1990, p. 73-107.

BRÜCK, R. M. von, *Die Welt des tibetischen Buddhismus. Eine Begegnung*, Munich, Kösel, 1998.

CARRITHERS, M., *Buddha. A Very Short Introduction*, Oxford University Press, 2001.

CH'EN, K., *Buddhism in China: A Historical Survey*, Princeton University Press, 1964.

—, *The Chinese Transformation of Buddhism*, Princeton University Press, 1973.

CONZE, E., *Le Bouddhisme dans son essence et son développement*, Paris, Payot, 1978.

—, *Le Bouddhisme*, Paris, Payot, 2002.

CORNU, P., *Dictionnaire encyclopédique du bouddhisme*, Paris, Seuil, 2001.

—, et CARRÉ, P. (traduction par), *Soûtra du Diamant*, Paris, Fayard, 2001.

CRAY, E., Rosenfield, C., et Bailey, D., *Ten Lives of the Buddha*, New York/Tokyo, 1996 (1re éd. 1972).

CUMMINGS, M., *The Lives of the Buddha in the Art and Literature of Asia*, Ann Arbor, 1982.

DALAÏ-LAMA, *Pratique de la sagesse*, Paris, Presses du Châtelet, 2006.

—, *Le Pouvoir de la bonté*, Paris, Presses du Châtelet, 2004.

DAVID-NÉEL, A., *Le Bouddhisme du Bouddha*, Monaco, Rocher, 1977.

DAVIDSON, J. L., *The Lotus Sutra in Chinese Art*, New Haven, 1954.

DEHEJIA, V., *Discourse in Early Buddhism Art*, New Delhi, 1997.

Dictionnaire du bouddhisme, Paris, Encyclopædia Universalis – Albin Michel, 1999.

D'ONZA CHIODO, M. (dir.), *Vite anteriori del Buddha (Jataka)*, Turin, 1992 (rééd. Milan 1994).

DOWMAN, K., *The Sacred Life of Tibet*, San Francisco, Thorsons, 1997.

ÉLIADE, M., *Traité d'histoire des religions*, Payot, 2004.

ÉRACLE, J., *Paroles de Bouddha*, Paris, Seuil, « Points Sagesse », 1991.

—, *Doctrine bouddhique Terre Pure*, Paris, Dervy, 2002.

—, *Enseignements du Bouddha (choix, présentation et traduction de l'ancien chinois)*, Paris, Librio, 2004.

FALCO HOWARD, A., *The Imagery of the Cosmological Buddha*, Leyde, Brill, 1986.

FILORAMO, G. (dir.), *Buddhismo*, Bari, Laterza, 1996.

FISHER, R., *L'Art bouddhique*, Londres, Thames and Hudson, 1995.

—, *Buddhist Art and Architecture*, Londres, Thames and Hudson, 2005.

Frédéric, L., *Les Dieux du bouddhisme*, Paris, Flammarion, 2006.

—, *Bouddha en son temps*, Paris, Félin, 1995.

GETHIN, R., *The Foundations of Buddhism*, Oxford University Press, 1998.

GETTY, A., *The Gods of the Northern Buddhism*, Delhi, 1978 (1re éd. 1914).

GIÈS, J., et COHEN, M. (dir.), *Sérinde, Terre de Bouddha*, cat. d'exp., Paris, RMN, 1995.

GIRA, D., *Comprendre le bouddhisme*, Paris, Bayard, 1995.

GOEPPER, R., *Alchi: Ladakh's Hidden Buddhist Sanctuary: The Sumtsek*, Londres, Serindia Publications, 1996.

GOVINDA, A. (présenté par), *Bardo-Thödol. Le Livre tibétain des morts*, Paris, Albin Michel, 1998 (éd. de poche 2000).

HARVEY, P., *Le Bouddhisme, enseignement, histoire, pratiques*, Paris, Seuil, 1993.

HELLER, A., *Arts et sagesses du Tibet*, Paris, Zodiaque, 1999.

KLIMBURG-SALTER, D. E., *Buddha in Indien*, cat. d'exp. Vienne – Milan, Kunsthistorisches Museum, 1995.

KLOETZLI, R., *Buddhist Cosmology*, Delhi, 1983.

KLOSTERMAIER, K. K., *Buddhism. A Short Introduction*, Oxford, Oneworld Publications, 2000.

LAMOTTE, E., *Histoire du bouddhisme indien. Des origines à l'ère Saka*, Louvain, Peeters, 1976 (rééd. 2000, 1re éd. Institut orientaliste, Louvain).

LEIDY, D. P., et Thurman R. A. F., *Mandala: The Architecture of Enlightenment*, Londres, Thames and Hudson, 2005.

Levenson, C. B., *Les Symboles du bouddhisme*, Paris, Assouline, 1999.

LOPEZ Jr, D. S., *Buddhism in Pratice*, Princeton, 1995, New Delhi, 1998.

—, *Buddhism*, Londres, 2001.

LUBAC, Henri de, *Aspects du bouddhisme*, Paris, Seuil, 1953.

—, *La Rencontre du bouddhisme et de l'Occident*, Paris, Aubier-Montaigne, 1952.

MATSUNAGA, D. et A., *Foundation of Japanese Buddhism*, Los Angeles – Tokyo, 1974.

MCARTHUR, M., *Reading Buddhist Art*, Londres, Thames and Hudson, 2002.

NOU, J.-L., et FRÉDÉRIC L., *Borobudur*, Paris, Imprimerie nationale, 1994.

OSIER, J. P. (trad.), *Dhammapada*, Paris, GF Flammarion, 1997.

PAUTHIER, M., et BRUNET, G. (trad.), *Lalitâvistara*, Paris, Sand, 1996.

POWELL, A., *Living Buddhism*, Berkeley – Los Angeles, 1989.

PUECH, H.-C. (dir.), *Histoire des religions*, Paris, Gallimard, 1970-1976.

RAHULA, W., *L'Enseignement du Bouddha d'après les textes les plus anciens*, Seuil, « Points », 2004 (1re éd. 1978).

RENOU, L, et FILLIOZAT, J., *L'Inde classique*, Paris, Maisonneuve – École française d'Extrême-Orient, 1985.

—, *L'Inde fondamentale*, Paris, Hermann, 1978.

RICHARDSON, H., et SNELLGROVE, D. L., *A Cultural History of Tibet*, Boston, Shambala, 1995 (rééd. Orchid Press, Bangkok, 2003).

ROBERT, J.-N., *Le Sutra du Lotus* (traduit du chinois), Paris, Fayard, 1997.

ROBINSON, R. H., et JOHNSON W. L., *The Buddhist Religion*, Belmont, 1997.

SAUNDERS, E. D., *Mudra*, Princeton University Press, 1960.

SCHOPEN, G., *Bones, Stones, and Buddhist Monks: Collected Papers on the Archaeology, Epigraphy, and Texts of Monastic Buddhism in India*, Honolulu, University of Hawaii, 1997.

SHUMANN, H. W., *Le Bouddha historique*, Vannes, Sully, 1999.

SECKEL, D., *L'Art du bouddhisme: devenir, migration, transformation*, Paris, Albin Michel, 1964.

SIEFFERT, R., *Les Religions du Japon*, Publications orientalistes de France, 2001.

SILBURN, L., (dir.), *Aux sources du bouddhisme*, Paris, Fayard, 1977.

SNELLGROVE, D. L., *Indo-Tibetan Buddhism. Indian Buddhists and their Tibetan Successors*, Bangkok, White Orchid, 2003.

— (dir.), *The Image of the Buddha*, Londres, Serindia Publications, 1978.

—, et Skorupski T., *The Cultural Heritage of Ladakh*, Warminster, 1980.

STEIN, R. A., *La Civilisation tibétaine*, Paris, L'Asiathèque, 1987.

STRONG, J. S., *Relics of the Buddha*, Princeton, 2004.

SUZUKI, D. T., *Essai sur le bouddhisme zen*, Paris, Albin Michel, 2003.

—, *Manuel de bouddhisme Zen*, Paris, Dervy, 1999.

—, *Introduction au bouddhisme Zen*, Paris, Buchet-Chastel, 1978.

TEISER, S. F., *The Scripture on the Ten Kings and the Making of Purgatory in Medieval Chinese Buddhism*, Honolulu, University of Hawaii, 1994.

TERRAL, G., *Choix de Jataka. Extraits des vies antérieures du Bouddha*, Paris, Gallimard, 1958.

TUCCI, G., *Théorie et pratique du mandala*, Paris, Fayard, 1982.

—, *Tibet: pays des neiges*, Paris, Kailash, 1998.

—, *Les Religions du Tibet et de la Mongolie*, Paris, Payot, 1973.

WEIDNER, M. (dir.), *Latter Days of the Law. Images of Chinese Buddhism 850-1850*, Lawrence, University of Kansas, Spencer Museum of Art, 1994.

WHITFIELD, R., *Dunhuang: Caves of the Singing Sands*, Londres, Textile & Art Publications, 1995, 2 vol.

—, *Cave Temples of Mogao*, Los Angeles, J. Paul Getty Trust Publications, 2000.

—, *Cave Temples of Dunhuang*, Londres, British Library, 2000.

—, « La splendeur impériale: la dynastie des Sui à Dunhuang (589-618) », dans Drège (dir.), *La Sérinde, terre d'échanges*, Actes du colloque international, Galeries nationales du Grand Palais, Paris, 1996.

—, et Farrer, A., *Caves of Thousand Buddhas*, Londres, British Museum Publications, 1990.

WIJAYARATNA, M., *Les Entretiens du Bouddha. La traduction intégrale de 21 textes du canon bouddhique*, Paris, Seuil, 2001.

—, *Sermons du Bouddha. La traduction intégrale de 20 textes du canon bouddhique*, Paris, Seuil, 2006.

WILLIAMS, P., *Mahayana Buddhism: The Doctrinal Foundations*, Londres, Routledge, 1989.

—, et Tribe A., *Buddhist Thought*, Londres, Routledge, 2000.

ZIMMER, H., *The Art of Indian Asia*, Princeton, 1955 (rééd. Delhi, 2001).

ZÜRCHER, E., *The Buddhist Conquest of China*, Leyde, Brill, 1972.

—, *Bouddhisme, christianisme et société chinoise*, Paris, Julliard, 1990.

ZWALF, W. (dir.), *Buddhism. Art and Faith*, Londres, British Museum Publications, 1985.

Liste des abréviations des œuvres citées

Asp	*Aṣṭādaśasāhaśrikā Prajñāpāramitā*
Bc	*Buddhacarita*
Dp	*Dhammapada*
Iv	*Itivuttaka*
Ls	*Laṅkāvatārasūtra*
Mk	*Madhyamakakārikā*
Mps	*Mahāparinibbānasutta*
Mts	*Mahātaṇhāsaṇkhayasutta*
Mv	*Mahāvagga*
Rs	*Rohitassasutta*
Sn	*Suttanipāta*
Sps	*Saddharmapuṇḍarīkasūtra*
Srs	*Samādhirājasūtra*
U	*Udāna*

Crédits photographiques

Akg-Images, Berlin, p. 107 / Jean-Louis Nou 2, 22, 36, 54, 85, 178, 179, 222, 234, 237
Ancient Art & Architecture Collection, Londres, p. 67
Archives Nicoletta Celli, p. 11, 13, 14, 23, 29, 34, 37, 39, 40, 41, 52, 53, 55, 56, 70, 80, 81, 82, 88, 91, 94, 105, 108, 109, 140, 150, 156, 183, 187, 196, 215, 220, 221, 245, 253, 256, 261 haut, 266, 270, 271, 273, 274, 275, 276, 279, 290, 298, 299, 310-311, 312, 313, 315, 316
Archives Scala, Antella:
© Foto Scala, Florence, p. 104, 199
© Foto Scala, Florence / Bildarchiv Preussischer Kulturbesitz, Berlin, p. 30, 261 bas / Juergen Liepe 12 / Iris Papadopoulos 10, 18-19, 20, 157, 166, 181
© Foto Scala, Florence / British Museum, p. 25
© Foto Scala, Florence / HIP, p. 27 / HIP, Dallas et John Heaton 68-69
© Foto Scala, Florence / The Newark Museum / Art Resource, John Bigelow Taylor, p. 149
Asian Art Museum of San Francisco, San Francisco, p. 62, 207
Bibliothèque nationale de France, Paris, p. 61, 250
© Ingrid Booz Morejohn / Picture Works, Helsinborg, p. 148
Martin Brauen, p. 295
© The Bridgeman Art Library, Londres, p. 24, 58, 128, 129
British Library, Londres, p. 32, 38, 59, 71, 116, 121, 267, 272
Cambridge University Library, Cambridge, p. 162
Carlton Rochell Asian Art, New York, p. 174 gauche
Chang Foundation, Taipei, p. 161
Cleveland Museum of Art, Cleveland, p. 130, 173, 184, 197, 228
Contrasto, Milan / ImageChina, p. 65, 117, 118, 122, 277, 300, 301 / Reuters 280 / Reuters, Dwi Oblo 296 / Yuriko Nakao 297
© Corbis Italia, Milan / Archivio Iconografico S.A., p. 66, 154, 232-233 / Yann Arthus-Bertrand 75 / Kapoor Baldev 306 / Sheldan Collins 212 / Jeremy Corner 284-285 / Eye Ubiquitous, John Dakers 83 / Eye Ubiquitous, Bennett Dean 87 / Free Agents Ltd., Dallas et John Heaton 57 / Michael Freeman 77 / Lowell Georgia 314 / Lindsay Hebberd 8, 308 / Charles & Josette Lenars 112 / Chris Lisle 96, 110-111, 124, 160, 303, 319 / Christophe Loviny 78-79 / Macduff Everton 264 / Carl & Ann Purcell 60 / David Samuel Robins 92-93, 146 / Sakamoto Photo Research Laboratory 155, 206 / Luca I. Tettoni 73, 289 / Brian A. Vikander 89, 142 / Robert Wallis 268 / Werner Forman 127, 198 / John Van Hasselt 35 / Alison Wright 304 / Michael S. Yamashita 133, 134-135 / Zefa, José Fuste Raga 72
Danita Delimont, Jon Arnold, Bellevue (Washington), p. 119
Folkens Museum Etnografiska, Stockholm, p. 151
Freer Gallery of Art, Washington D.C., p. 138-139, 201
Galleria Rossi & Rossi, Londres, p. 224, 241, 243, 294
Laziz Hamani, p. 209, 258
Harvard University, Arthur M. Sackler Museum, Boston, p. 95
© Heritage Images / Leemage, Paris, p. 17
Huntington Archive, Columbus (Ohio), p. 182
Indian Museum, Calcutta, p. 98
International Exhibition Centre De Nieuwe Kerk, Amsterdam, p. 45
Los Angeles County Museum of Art, Los Angeles, p. 46, 106, 147, 175 gauche, 191, 219, 281
Fosco Maraini / Proprietà Gabinetto Vieusseux © Fratelli Alinari, Florence, p. 317
© Metropolitan Museum of Art, Newx York, p. 74, 145, 174 droite, 242, 263, 288
Musée de Shanghai, Shanghai, p. 137
Musée Idemitsu, Tokyo, p. 235
Musée national, Jakarta, p. 188
Musée national de Tokyo, Tokyo, p. 236
Musée provincial du Shanxi, Taiyuan, p. 309
Musée Rietberg, Zurich / P. Schalchli, p. 143, 176, 177, 189
© 2006 Museum of Fine Arts, Boston, p. 167, 174 droite, 208
National Museum, Katmandou, p. 84
National Museum, Nakhon Pathom, p. 210
National Museum, Central Asian Arts Collection, Delhi, p. 28, 49, 187, 287
Nelson-Atkins Museum of Art, Kansas City, p. 99, 103
Newark Museum, Newark, p. 200
Jean-Louis Nou, p. 50-51, 249
Philadelphia Museum of Arts, Philadelphie, p. 175
© Photo RMN, Paris, p. 16 (06-505066), 21 (74-000290-02), 123 (02-002674) / Daniel Arnaudet 15 (78-000436), 31 haut (85-001843), 113 (88-003038), 141 (85-001872), 152 (78-000171), 170 (78-000237), 213 (91-003615), 238 (78-000171), 244 (81-000823), 293 (79-000481) / Michèle Bellot 225 (94-058772) / Philippe Bernard 192 (90-003890) / Gérard Blot 33 (06-508465), 44 (89-003670), 202 (89-003642) / Evandro Costa 204

(00-012493) / Richard Lambert, 31 bas (95-0000012949), 195 (06-502465), 227 (96-020992), 231 (95-015564) / Hervé Lewandowski 101 (95-018711) / Thierry Ollivier 48 (01-017004), 76 (06-502248), 205 (00-011385) / Ravaux 194 (00-000289) / Jean Schormans 318 (87-000093)
Andrea Pistolesi, Florence, couverture
Rinaldo Psaro, Milan, p. 305
Staatliche Museum für Volkerkunde, Munich, S. Autrum-Mulzer, p. 163, 165, 223
© Copyright of the Trustees of the British Museum, Londres, p. 42, 43, 47, 98, 120, 126, 164, 171, 180, 185, 193, 194, 195, 203, 211, 226, 248, 251, 254, 255, 257, 262, 278, 291, 307
University of Pennsylvania, Museum of Archaeology & Anthropology, Philadelphie, p. 100
Victoria and Albert Museum, Londres, p. 26, 239, 240
Walters Art Museum, Baltimore, p. 115

Le schéma de la p. 246 est tiré du *Dictionnaire encyclopédique du bouddhisme* de Philippe Cornu, Paris, Le Seuil, 2001.

Les images de Jaroslav Poncar, pages 90, 190 et 230, sont tirées de l'ouvrage de Roger Goepper, *Alchi*, traduit en italien sous le titre *Alci. Il santuario buddhista del Ladakh. Il Sumtsek*, Milan, 1996.

L'éditeur est à la disposition des ayants droit pour ce qui concerne d'éventuelles sources iconographiques non identifiées.

Impression : Mondadori Printing S.p.A., Vérone
Imprimé en Italie